조선건국시기 지도집단 연구

朝鲜建国时期领导集体研究

조선건국시기 지도집단 연구

朝鲜建国时期领导集体研究

金成杰 著

◆ 摘 要 ◆

本文以朝鲜民主主义人民共和国建国时期领导集体的构成及其特点为研究对象，考察和分析其形成过程、人员构成、主要活动及其历史特点，阐释朝鲜"白头山革命精神"的历史渊源，通过分析核心领导集体特点，客观而正确阐述朝鲜民主主义人民共和国的建国历史。全文包括绪论、本论及结论三个部分。

绪论部分为第一章，主要阐述本文的选题目的、选题意义；介绍国内外学界相关研究动态以及本文的研究方法，阐明创新之处。本论部分共分为四章，即第二章至第五章。

第二章论述朝鲜半岛光复前后国内外局势与南北各自政权的成立。光复后，美苏分别对北纬三八线两侧实行军事占领。1948年5月，南朝鲜举行普选，8月15日宣布成立以李承晚为总统的大韩民国政府。面对此局面，北方亦在8月25日进行普选。9月9日，成立以金日成为内阁首相的朝鲜民主主义人民共和国。这样，朝鲜半岛三八线两侧便出现了同一民族、两个不同体制的新生国家。

第三章论述朝鲜反日民族解放斗争的历史特点、东北抗联集体的形成及其历史渊源。1910年8月，日本强制吞并朝鲜后，由于先后实施了残暴的"武断统治"及"文化统治"，朝鲜反日民族解放斗争无法在其国内持久开展和扩大，主要在境外发展，虽然在日帝极其严密的殖民统治下朝鲜国内独立运动以秘密结社、地下斗争等各种方式从未间断过，但究其组织力量、斗争规模、社会影响等方面与境外开展的斗争是无法相比较的。海外朝鲜民族反日解放斗争主要在中国东北地区、前苏联远东等境外展开，在斗争环境、政治背景等方面呈现出分散的特点。作为朝鲜建国领导核心力量的东北抗联集体是朝鲜民族抗日武装力量中最优秀的一支，在特殊的地区长期开展了艰苦卓绝的武装斗争，经过在东北地区的锻炼和苏联远东地区的军政训练，成为一支有素而坚定的革命群体，在此过程中形成了朝鲜革命传统即"白头山革命精神"。

第四章论述"延安派"、"苏联派"、"朝鲜国内派"的形成过程、人员构成及其历史渊源。首先，通过追溯朝鲜独立同盟与朝鲜义勇队(军)的渊源、抗日斗争经历、主要代表人物等内容，分析"延安派"的人员构成、历史特点、地位和作用。其次，阐述"苏联派"的形成过程，即苏联形成朝鲜民族社会概况、人员构成及其对朝鲜建国发挥的作用等。最后，分析以朴宪永为代表的"朝鲜国内派"形成过程、人员构成、社会文化背景等。

第五章论述朝鲜建国时期领导集体的特点。本章将着重分析东北抗联集体、"延安派"、"苏联派"、"朝鲜国内派"等各不同历史背景与斗争经历，进一步论述朝鲜建国领导集体及特点。东北抗联集体依托东北各地朝鲜民族聚居区开展抗日武装游击斗争，金日成领导的抗联集体在朝鲜国内和东北朝鲜民族社会中树立了光辉形象，享有盛名。与此相反，以朝鲜义勇队(军)组成的"延安派"、苏联朝鲜民族群体组成的"苏联派"远离故国，其组织内部成员人数较少且分散，几乎在朝鲜国内没有群众基础。东北抗联集体拥有得天独厚的地缘、人缘优势，这是其它政治力量无法比较的。东北抗联集体在中国共产党和苏联共产党的领导帮助下，分别在中国东北地区和前苏联远东地区开展了抗日武装斗争。他们在革命活动中，受到中、苏两国、两党思想、组织等方面的影响。

第六章为结论部分，对全文进行整理、归纳和总结。

关键词： 金日成；东北抗联集体；朝鲜民主主义人民共和国；白头山革命精神

◆ 개 요 ◆

　본문은 조선민주주의인민공화국 건국시기 지도집단의 구성 및 특성을 연구대상으로 하며 그 지도집단의 형성과정, 인원구성 및 역사적 특성을 분석함으로써 "백두의 혁명정신"의 역사적 연원, 핵심지도집단의 특성, 조선민주주의인민공화국의 역사적 기원을 객관적으로 논술하고자 한다. 본문은 서론, 본론 및 결론으로 구성되었다.

　서론부분은 제1장으로서 본문의 연구목적, 연구의의를 논술하고 국내외학계의 연구동향 및 연구방법 등을 밝히며 본문의 혁신내용을 서술한다. 본론부분은 제2장으로부터 제5장까지 구성되었다.

　제2장은 광복전후시기 조선 국내외의 정세 및 조선민주주의인민공화국의 창건을 논술한다. 1945년 8월 8일, 소련이 대일 선전포고를 하고나서 소련군은 조선 북부지역에 상륙하여 남쪽으로 전진하였다. 미소 양국 군대는 38선을 경계로 양측에 대한 군사점령을 마친후 각자의 모식대로 점령지역에 대한 행정권을 행사하였다.

　1947년 9월, 미국이 일방적으로 조선문제를 유엔에 상정하였고 해당 감독위원회의 감독밑에 조선 전 지역에서 선거를 진행하여 통일된 조선 정부를 수립할것을 채택하였다. 이런 결정에 대하여 소련측에서는 반대의견을 제기하여 불응하였고 유엔측의 관련자가 이북지역에 들어오는 것을 불허했다. 미국과 남측의 지도자는 단독선거를 거행하여 8월 15일에 대한민국정부가 수립되었다. 이런 국면에 대응하여 북측에서도 8월 25일에 선거를 조직하고 9월 9일에 김일성을 내각 수상으로 하는 조선민주주의인민공화국을 창건하였다. 이로써 38선 이남과 이북지역에는 하나의 민족, 두개의 다른 성격의 정권이 탄생되었다. 조선민주주의인민공화국이 창건된 후 김일성 수상을 수반으로 하고 동북항일련군출신들로 구성된 핵심지도집단이 형성되었다.

제3장은 동북항일련군집단의 구성 및 역사적 연원을 논술한다. 1910년 일제가 조선을 강제로 병탄한 후 잔혹한 "무단통치" 및 교활하고 간사한 "문화통치", "파쑈통치"를 실시하였다. 조선반일민족해방투쟁은 국내에서 지속적으로 발전하고 확대할 여건이 마련되지 않았기에 주로 해외에서 발전하게 되었다. 비록 일제의 엄밀한 식민통치 밑에서 조선국내 반일민족해방운동은 비밀결사, 지하운동 등 여러형식으로 이어졌지만 그 조직적 역량, 투쟁규모, 사회영향력 등에 있어서 해외에서 진행한 투쟁과 비교 할 수가 없었다. 해외의 조선민족해방운동은 주로 중국의 동북, 소련의 극동 등 지방에서 진행되었는데 투쟁환경, 정치배경 등 여러 면에서 흩어진 양상을 보여주었다. 조선민주주의인민공화국 건국의 지도핵심집단인 동북항일련군집단은 조선민족항일무장투쟁에서 가장 훌륭한 무장대오이다. 그들은 특수한 지역에서 오랜시기 간고한 무장투쟁을 이어왔고 동북지방 및 소련에서의 단련을 거쳐 아주 강력한 혁명집단으로 성장하여 이 과정에서 이른바 "조선혁명의 전통"인 "백두의 혁명정신"을 창조하였다. 본장에서는 동북조선민족사회의 형성 및 특성을 논술하고 분석함으로써 동북항일유격전쟁에서 김일성을 수반으로 하는 지도핵심의 형성과정과 동북항일련군집단의 주요구성원, 역사적연원 등을 보다

깊이 분석하여 오늘날 조선에서 계승하고 고양하는 "백두의 혁명정신" 등 정치사상문화의 근원을 밝히고자 한다.

제4장에서는 "연안계", "소련계", "조선국내계" 등 집단의 구성 및 역사적연원을 논술한다. 우선, "연안계"의 역사적 뿌리인 조선독립동맹 및 조선의용대(군)의 연원을 논술한다. 항일투쟁경력, 주요인물 등에 대한 논술을 통하여 "연안계"의 구성 및 역사를 밝힌다. 다음으로 "소련계"의 형성과정, 소련 조선민족사회의 개황, 주요대표인물, 조선민주주의인민공화국 창건에 있어서의 역할 등을 논술한다. 마지막으로 박헌영을 대표로 하는 "조선국내계"의 형성과정, 인원구성, 사회문화배경 등을 논술한다.

제5장에서는 조선민주주의인민공화국 창건시기 핵심지도집단의 역사적 특성을 논술하고 총화한다. 동북항일련군집단은 동북조선민족사회를 근거지로 항일무장유격투쟁을 진행하였다. 아울러 김일성이 영도하는 동북항일련군집단이 조선 국내 및 동북조선민족사회에서 영향력이 컸다. 이와 반대로 조선의용대(군)를 골간으로 구성한 "연안계"나 재소 조선인으로 구성한 "소련계"는 지리적으로 고국과 멀리 떨어졌고 인원수가 상대적으로 적고 흩어졌으며 조선국내의 군중토대가 빈약했다. 동북항일련군집단은 중국공산당 및 소련공산당의 영도와 지지밑에 항일무장투쟁을 전개하였다. 이러한 혁명투쟁과정에서 중, 소 두 나라, 두 당으로부터사상적, 조직적 영향을 받았다.

제6장은 결론부분으로서 전문에 대하여 정리하고 귀납하며 총화한다.

핵심어: 김일성; 동북항일련군집단; 조선민주주의인민공화국; 백두의 혁명정신

◆ 目 录 ◆

第一章

绪 论

1.1 研究目的与意义

1.1.1 研究目的

1945年8月，朝鲜半岛光复之际，当时朝鲜共产主义者可分为四大政治集体，以金日成、崔庸健、金策为核心的东北抗联集体；以金枓奉、武亭、朴一禹、崔昌益、金昌满等为代表的"延安派"， 即光复后从东北地区回国的朝鲜共产主义者；以许嘉谊等为代表的"苏联派"，即从苏联入朝的朝鲜民族共产党人；以朴宪永为首的朝鲜"国内派"，即原在朝鲜国内从事革命活动的共产主义者。 其中东北抗联集体、"延安派"、"苏联派"等三个政治力量来自朝鲜境外，有各自不同的国际背景和经历。 朝鲜建国后，确立了以金日成为首的东北抗联集体领导体系，上述四大政治力量在朝鲜建国方面发挥了重要作用。

朝鲜民主主义人民共和国第一代核心领导人金日成创立的主体革命传统中占重要地位的思想体系就是主体思想和"白头山革命精神"， 今日朝鲜所强调的就是"白头山革命精神"。[1] 时至今日， 朝鲜问题已经成为当前国际社会最为关注的焦点与热点问题。 在朝鲜学研究上，不仅要客观深入地结合历史背景、朝鲜现状， 还需分析路线方针等， 也应该追溯朝鲜建国历史及其领导力量的历史渊源， 从而正确、客观分析当代朝鲜的国家政治必然性，通过本论题探明朝鲜的国家政权特点及"白头山革命精神"的历史传统及历史渊源。本文将从历史学角度，结合政治学、国际关系等学科，深入分析朝鲜民主主义人民共和国建国时期各政治力量的形成背景、人员构成、思想文化等特点，探究其第一代建国领导集体的历史特点。

---

1) "白头山革命精神(백두의 혁명정신)"：东北抗日游击战争时期，以金日成为首的朝鲜革命者缔造的革命精神，主要包括斗争精神、爱国主义精神、誓死保卫领袖精神、必胜的信念和革命的乐观主义精神、自力更生、艰苦奋斗精神等内容。

1.1.2 研究意义

朝鲜社会主义宪法序言指出："金日成同志创立了永恒不灭的主体思想，在此旗帜下组织和领导了抗日革命斗争，树立了光荣的革命传统，完成了光复祖国的历史大业，在政治、经济、文化和军事领域奠定了建设自主独立国家的牢固基础，并在此基础上建立了朝鲜民主主义人民共和国"。[2] 金正恩被推举为朝鲜第三代最高领导人后，经常通过官方媒体强调"白头山革命精神"并号召广大军民按照"白头山革命精神"、"白头山凛冽的寒风精神"[3]去进行生活和斗争。"白头山革命精神、白头山凛冽的寒风精神是知难而进、顽强拼搏的进攻精神，是百折不挠，战斗到底的坚定的斗争精神"。[4] 金日成为首的东北抗联集体作为"白头山革命精神"的缔造者，是朝鲜第一代核心领导力量，其精神成为朝鲜革命及政权的正统思想。

目前，就本研究命题下的相关历史问题上，学界对"朝鲜第一代核心领导集体及其历史特点"问题的研究工作刚刚起步。国际朝鲜学(韩国学)研究者对朝鲜第一代核心领导集体的研究也只是零散的，对个别历史人物的研究较多，相比之下对领导集体的形成背景、人员构成、思想文化等方面的研究较少，然而有关领导集体的研究对于整个朝鲜半岛的历史及其未来走向却有着重大的现实意义。当代朝鲜的唯一领导体系、领袖崇拜均有一个相对稳定的领导集体，这一特点造就了具有朝鲜特色的唯一领导及三代领导体系。主体思想的产生、先军政治、经济建设与核武力并进路线与朝鲜建国基础、背景、条件及其领导集体的构成特点有着密切的联系，通过本研

---

2) (朝)《朝鲜民主主义人民共和国社会主义宪法》，平壤，朝鲜外文出版社，2014年，序言部分。

3) "白头山凛冽的寒风精神(백두의 칼바람정신)"：朝鲜强调"白头山革命精神"和"白头山凛冽的寒风精神"是主体朝鲜永恒的生命线和第一精神财富，在艰苦卓绝的抗战时期，第一代朝鲜革命者冒着严寒，在白头山一带缔造了朝鲜革命之魂，并号召人民和军队继承和弘扬这一精神，誓死捍卫国家主权。

4) (朝)劳动党中央委员会机关报《劳动新闻》2015.02.15，2015.03.10，2015.03.26，2016.04.25。

究可以弄清新朝鲜建国时期核心领导力量形成脉络及其特点，有助于正确理解今日朝鲜所主张的"白头山革命精神"、"白头山大国"等问题的历史渊源。

1.2 国内外学界相关研究动态

本文以朝鲜民主主义人民共和国建国时期领导集体的构成及其特点为主要论题加以探讨，借鉴国内外学者的相关研究，对探明朝鲜建国时期政治发展史具有重要的价值。目前，国内外学界对此的相关研究主要表现在以下几个方面：

1.2.1 中国方面

由于地缘、政治、历史等诸多原因，自古以来中朝两国关系非常密切。尤其是19世纪中叶帝国主义列强侵略朝鲜，1910年日本强制吞并朝鲜后，包括爱国革命志士在内的大批朝鲜民族移居中国，并在我国东北地区形成了朝鲜民族聚居区，他们"一身兼双重使命"与各兄弟民族同甘共苦，进行了艰苦卓绝的抗日斗争。中国共产党对中国境内朝鲜革命志士的反日独立运动予以积极支持和大力援助，朝鲜革命志士积极参加、支援中国革命，并献出宝贵生命。国内有关研究可整理归纳为如下：

（1）各档案馆馆藏档案文献、报刊

主要有中央档案馆、东三省档案馆编《东北地区革命历史文件汇集，甲66本，乙2本》、中央档案馆藏《中共中央东北局关于朝鲜义勇军暂编方案》(1946.3.25.，中央档案馆藏)及各历史时期的《解放日报》、《新华日报》、《东北朝鲜人民报》等。

（2）通史、专著、论文

主要有《东北抗日联军斗争史》编写组编撰的《东北抗日联军斗争史》、5) 鸿文著《30年代朝鲜共产主义者在中国东北》、6) 杨昭全著《中国境内韩国反日独立运动史1910-1945》7)等。 曹中屏、张琏瑰等编著的《当代韩国史》8)系统论述了日本无条件投降后南半部的历史。 金成镐在朝鲜民族抗日武装斗争、东满地区抗日特殊性、近现代中朝关系等方面发表了具有影响力的论著，最具代表性的研究成果有著作《东满抗日革命斗争特殊性研究》。9) 金春善主编的《中国朝鲜族通史(上、中、下)》10)及《延边朝鲜族史》编写组编撰的《延边朝鲜族史(上、下)》11)论述了朝鲜民族的移民史及抗日斗争历史。杨昭全、孙艳姝著的《当代中朝中韩关系史》12)全面、详尽阐述了二战后的国际形势、朝鲜半岛的分裂、朝鲜战争时期中朝关系，填补了国内该选题出版状况的空白，具有很高的学术价值和现实意义。金光熙著《大韩民国史》13)中涉及了朝鲜半岛"解放三年"的历史， 论述了朝鲜人民的斗争与国际力量对朝鲜问题的影响、朝鲜半岛的分裂、美军政时期的社会经济等内容。

论文方面， 余伟民、周娜通过《1945-1948年朝鲜半岛南部地区的政治变

5) 《东北抗日联军斗争史》编写小组编著：《东北抗日联军斗争史》，北京，人民出版社，1991年。

6) 李鸿文著：《30年代朝鲜共产主义者在中国东北》，长春，东北师范大学出版社，1996年。

7) 杨昭全著：《中国境内韩国反日独立运动史1910-1945》，长春，吉林省社会科学院，1997年。

8) 张琏瑰、曹中屏等编著：《当代韩国史》，天津，南开大学出版社，2005年。

9) 金成镐著：《东满抗日革命斗争特殊性研究》，牡丹江，黑龙江朝鲜民族出版社，2006年。

10) 金春善主编：《中国朝鲜族通史(上、中、下)》，延吉，延边人民出版社，2009年、2010年。

11) 《延边朝鲜族史》编写组：《延边朝鲜族史(上、下)》，延吉，延边人民出版社，2011、2012年。

12) 杨昭全、孙艳姝著：《当代中朝中韩关系史》，长春，吉林出版集团、吉林文史出版社有限责任公司，2013年。

13) 金光熙：《大韩民国史》，北京，社会科学文献出版社，2014年。

动》14)阐述了1945-1948年朝鲜半岛南部地区的政治变动, 认为朝鲜半岛的分裂固然是美苏分区占领朝鲜和冷战导致的结果, 同时也是朝鲜民族内部政治结构两极化的产物。刘英的《1945-1948年苏联在北朝鲜的政策实践研究》,15) 论述了1945-1948年苏联占领朝鲜期间对朝鲜进行的苏化政策, 对朝鲜原有社会关系及其结构的改造与重塑, 使北朝鲜进入了新型社会制度下的独立政治时代。黄龙国的《朝鲜独立同盟及朝鲜义勇军历史的几个问题》,16)阐述了华北地区朝鲜革命青年建立的朝鲜独立同盟及朝鲜义勇军为中国抗战和朝鲜的独立而英勇奋战的光荣历史, 阐述了朝鲜独立同盟的领导人、同盟的性质及任务、同盟的双重任务, 同时阐明中国关内地区活动的两个反日组织。崔凤春的《朝鲜义勇队内部党派及组织系统沿革》17)直观地全面阐述了朝鲜义勇队(军)的内部结构以及在我国境内开展革命运动的全过程, 并对朝鲜义勇队内部党派及其组织系统都做了简明扼要的说明。孙春日在《战后朝鲜建国理念及其实践过程》18)一文中解析了朝鲜光复后金日成为首的朝鲜共产主义者在苏联的支持下开展的社会主义政权组织建设、社会改革及北、南的社会情况等内容, 通过分析当时的国内外政治局势揭示朝鲜半岛分裂的内部原因。金成镐在《朝鲜民族共产主义者在中国东北抗日斗争中的地位和贡献》19)一文中论述了移居至中国东北地区的朝鲜民族共产主义者以其特殊的身份和地位肩负"双重使命", 在东北抗日武装斗争中发挥

14) 余伟民、周娜:《1945-1948年朝鲜半岛南部地区的政治变动》,《韩国研究论丛年刊》, 北京, 中国社会科学出版社, 2004年。

15) 刘英:《1945-1948年苏联在北朝鲜的政策实践研究》, 华东师范大学博士后研究工作报告, 2004年。

16) 黄龙国:《朝鲜独立同盟及朝鲜义勇军历史的几个问题》, 延吉, 延边大学学报, 2006年(3)。

17) 崔凤春:《朝鲜义勇队内部党派及组织系统沿革》, 复旦大学韩国研究中心,《韩国研究论丛》, 2009(1)。

18) 孙春日:《战后朝鲜建国理念及其实践过程》, 延边大学学报, 2011年(4)。

19) 金成镐:《朝鲜民族共产主义者在中国东北抗日斗争中的地位和贡献》,《世界历史》, 2012年(3)。

的突出贡献，并强调在这一过程中逐步形成了以金日成为首的朝鲜共产主义运动的领导核心力量，这段中朝联合抗日的历史既是东北抗日革命历史的一部分，也是朝鲜抗日斗争史的重要组成部分。

（3）人物传记、回忆录

朝鲜义勇军最后的分队长金学铁著《太行山麓》[20]中叙述了朝鲜义勇队(军)在正面战场和太行山根据地的活动。金亨植主编的《文正一同志回忆录》[21]中论述了中国朝鲜族第一代杰出的老革命家文正一生平及朝鲜义勇队(军)在洛阳、延安等地活动的历史。柳燃山著《不朽的英灵-崔采》[22]中论述了朝鲜义勇队(军)创建过程、武装抗日宣传活动、敌后工作及光复后的情况等内容。崔国哲著《朱德海评传》[23]中论述了朱德海等朝鲜义勇军老革命家在延安的革命活动。李光仁著《武亭将军》[24]中考证和论述了武亭生平，其中着重论述土地革命时期、长征时期、陕北八路军炮兵团团长时期、担任朝鲜义勇军司令员时期及光复后的历史。

纵观国内学者研究领域主要集中在中朝共同抗击日本帝国主义侵略、世界反法西斯战争、中朝友谊方面颇有研究成果，但对新朝鲜建国时期核心领导力量的研究甚少，尤其是与当今朝鲜对"白头山革命精神"的继承关系方面的研究很不足。应客观深入地结合分析历史背景与特点，追溯和探究朝鲜建国根源及其核心领导力量，正确而客观分析当代朝鲜国家政治正统性、"白头山革命精神"传统及主要特征，克服以往研究视角比较单一的局限性。

20) 金学铁著：《金学铁文集(1)》《太行山麓》，延吉，延边人民出版社，1998年。

21) 金亨植主编：《激情岁月：文正一同志回忆录》，北京，民族出版社，2004年。

22) 柳燃山著：《不朽的英灵-崔采》，北京，民族出版社，2009年。

23) 崔国哲著：《朱德海评传》，延吉，延边人民出版社，2012年。

24) 李光仁著：《武亭将军》，北京，民族出版社，2016年。

1.2.2 朝鲜方面

朝鲜半岛光复后，有关新朝鲜建国史及同一时期公开资料较少。朝鲜以"宗派主义"之名批判"延安派"、"苏联派"及"朝鲜国内派"，在历史研究和叙述中回避与朝鲜义勇队(军)、韩国光复军、大韩民国临时政府有关的内容。朝鲜的历史研究遵循主体思想及领袖唯一领导体系。并且逐步实行了严格的政治文化管理制度，对外限制涉及政治、军事安保、历史档案等方面的文献档案资料的交流外，其国家层面的社会生活和文化活动，长期以来处于高度封锁和保密的状态。因此，对于研究新朝鲜历史的各国研究者来说，一方面，早先零星所能见到的有关朝鲜的历史资料可信度有待进一步考证，另一方面，至今还无法与朝鲜方面建立起正常而通畅的档案文献资料交流、查阅渠道，这就使各国相关学界专家学者们在对朝鲜开展具体研究工作时，不仅大受限制，而且严重滞后。很多学者对朝鲜国内官方正式文献资料持怀疑的态度，他们认为朝鲜内部文献为其政治服务，不能客观公正地反映现实。但笔者认为只要通过认真辨别与分析比较，朝鲜官方公开文献也能反映出一定的事实，不能盲目排斥朝鲜官方的公开文献资料。

朝鲜学界以金日成为唯一主线与中心内容叙述革命斗争史，其研究成果有《金日成选集》、[25]《金日成著作集》、[26]《金日成全集》、[27]《抗日武装斗争史1-10》,[28] 吉在俊、李尚典的《金日成与中国东北解放战争》,[29]《金日成同志革命历史》、[30]《中国解放战争参加者回想记1-2》[31]等。朝鲜官方正式

---

25) 金日成著：《金日成选集》，第一版第一卷至第四卷于1953-1954年由朝鲜劳动党出版社出版，该出版社于1960年至1964年又编辑出版了修订版第一卷至第六卷。

26) 《金日成著作集》，1979年至1998年由朝鲜劳动党出版社出版，共50卷。

27) 《金日成全集》，1992年至2012年由朝鲜劳动党出版社编辑出版，共100卷。

28) (朝)《抗日武装斗争史》编写组：《抗日武装斗争史1-10》，平壤，朝鲜科学百科辞典出版社，2002-2005年。

29) (朝)吉在俊、李尚典著：《金日成与中国东北解放战争》，平壤，朝鲜外文出版社，2011年。

公布的文件具有一定的研究价值，在历史发展进程中体现了浓郁的"政治名分"色彩，基于社会主义体制理念下，这是理所当然的。综合分析朝鲜党代会、中央委员会全会等各种会议公报、决议等官方文件是研究新朝鲜的基础工作，通过各种文献中措辞、表现方式，再结合当时的历史与国内外局势可以客观地了解朝鲜。朝鲜学界在主体史学思想指引下，侧重领袖历史研究，加上缺乏对外文化学术交流，故其成果难免片面。

1.2.3 韩国方面

韩国学界对朝鲜的研究可追溯到20世纪50年代末，对于韩国研究者来说研究朝鲜并不是一件易事，其主要原因归纳为：

首先，由于政治理念、思想意识形态，研究者本身戴着有色眼镜，对朝鲜持一种偏见。韩国社会长期受冷战思维影响，反共思想占意识形态领域主导地位，凡是与朝鲜相关的问题均以反共思维下结论，对朝鲜所有方面持否定态度。

其次，韩国法制及社会心理方面的制约起到了重要作用。与朝鲜相关的研究深受韩国《国家保安法》[32]及《反共法》[33]限制，甚至受到迫害，有时还因社会氛围而受到限制，无法进行客观、公正的分析。各项法律的制约对韩国学者抛开政治研究朝鲜问题困难重重，而自新朝鲜建国以来实施的封锁政策使外界研究者无法正确了解朝鲜现实，造成了不对称信息泛滥，一些

---

30) (朝)《金日成同志革命历史》编写组：《金日成同志革命历史》，平壤，朝鲜外文出版社，2012年。

31) (朝)《回想记》编写组：《中国解放战争参加者回想记1-2》，平壤，朝鲜劳动党出版社，2011、2012年。

32) 《韩国国家保安法》：1948年12月1日制定，1997年1月修定。主要惩处对象是进行反国家活动，对国家安全和国民生存带来威胁的团体及其成员。

33) 《韩国反共法》：1961年"5.16"军事政变后，以朴正熙为首的军部势力为惩处共产主义运动而制定的法律，1980年合并到《国家保安法》后废止。

资料来源于叛逃者，存在片面性，不利于学者对朝鲜进行更加深入而系统的研究。

韩国学者李钟奭在其《对现代朝鲜的理解》[34]中论述了研究朝鲜的方法论、现代朝鲜历史时期划分、冷战后相关领域研究动态、朝鲜思想与体制、政治与经济、金日成-金正日研究等内容。金光云的《北朝鲜政治史研究1：建党、建国、建军的历史》[35]通过阐述新朝鲜建国初期权力结构的形成与干部培养体系，阐明了建国背景、过程及金日成领导体系演变过程，并分析了东北抗日联军集体的历史作用等。申孝淑的《苏联军政时期北朝鲜教育》[36]中论述了北半部教育时代背景、苏联对朝政策、教育政策和教育改革、社会教育政策等内容。成大庆的《韩国现代史与社会主义》[37]中论述了日帝时期朝鲜半岛的民族解放运动和社会主义运动、海外朝鲜民族社会主义运动、南北分裂与社会主义运动，其中着重分析和阐述了朝鲜共产党发展脉络。徐东晚的《北朝鲜社会主义体制成立史1945-1961》[38]阐述了朝鲜光复后人民委员会、地方委员会与农民委员会、社会主义体制形成过程、建军、建党过程及朝鲜战争后朝鲜社会主义建设情况。金学俊的《北朝鲜历史(第一卷)1863-1946.01》[39]及《北朝鲜历史(第二卷)1946.01-1948.09》，[40] 作为通史类著作，最具代表性，他详细论述了朝鲜政治研究的方法论、阐述了1863年至1948年9月的历史，将各国资料广泛运用到著作中，并提出了较

---

34) (韩)李钟奭著：《对现代朝鲜的理解》，首尔，历史批评社，2000年。

35) (韩)金光云著：《北朝鲜政治史研究1：建党、建国、建军的历史》，首尔，先人出版社，2003年。

36) (韩)申孝淑著：《苏联军政时期北朝鲜教育》，首尔，教育科学社，2003年。

37) (韩)成大庆著：《韩国现代史与社会主义》，首尔，历史批评社，2004年，第三版。

38) (韩)徐东晚著：《北朝鲜社会主义体制成立史1945-1961》，首尔，先人出版社，2005年。

39) (韩)金学俊著：《北朝鲜历史1863-1946.01》，第一卷，首尔，首尔大学校出版文化院，2008年。

40) (韩)金学俊著：《北朝鲜历史1946.01-1948.09》，第二卷，首尔，首尔大学校出版文化院，2008年。

为客观的观点。李哲淳的《南北朝鲜政府成立过程比较1945-1948》[41)]阐述了美苏两国对朝鲜半岛的政策、军政托管下的朝鲜半岛社会政治状况、比较了南北建国过程等。白鹤淳的《北朝鲜权力的历史－思想及认同结构》[42)]通过结构主义理论阐述了1945年至2010年朝鲜民主主义人民共和国的权力演变及其特点，着重分析了建国初期各政治力量之间的竞争、唯一领导体系的确立及先军政治。 郑成长在《现代"北韩"政治》一书中论述了朝鲜主要权力机关、核心领导阶层及其治国理政理念演变。李相禹的《北朝鲜政治变迁》[43)]通过分析朝鲜三代领导核心阐述了新朝鲜建国初期建党、建国、政府机构、施政方针，回顾和总结了各时期历史特点，并对金正恩时代的朝鲜政治走向进行了展望。

朝鲜义勇队(军)及"延安派"研究方面，廉仁镐的《朝鲜义勇军及其独立运动》[44)]中详细论述了朝鲜义勇队的创建过程、地位、华北支队与八路军联合抗日、朝鲜义勇队(军)在中国共产党的领导下开展的武装宣传活动、部队改编、义勇军的地位及作用等方面内容。 郑炳一的《北朝鲜体制成立与"延安派"的作用》[45)]中论述了"延安派"的形成、抗日战争时期和挺进东北时期的主要活动、历史评价等内容。 研究俄罗斯境内朝鲜民族("高丽人")及"苏联派"方面，李松浩等共著的《沿海州与高丽人》[46)]中论述了朝鲜民族迁入俄罗斯的历史、前苏联时期强制移民中亚历史、沙俄及前苏联对其境内朝鲜民族政策、政治经济文化等方面的内容。金局厚的《秘录: 平壤的苏联军

---

41) (韩)李哲淳著: 《南北朝鲜政府成立过程比较1945-1948》，京畿道高阳市，人间之爱出版社，2010年。

42) (韩)白鹤淳著: 《北朝鲜权力的历史-思想及认同结构》，京畿道坡州市，韩蔚学苑出版社，2010年。

43) (韩)李相禹著: 《北朝鲜政治变迁》，首尔，昇出版社，2014年。

44) (韩)廉仁镐著: 《朝鲜义勇军及其独立运动》，首尔，罗南出版社，2001年。

45) (韩)郑炳一著: 《北朝鲜体制成立与"延安派"的作用》，首尔，先人出版社，2012年。

46) (韩)李松浩等共著: 《沿海州与高丽人》，首尔，白山书堂，2004年。

政》47)中论述了苏军入朝、美苏共委、南北联席会议、新朝鲜成立过程等内容。金好俊的《欧亚高丽人150年历史》48)中，论述了1869年至当代的俄罗斯及中亚地区朝鲜民族移民史、政治文化史，其中涉及"苏联派"的文化背景和形成过程、入朝活动等内容。

1.2.4 其它国家

日本学界以和田春树为代表学者，其著作《金日成与东北抗日战争》、49)《北朝鲜—从游击队国家到正规军国家论》、50)《北朝鲜现代史》51)及论文《游击队国家的成立与发展》52)是最具代表性的成果。和田春树重点研究朝鲜权力结构，探讨"满洲派(东北抗联集团)"集团的作用，并提出"游击队国家论"，其运用大量前苏联档案资料考证金日成抗日武装斗争历史。 他认为朝鲜在确立社会主义体制时期，即1945-1961年对经济领域实施了社会主义化改造，政治上"满洲派"实现了独揽党和政府权力。

俄罗斯学者安德烈·兰科夫著《从苏联资料看北朝鲜现代政治史》53)中引用前苏联档案和资料论述了金日成生平、光复后苏联对朝鲜的政策、新朝鲜政权诞生经过、金日成领导体系的形成、新朝鲜政治力量及苏联对朝文化政策等内容，他还编著了《苏联共产党与北朝鲜问题：苏联共产党政治局

---

47) (韩)金局厚著：《秘录：平壤的苏联军政》，京畿道坡州市，韩蔚学苑出版社，2008年。

48) (韩)金好俊著：《欧亚高丽人150年历史》，首尔，周留成出版社，2013年。

49) (日)和田春树著、(韩)李钟奭译：《金日成与东北抗日战争》，首尔，创作与批评社，1992年。

50) (日)和田春树著、(韩)徐东晚译：《北朝鲜-从游击队国家到正规军国家论》，京畿道坡州市，石枕出版社，2002年。

51) (日)和田春树著：《北朝鲜现代史》，东京，岩波书店，2012年。

52) (日)和田春树著：《游击队国家的成立与发展》，东京，月刊《世界》，1993年，10月刊。

53) (俄)安德烈·兰科夫著、金光麟译：《从苏联资料看北朝鲜现代政治史》，首尔，昇出版社，1995年。

决议(1945-1952)》，54) 该资料集收录了前苏联解密档案，涉及苏共中央组织局和秘书局文件，其中包括大量苏联党政军中央会议文件。

美国学者罗伯特斯卡拉宾诺、李廷植共著《韩国共产主义运动史》55)是一部论述朝鲜半岛共产主义运动的巨作，书中详细阐述了日帝统治时期至光复后的南北社会主义运动历史，美国的韩国学者徐大肃著、徐柱锡译《北朝鲜领导人—金日成》56)论述了金日成在东北抗联、苏联国际教导旅时期的抗日活动及光复后到1980年代的历史。

总结国内外学界关于本研究课题的研究情况，尚存在不少遗憾：

第一，学界至今未出现一部论述朝鲜民主主义人民共和国建国时期核心领导集体及其历史特点方面的专著，虽在部分著作和论文中涉及此方面内容，但未能对历史脉络、各政治力量发展过程、特点及对新政权的建立发挥的作用、对一些重要事件未作更加详尽的考证和分析，且主要谈论一方面问题，未能把历史背景、发展脉络、特点进行系统的梳理和深入研究。

第二，由于社会制度、意识形态、历史观的不同，国内外学界在论及新朝鲜建国史及核心领导集体时不同程度的受到了限制，研究视野还不够开阔。以往成果未能更多的与当时历史环境、社会结构、教育背景等相结合考察，缺少相互比较与联系。

第三，研究成果及发展水平不均衡，且略显重复。目前出版和发表的有关朝鲜学专著和论文，几乎只涉及金日成或某一派别的历史，大多数成果虽在叙述方式上有所不同，但所阐述的内容基本相同，未能纵深考察历史，而且少有学者对金日成为首的东北抗联集体成为朝鲜新政权领导核心力量的

---

54) (俄)安德烈·兰科夫著、田铉秀译：《苏联共产党与北朝鲜问题：苏联共产党政治局决议(1945-1952)》，大邱广域市，庆北大学校出版部，2014年。

55) (美)罗布特斯卡拉宾诺、李廷植共著：《韩国共产主义运动史》，京畿道坡州，石枕出版社，2015年。

56) (韩)徐大肃著、徐柱锡译：《北朝鲜领导人–金日成》，首尔，清溪研究所出版局，1989年。

过程及历史特点等进行全面研究。

第四，不重视第一手资料分析考证，对朝鲜语言文字，尤其是对朝鲜历史文化的理解水平有待提高，不清楚朝鲜近现代史的发展脉络，导致了对朝鲜政权历史认识的不足，结合历史文献研究显得不足。

第五，由于朝鲜特殊国情，实地查阅资料方面显得不足，大部分国内学者只能依靠美国、前苏联、韩国及日本的资料进行研究，国内学者搜集朝鲜原文文献资料较为困难，资料上的局限性与片面性问题不利于学术发展。

综上所述，国内外学界对此课题缺乏深入系统的分析，没有作相关整体性的探讨，值得我们深入关注和整理，关于本课题，依然存在很大的研究空间，新朝鲜建国时期核心领导集体构成、各政治力量形成背景、发展过程、相互联系及对朝鲜建国发挥的作用与政治意义等正是本文尝试要解决的问题。

1.3 研究方法及研究创新点

1.3.1 研究方法

朝鲜半岛及相关国家学者论著从不同的角度对本文所涉及到的诸多问题进行了研究，为本论文的展开提供了可贵的借鉴。

首先，本文在充分利用史料的基础上，注重吸收、参考国内外的相关研究成果，坚持唯物主义史观的基本观点，对这一课题中所涉及到的政治力量、人物、事件进行客观地分析，得出较为公正、合理的结论。

其次，纵观国内外学者们的研究成果，朝鲜民主主义人民共和国建国初期核心领导集体的研究还有很大空间，应客观深入地结合分析历史背景与特点，追溯和探究新朝鲜建国的根源及其核心领导力量，正确而客观分析当代朝鲜国家政治正统性。本论文正是基于以上观点，从历史学角度，结合政治学、国际关系等学科，深入分析朝鲜建国初期核心领导力量的构成及其历史特点，从而揭示今日"白头山血统"历史渊源。

最后，本论文的研究，将有效地运用文献搜集和分析方法，对历史文献资料进行分类、归纳、分析、总结，并以此为依据得出结论。追求论题的研究方法新颖、主题突出、观点明确。另外，将赴朝鲜半岛北、南实地查阅资料，准确把握课题实质性特征，由此弥补文献纪录中的一些不足，此后再通过对资料的综合分析、探讨、研究和总结，开辟出该领域的又一新研究视角。本文将采用宏观与微观相结合的方法，在微观研究新朝鲜建国初期各政治力量构成、历史特点等的同时，又将放在现当代国际政治关系的宏观背景下进行分析。

1.3.2 研究创新点

本研究在国内还只是处在一个起步的状态；可以说目前国内尚无学者对这一领域做出全面而又系统的考察，更无专著问世；许多研究领域还需进一步梳理和补充。大部分学者以中朝友谊、抗日斗争等方面进行了研究，对新朝鲜建国时期核心领导集体的研究较少。本论文在前人研究的基础上，试以朝鲜建国时期四大政治力量人员构成、思想文化背景、斗争历程、历史特点进行具体论述及比较，揭示朝鲜建国时期核心领导集体的特殊性，特别是力求就这一论题作出较为公正、客观、合理的分析。通过论述朝鲜建国时期核心领导力量的人员构成及其特点，正确解读今日朝鲜所实行的政策及继承"白头山革命精神"正统性问题具有现实意义，本论题的研究不仅对于深入研究新朝鲜建国历史的发展，而且对于研究当代朝鲜，似乎都是有所裨益的。

首先，以宏观与微观相结合的比较研究方法，首次论述朝鲜民主主义人民共和国建国时期核心领导力量的构成及其历史特点问题，带着问题意识，解释其发展过程，通过对主要政治力量的比较研究，分析以金日成为首的东北抗联集体成为朝鲜政权核心领导力量的原因，探索朝鲜宣扬的三代领袖–"白头山血统"的历史渊源。

其次，探明朝鲜民主主义人民共和国历史的根源，重点放在其领导核心集体的历史特点问题，以唯物主义历史观分析问题，阐述朝鲜"白头山革命精神"，以获取有益的现实启示。

最后，突破以往研究中，多以一件事件为中心，忽视综合分析、比较的研究方法。本课题试对朝鲜民主主义人民共和国建国时期核心领导集体进行全面而又系统的研究，为更好地促进这一领域的研究做出贡献。

虽然，笔者在撰写论文过程中竭尽全力，但因理论和研究能力上的不足，疏漏和不当之处必然很多，敬请专家学者斧正。

第二章

朝鲜半岛光复及
南北各自政权的成立

1945年8月8日，苏联对日宣战，苏军立即在朝鲜北部登陆，并向南推进。8月15日，日本宣布无条件投降后，美苏军队分别对朝鲜半岛北纬三八线两侧实行军事占领，各自按照自己的模式对占领区进行统治。1947年9月，美国单方面把朝鲜问题提交联合国。联合国遂通过决议，在其监督下在朝鲜全境实行普选成立统一的朝鲜政府。苏联禁止联合国监督人员进入三八线以北，而美国和南朝鲜领导人李承晚坚持单独选举。于是，1948年5月南朝鲜举行普选，8月15日宣布成立以李承晚为总统的大韩民国。面对此局面，北方在8月25日进行普选。9月9日成立以金日成为内阁首相的朝鲜民主主义人民共和国。这样，三八线两侧便出现了同一民族两个国家。朝鲜民主主义人民共和国成立后开始基本确立了以金日成为核心的东北抗联集体领导体系。

2.1 朝鲜半岛光复及苏美对朝鲜半岛政策

2.1.1 "八·一五"光复

1910年8月，日本帝国主义强迫朝鲜签订《日韩合并条约》到1945年8月15日光复，殖民侵略者在朝鲜半岛进行了长达35年的残酷统治。而朝鲜光复，有两个重要原因，一是朝鲜被日本强制吞并后，朝鲜民族不甘亡国奴的命运，为了争取民族独立，恢复主权在国内外长期坚持与日本帝国主义侵略者抗战，二是同盟国的胜利换取的结果。朝鲜民族的独立运动无论是从个人还是团体，在政治、外交、军事、经济、社会、文化、宗教、思想等所有领域广泛开展。在独立自主、昂扬的精神斗志的基础上，斗争方式有武装斗争、通过向国际社会呼吁和号召朝鲜独立的正当性来换取各国的支持与声援。二战爆发后，随着战势的发展，各国开始商讨战后设立国际机构的问题与朝鲜半岛问题。1943年3月美国总统罗斯福和英国外长艾登的会谈中，首次谈及朝鲜问题，在该会中提出由美、中、苏托管朝鲜半岛的托管统治方案。[57] 此后，经过开罗会议、德黑兰会议又讨论了朝鲜问题。苏联希望将库页岛(萨哈林岛)、千岛列岛划为其所有，同意了美、英、中首脑有关朝鲜问题的开罗宣言。开罗宣言中提出"我三大盟国稔知朝鲜人民所受之奴隶待遇，决定在相当时期，使朝鲜(半岛)自由与独立。"[58] 但是，美、苏两国反对任何强国在朝鲜半岛独自发挥影响力，在国家利益驱使下双方进行了妥协，便提出托管意见。因而，美、苏两国为了应对无法实施托管的情况，计划划定北纬38度线，由两国分别占领。起初其借口是各自解除日军武装，但进入冷战状态的美、苏不仅未及时落实之前已经宣布的有关朝鲜独

---

57) (韩)申福龙著：《韩国分裂史研究》，京畿道坡州市，韩蔚学院出版社，2001年，第66页。

58) (韩)国史编撰委员会编：《韩国现代史》，首尔，探求堂，1982年，第227页。

立的宣言，而是急于以北纬三十八度线为军事分界线确保其势力范围。[59]
1945年8月15日，日本帝国主义无条件投降。自此朝鲜民族从35年的日本帝国主义暴政中迎来了祖国光复。但是，光复的喜悦只是短暂的，美、苏两国划定的军事分界线变为东西方冷战的政治分界线。由列强策划的军事分裂成为阻碍朝鲜民族发展的最大因素，从此民族与国土一分为二，造成了思想的对立、政治上的矛盾、经济上的破产、社会的混乱、文化的异化，使朝鲜半岛笼罩在战争的阴影下，成为国家发展的最大危险因素。[60]

2.1.2 涉及"朝鲜问题"的主要国际会议

（1）美英华盛顿会议

1943年3月，英国外长访问华盛顿时美国总统罗斯福第一次就朝鲜问题提出托管建议。美方参会人员还包括美国国务卿科德尔·赫尔、美国总统助理霍普金斯，英方人员还包括外交部副部长助理斯特朗、英国驻美大使哈利法克斯。朝鲜问题并不是会议的主要议程，美英主要围绕东南亚问题交换意见，协调今后安排事项，因此自然而然谈及朝鲜问题。罗斯福提出美国战后对中国东北、朝鲜、中国台湾、印度支那半岛等地区的政策构想，他提议印度支那半岛实行托管，中国东北与台湾地区应归还给中国，朝鲜应由中国和美国或其余一两个国家共同实行托管。[61]

---

59) (韩)徐仲锡著：《韩国现代史60年》，首尔，历史批评社，2007年，第26页。

60) (韩)国史编撰委员会编：《韩国现代史》，首尔，探求堂，1982年，第226页-229页。

61) "Memorandum of Conversation, by the Secretary of State"(March27, 1943), FRUS:1943, Vol.III. 转引自 (韩)申福龙著：《韩国分裂史研究1943-1953》(修订版)，京畿道坡州市，韩蔚学苑，2006年，第66页。

（2）开罗会议

朝鲜半岛国际托管问题付诸公论始于1943年11月23日至26日召开的开罗会议。美国总统罗斯福、英国首相丘吉尔、中国国民政府主席蒋介石参会。罗斯福在会上提出，朝鲜人(韩国人)还未成立独立的政府或暂无能力成立政府，需要准备时间，也许需要40年左右的"保护监督"。[62] 起初，美国相关部门在讨论托管朝鲜问题时使用了"应尽早"的措辞，但罗斯福则认为不需要急着操办朝鲜问题，将之前表述修改为"稔知朝鲜人民所受之奴隶待遇，决定在相当时期，使朝鲜自由与独立。"。[63] 各国列强并不关心战后处理朝鲜问题的方式，只有中国国民政府主席蒋介石对朝鲜独立表现出友好之意。但是，罗斯福极力反对蒋介石的言论，认为蒋维护朝鲜利益是为了战后对朝鲜施加影响力，自有其小算盘，而急需从美国获得军事援助的蒋介石也不得不放弃赞同朝鲜独立的主张。[64]

（3）德黑兰会议

1943年11月28日至12月1日，为商讨加速战争的进程和战后世界的问题，美国总统罗斯福、苏联最高领导人斯大林、英国首相丘吉尔在伊朗首都德黑兰举行会晤。此次会议上，斯大林支持了朝鲜的独立，但罗斯福强调："朝鲜没有维持独立的能力，需要40年的准备时间"，斯大林对长达40年的托管期表示疑虑，他称可以赞成共同声明但不能约定，并一直坚持朝鲜应独立的主张。[65] 霍普金斯经过慎重考虑指出，对于美国政府而言，处理朝鲜问

62) (韩)申福龙译：《韩国分裂史资料集(2)》，首尔，草光出版社，1992年，第259页。

63) (韩)申福龙编著：《韩国分裂史资料集(2)》，首尔，原州文化社，1991年，第349页。

64) (韩)申福龙著：《韩国分裂史研究1943-1953》(修订版)，京畿道坡州市，韩蔚学苑，2006年，第67页。

65) "Minutes of a Meeting of the Pacific War Council: Roosevelt Papers"(January12, 1944).

题的最佳方案是: 朝鲜人准备独立的时间不宜超过25年, 实施5-10年的托管, 并由美国、英国、苏联、中国等四国实施共管, 斯大林对此持默认的态度,[66] 接受了该提议。[67]

（4）雅尔塔会议

雅尔塔会议于1945年2月4日至2月11日召开, 由罗斯福、丘吉尔、斯大林三国首脑参加。该会围绕战后处置德国问题、联合国问题、波兰、远东、伊朗、中国等问题交换意见。 朝鲜问题并非主要议题, 但罗斯福铁定要在朝鲜实施托管政策的意志。虽然, 雅尔塔会议是美、苏、英三国首脑会议, 但是在重大问题上, 美苏两国排挤了丘吉尔, 二人进行非正式会晤并达成重要协议, 故不断传出二人"密约说"。罗斯福向斯大林提出, 希望彼此就托管问题进行协商。他说, 有意在朝鲜实施由美国、苏联、中国参与的托管, 但就托管而言唯一可借鉴的菲律宾模式, 从菲经验来看, 其人民准备独立、自治过程历时50年之久, 他认为在朝鲜应该只需要20-30年左右即可, 斯大林则答复: "越短越好",[68] 并向罗斯福问道, 外国军队是否驻扎朝鲜, 罗斯福对此持否定的态度, 斯大林也表示赞同。当时, 罗斯福还称, 就朝鲜问题还有一个微妙的问题存在, 他个人认为英国没有必要参与其中, 但若排除英国则会引起其不满, 斯大林也认为英国是自尊心非常强的国家, 罗斯福回

---

p.869。转引自 (韩)申福龙著:《韩国分裂史研究1943-1953》(修订版), 京畿道坡州市, 韩蔚学苑, 2006年, 第68页。

66) W. Averell Harriman and Elie Abel, Special Envoy to Cburcbill and Stalin, 1941-1946, NewYork: Random House, 1975, p.471。转引自 (韩)申福龙著:《韩国分裂史研究1943-1953》(修订版), 京畿道坡州市, 韩蔚学苑, 2006年, 第68页。

67) (韩)申福龙著:《韩国分裂史研究1943-1953》(修订版), 京畿道坡州市, 韩蔚学苑, 2006年, 第68页。

68) "Roosevelt-Stalin Meeting"(February 8, 1945). p.770。转引自 (韩)申福龙著:《韩国分裂史研究1943-1953》(修订版), 京畿道坡州市, 韩蔚学苑, 2006年, 第69页。

应称，应该邀请英国参与。[69] 此次会谈中，就朝鲜问题达成了如下共识。

一、因中国与苏联紧邻朝鲜，故对朝鲜问题拥有传统的利害关系。
一、因中国与苏联紧邻朝鲜，故对朝鲜问题拥有传统的利害关系。
二、美国、英国与中国曾在《开罗宣言》约定朝鲜经过一定的程序变为自由而独立的国家。
三、若由一国单独以军事手段占领朝鲜，则会招致政治层面上极其强烈的反对。[70]

（5）斯大林-霍普金斯会谈

第二次世界大战结束之际，1945年4月12日美国总统罗斯福突然去世，这使美国的对外政策引发了一场不小的混乱。作为继任者杜鲁门未能正确把握国家政策方向，在对苏认识、外交路线方面与罗斯福差异很大。在这种情况下，杜鲁门开始摸索对苏政策，派霍普金斯作为其特使前往苏联。霍普金斯到达莫斯科后了解到斯大林仍然坚持雅尔塔会议上达成的托管朝鲜的共识。他向斯大林提出远东还留有朝鲜问题，即朝鲜的地位问题，在雅尔塔会晤期间，曾非正式的谈及相关问题，经过美国政府慎重分析后提议美、英、苏、中四国共管朝鲜。但是，暂无法确定托管时间，有可能是25年，或许可以更短，但不管怎么说也至少需要5-10年。斯大林称，自己对四国在朝鲜实施托管提议表示赞成。但该协议未形成正式文件。[71] 霍普金斯向杜鲁门汇报称，斯大林已于5月29日同意由美、英、苏、中托管朝鲜，基于这一决定杜鲁门于6月15日向蒋介石告知苏联、英国、美国已同意托管

---

69) "Roosevelt-Stalin Meeting"(February 8, 1945). p.770。转引自 (韩)申福龙著：《韩国分裂史研究1943-1953》(修订版)，京畿道坡州市，韩蔚学苑，2006年，第69页。

70) "Post-War Status of Korea: Briefing Book Paper, Inter-Allied Consultation Regarding Korea: Summary". p.359.

71) William D, Leahy, I Was There, New York: McGraw-Hill Co., 1950, pp.377-380。

朝鲜。72)

（6）波茨坦会议

杜鲁门、丘吉尔、斯大林于1945年7月至8月初，在德国柏林西部郊区的波茨坦举行了二战期间最后一次美、英、苏三国首脑会晤。这次会议的主要目的是商讨对战后德国的处置问题和解决战后欧洲问题的安排，以及争取苏联尽早对日作战。在会议期间，即1945年7月16日，美国在新墨西哥州成功引爆原子弹，其对朝鲜问题的态度也从托管转变为占领政策。7月26日，以美、英、中3国宣言形式发表了《波茨坦公告》，敦促日本帝国主义立即无条件投降，宣布了同盟国占领日本后将采取的基本方针，并重申1943年12月1日公布的《开罗宣言》必须实施。于1945年8月2日，正式签订《美英苏三国波茨坦会议议定书》。波茨坦会议是美英苏三大国首脑在二次世界大战期间召开的最长的一次国际会议，也是战争期间召开的最后的一次会议。这次会议对于夺取世界反法西斯战争的最后胜利产生了深远的影响，并就战后许多国际、地区间重大问题达成了协议，从而确立了二次世界大战后世界的政治格局。会上三国首脑在一系列国际问题上进行了激烈的角逐，反映了美、英和苏联的关系开始恶化。随着二战的终结，资本主义与社会主义制度的矛盾又上升为东、西方大国之间的主要矛盾，从而成为二战后一段时期内国际矛盾的重要内容。

---

72) "Memorandum by the Assistant to the President's Naval Aide(Elsey)", FRUS:1945:The conference of Berlin: The Potsdam Conference, Vol. I, p.310。转引自 (韩)申福龙著:《韩国分裂史研究1943-1953》(修订版), 京畿道坡州市, 韩蔚学苑, 2006年, 第71页。

（7）伦敦外长会议

为落实雅尔塔会议协议内容，以"和平时期继续巩固对德对日战争胜利"为方针，1945年9月在英国首都伦敦召开了英、美、苏、法、中外长会议。会上，并未具体涉及朝鲜问题，但此次会议却对朝鲜-韩国现代史影响深远。伦敦外长会后美国国内开始出现对苏联持怀疑的舆论。美苏之间的关系出现裂缝，两国关系的恶化对朝鲜半岛分裂提供了一个重要外因。[73]

2.1.3 苏、美对朝鲜半岛政策

2.1.3.1 苏联对朝鲜半岛政策

（1）光复前苏联对朝鲜半岛政策

二战期间，苏联也逐步形成了对朝政策。1941年12月，太平洋战争爆发后美国对苏关系方面，最重要的课题莫过于说服其参加对日作战，并共同粉碎日本法西斯。但是，当时苏联最紧要的却是欧洲战场对德作战问题，对于苏联而言朝鲜半岛问题无关紧要。苏联认为，同时参加两条战线是不可能的。进而，美国对苏开展的说服工作未能取得实质性进展。[74] 1943年10月，在莫斯科召开的苏、美、英外长会上，斯大林首次表明有意参加对日作战，又在德黑兰会上明确表态，对德战取得胜利后即可参加对日作战。1944年10月召开的英苏会谈上苏联在该问题上的立场变得更加明确。

参加英苏会谈的美驻苏联联络官约翰·迪恩向苏联提出对日作战战略建议。斯大林原则上同意了美方提出的战略建议，但要求略作修改。他认为

---

73) (韩)申福龙著:《韩国分裂史研究1943-1953》(修订版), 京畿道坡州市, 韩蔚学苑, 2006年, 第72页。

74) (韩)朴在权: "解放后苏联对朝政策",《解放前后历史再认识(5)》, 首尔, 一路社, 1989年, 第37页。

苏军的作战范围本应仅限定在中国东北地区， 为了歼灭日军应扩大占领范围至东北西部及朝鲜半岛北部港口。75) 当时， 迪恩提出的苏军作战范围未将朝鲜半岛纳入其中， 美军希望把苏军的行动范围限制在中国东北地区。但是，斯大林却提出上述要求，苏联对中国东北表现出关心，也为此后介入半岛事务做了铺垫。美方认为斯大林的要求并不过分，故未提出反对。76)

　1945年2月召开的雅尔塔会议上，苏联承诺结束欧洲战争后2–3个月内参加对日作战，但提出了若干补偿要求，欲恢复在中国东北地区的利益。77) 作为对日作战战略的一部分，苏联计划以海军力量封锁朝鲜半岛北部港口，并从海上登陆， 一部分陆军占领该地， 阻断日本的退路。 苏联对日作战意味着要在战后参与和介入远东问题。其又选择在朝鲜半岛北部港口登陆，也意味着有意介入朝鲜半岛问题的可能性。 二战期间， 罗斯福就战后朝鲜半岛问题提出，应保障朝鲜半岛的独立，但需要平衡有关国家的权益，进而应对朝鲜半岛实施托管统治。战时会议上，苏联听取美方托管方案后，只是表示理解， 未采取积极支持的态度。 苏联承诺参与对日作战后， 也逐步完善其对朝鲜半岛的具体政策。

　苏联接到美国提出的对日作战邀请后， 开始着手系统搜集、分析朝鲜半岛情报。1945年8月1日的苏联共产党中央委员会情报局文件很好地反映了苏联对朝鲜半岛的基本政策。 文中写道："朝鲜半岛与满洲、苏联接壤，其特殊的地理环境决定军事战略意义"。78) 苏联欲利用朝鲜半岛特殊地缘积极

---

75) (韩)中央日报现代史研究团队:《以新资料写成的韩国现代史》, 首尔, 1996年, 中央日报社, 第138–140页。

76) (韩)中央日报现代史研究团队:《以新资料写成的韩国现代史》, 首尔, 1996年, 中央日报社, 第138–140页。

77) 苏联提出的条件是: 维持原属中国领土的蒙古现状, 库页岛南部及邻近岛屿交还苏联, 租用旅顺港为军事港、大连港为国际自由港, 苏、中共同经营中东铁路及南满铁路, 千岛群岛归苏联。

78) (韩)申孝淑著:《苏军政时期的教育》, 首尔, 2003年, 教育科学社, 第36页。

摸索符合苏联利益的对朝战略。

苏联外交部负责朝鲜半岛事务的决策者们最为关心的是苏联在远东的安保问题，提出应彻底消除日本在朝鲜的殖民统治残余。并认为，只有在朝鲜半岛建立对苏友好的独立政权才是保障苏联远东安全的最佳方案。1946年3月20日举行的第一次美苏联合委员会苏方代表什特科夫在发言中正式表明"应成立对苏友好的朝鲜独立政府"的苏联对朝政策。[79] 由于苏、朝两国在地理上隔江相连，苏联希望战后在朝鲜新建立的政权及其政治势力对苏友好，不能成为外来势力攻击苏联远东的根据地。对于苏联而言，在本国安全得到保障的前提下才能支持朝鲜独立，正是在这一基本政策下进驻朝鲜半岛北半部的苏军积极投入到铲除日本统治残余的战斗中。

（2）苏联占领朝鲜半岛北半部政策及苏联民政局

1945年8月8日，苏联正式对日宣战，作为进攻中国东北作战方案的一部分，苏联计划依靠海军封锁朝鲜半岛北部港口，根据战势投入海军陆战队，登陆朝鲜半岛。8月9-11日，苏联空军及太平洋舰队空袭清津、罗津、雄基，击沉了日军运输舰。8月12日起由太平洋舰队、海军陆战队与步兵师团联合作战，依次占领雄基、罗津、清津。8月16日，美国国务院、陆军、海军三部协调委员会决定以北纬三十八度线为分界线分区占领朝鲜半岛，并形成"一般指令一号"文件。一般认为，美国划定的三十八度线的主要目的是为了防止苏联全面占领朝鲜半岛，即带有明显的战略防御意图，或是处于军事权宜主义考虑而划定了该军事分界线。然而，苏联为何在有能力占领朝鲜半岛全境的有利情况下，同意美方提出的分区占领方案呢？原因就在于，当时的苏联主要关心区域是中国东北、库页岛、千岛群岛，并参与对日占领行

---

79) (韩)朴在权："解放后苏联对朝政策"，《解放前后历史再认识(5)》，首尔，一路社，1989年，第37页。

动。另外，通过维持雅尔塔合作体制，参与欧洲战后赔偿问题，从中获取利益。[80] 苏联希望不与美国发生冲突的情况下，获取在朝鲜半岛的利益。起初，苏联希望新生的朝鲜政权是一个统一的对苏友好国家，但后来认为分区占领对苏联在这一地区的安保并不构成威胁，可以充分满足其国家战略层面的利益，不将朝鲜半岛作为攻击远东的根据地的安全保障。

进驻朝鲜半岛北半部的苏联军第25军主力部队于8月17日至18日途径中国东北地区后迅速南下。通过陆海两种方式24日，26日分别到达朝鲜北半部咸镜南道咸兴与平安南道平壤。直到8月末，占领了朝鲜半岛北半部全境。苏军占领北半部初期，整顿了占领地区的地方自治机关。从光复前夕的8月12日开始依次占领朝鲜半岛北半部地区，在各地进行的作战及主要工作内容基本相同。首先，准备接受日军投降；其次，向朝鲜群众提供正常的生活条件，为他们能够参与民主的政权建设提供必要的援助；最后，广泛宣传苏联的情况，介绍苏军的目的、解放任务等。

苏军于8月12日至15日期间进驻朝鲜北半部港口城市雄基与罗津。此时，朝鲜建国筹备委员会(简称为"建准")还未成立，苏军进入咸镜北道地区后开始组织建立地方自治团体。在此之前，该地区没有地方自治组织，在苏军的帮助下建立了相关组织。另外，苏军欲通过地方自治团体处理民事行政工作，在所有占领地区设置了军司令部组织-警务司令部。警务司令部设置于各道及道以下行政单位，1945年9月28日总数为54处，而不久后便增加到113处。[81] 设立初期，主要任务是维持地方秩序、了解和掌握日军财产、负责保管日军遗留武器的任务，到后来其主要工作变为支持各地方人民委员会。但是，苏军进驻咸镜南道时的情况却与初到咸镜北道时截然不同。这

---

80) (韩)吴忠根："朝鲜半岛与美苏关系-以苏联的对日宣战为中心"，《韩国现代史研究1》，首尔，理性与现实社，1988年，第290-323页。

81) (韩)申孝淑著：《苏军政时期北朝鲜教育》，首尔，教育科学社，2003年，第41页。

一时期，苏联对日作战基本结束，咸镜南道地区已经自发组织形成了地区自治团体。在咸镜南道地区苏军第一次与朝鲜半岛北半部自生的自治机关相会。苏军第25军司令官奇斯佳科夫率领众参谋搭乘飞机到达咸兴后将行政权从日本人移交至朝鲜人组成的咸镜南道执行委员会。[82]

按照苏联政府对朝鲜半岛北半部地区的占领政策，于1945年8月末至9月初，将民族主义者占主导地位的平安南道建国筹备委员会、平安北道自治委员会、朝鲜建国筹备委员会黄海道支部各改称为平安南道人民政治委员会、平安北道临时人民政治委员会、黄海道人民委员会。苏军对在朝鲜北半部自发组织的群众自治组织采取了不同的政策，经过判断，如果有利于其推行占领政策则采取保留措施，而对具有浓郁民族主义倾向的自治组织采取了改造和重组，使之成为共产主义、民族主义者的联合组织。这种联合组织中以"咸镜南道模式"最具代表性。在咸镜南道自发的组织了联合各政治势力的人民委员会，苏军积极向北半部其它地区推广这一联合模式。平安南道作为朝鲜半岛北半部的政治中心，1945年8月16日以曹晚植为中心，由民族主义人士建立了平安南道建国筹备委员会。约20人组成的筹委会干部中几乎都是民族主义人士。[83] 8月24日，进入平壤的苏军第25军司令官奇斯佳科夫在会见平南人民委员会代表时，指示他们开展临时委员会选举工作。[84] 苏军要求曹晚植等筹委会与共产党组织按照一比一的比例进行改造，希望他们能够采纳"咸镜南道模式"。当时，由于特殊的地缘、人缘等原因，朝鲜半岛北半部除咸镜北道及咸镜南道外，其它大部分地区民族主义势力占优。苏军进驻后，从多方面改造和重组已有的朝鲜建国筹备委员会各支部，使

---

82) (日)矶谷秀次著：《我们青春之朝鲜》，首尔，四季，第211页。

83) 除执行部秘书长李周渊、宣传部长韩载德外均为民族主义人士。筹委会委员长为曹晚植，副委员长为吴胤善，教育部长洪箕畴。

84) (苏)布鲁宁："朝鲜在列宁旗帜下"，第63期(1085)，第65期(1087)。

其按照左右联合的形态改编为人民政治委员会。筹委会被赋予新名称后原组织内民族主义者丧失了主导地位。经过这一系列过程，新组建的人民政治委员会中左翼力量迅速成长。

苏军希望北半部的地方自治机关朝着左右合作的方向发展，经过重组后将行政权移交给新机关，使朝鲜人主持日常行政工作。苏军的这一政策从另一侧面培养和壮大了北半部左翼力量。 苏军司令部于1945年9月14日发布了《成立人民政府纲要》。[85] 该《纲要》集中反映了苏联对朝鲜北半部的基本政策，即清除亲日势力、颠覆分子之外的各界各阶层人民，其中包括成立工人、农民政权、彻底清算日帝残余、土地改革、对重要部门的国有化改造、人民义务教育制度等。[86] 苏军通过人民委员会处理民事行政工作，但实践过程中发现，需要有一个有效支援和控制该委员会的上级监督机构，为此苏军司令部在其内部设置了特殊机关以便推行占领政策。苏军以"建设民主主义国家，援助人民经济发展"的名义，于1945年10月3日在驻军司令部下设"苏联民政局"。[87] 苏联民政局隶属于第25集团军，是负责处理社会行政工作的中央机构，但并不是独立的中央行政机关。民政局为苏联滨海边疆区军管区军事委员会直属单位，即受25军司令官奇斯佳科夫及滨海边疆区军管区军事委员什特科夫的领导，负责人是罗曼年科少将，他还兼任25军副司令官，曾任滨海军队集群及第35军军事委员，是一名组织工作经验丰富的将领。苏联向北半部派遣了与罗曼年科共事的各领域专家小组。其中，25军中也有很多将领派往民政局，苏联以顾问资格向该局分配了专家，与朝鲜人共事。

---

85) 《成立人民政府纲要》之后发布的《布告》声明中强调，不向朝鲜半岛北半部强求成立苏维埃式政府体制，承认资产阶级民主革命。

86) 民主主义民族战线：《朝鲜解放年报》，首尔，1946年，文友印书馆，第118-119页。

87) (韩)申孝淑著：《苏军政时期北朝鲜教育》，首尔，教育科学社，2003年，第39页。

1945年10月至11月间，组建了产业、农林、财政、商业、教育、卫生、邮电、交通、司法、安保等十局。此外，针对法院、检察等工作引入了顾问岗位。行政10局及此后设置的临时人民委员会机构数也与民政局保持相同，均为10局。为了保持上下级紧密关系，民政局以局长、顾问名义向各局派驻了苏军司令部代表。以统一管辖朝鲜半岛北半部为目的设立的行政10局，由于没有上级中央领导机关，故只停留在相互保持联络的过渡性组织状态。

苏军为贯彻执行占领政策，积极采用"北朝鲜内苏联政府机关及苏联方面正式员工、苏联籍公民、曾在苏生活过的北朝鲜领导层"等，大大提高了工作效率。其中，"苏联籍公民，曾在苏生活过的北朝鲜领导层"指的是苏联籍朝鲜人及以金日成为首的教导旅抗联集体，苏联政府及军队从苏联境内征集了众多苏联籍朝鲜人，将他们分配到行政、党务、教育、政权建设等各领域，苏联籍朝鲜人在这一过程中发挥了重要作用，后来逐渐成为朝鲜重要的政治集团，即"苏联派"，以金日成为首的东北抗联集体与"苏联派"为朝鲜政权建设奠定了基础。另外，在北半部确定成立中央集权政权方针后，领导政权机关活动的党务建设成为棘手问题。

1945年8月，朝鲜半岛光复时，北半部的共产主义者与南半部同步，自发地在各地方创建共产党组织。北半部未能形成单独的、统一的党组织，直到10月10日至13日召开的"朝鲜共产党五道党委负责人及积极分子大会"上正式宣布成立朝鲜共产党北朝鲜分局。从表面上看，分局是南朝鲜汉城朝鲜共产党中央的一个分支，但实际上却是一个崭新的共产党中央权力机关，北朝鲜新的党中央不承认由朴宪永主导的南朝鲜朝鲜共产党的唯一领导。[88] 苏联担心美军占领下的南朝鲜汉城朝鲜共产党"中央"向北朝鲜党组织

---

88) (韩)金周焕(音)："西北五道党代会对美认识及朝鲜共产党北朝鲜分局的组织地位"，《解放前后

传达秘密指令，对其实施操控。将分散在北朝鲜各地的朝鲜共产主义团体从朴宪永领导的汉城朝鲜共产党中脱离出来，集中统一到金日成周围，在北朝鲜成立独立的党组织。分局成立后，北朝鲜的共产主义运动蓬勃发展，历经分局第三次扩大执行委员会后确立了组织和纪律。

苏联对北半部政策也发生了变化，占领初期提出在北半部建立对苏友好政权构想，但经过托管纷争后认为，有必要积极应对来自南朝鲜的反共反苏政权，便开始集结北朝鲜的进步民主主义势力准备应对来自南方的挑战。最初，苏联重视民族主义人士，提出与他们成立联合政权的构想。但是1945年12月，莫斯科外长会议上提及的"对朝鲜实施托管统治"成为一次重要的分水岭。由于曹晚植坚决反对托管统治而遭到监禁，与民族主义者的联合成为泡影，苏联军政不得不放弃了联合民族主义势力的政策。此后，民族主义者受到了排挤，未能参与组建中央政权机关的工作。而北朝鲜与支持莫斯科决定的势力结成强有力的统一战线，于1946年2月8日成立了中央行政机关-北朝鲜临时人民委员。临时人委完成了以反帝反封建民主主义革命为基础的民主改革，朝着社会主义阶段过渡。1946年11月3日，举行了道、市、郡人民委员选举，再由选举产生的委员为代表召开了各道、市、郡大会，组成了北朝鲜人民会议。1947年2月21日，北朝鲜人民会议选举金枓奉为人民会议常任委员会委员长，接着又组建了新的中央政权机关-北朝鲜人民委员会。[89] 人民委员会为成立朝鲜民主主义人民共和国奠定了政治、经济、文化基础。

驻朝苏军也干预和影响了北朝鲜学术、文学艺术等领域。北朝鲜政界人士及文艺界人士纷纷赞扬和歌颂苏联及斯大林，并号召人民大众向苏联学

历史再认识(5)》，首尔，一路社，1989年，第177页。

89) (韩)金光云著：《北朝鲜政治史研究1，建党、建国、建军的历史》，首尔，先人出版社，2003年，第398页。

习。一些著名文人的作品中将斯大林比喻为"人类的太阳", "朝鲜人民的救星"等。[90) 1946年12月5日北朝鲜临时人民委员会通过了《关于设置俄语培训站的决定》, 自1947年1月5日起在平壤、新义州、清津、咸兴、海州、元山、铁原、镇南浦、宣川等北半部9个地区设置俄语培训站。[91) 这时期, 主要作品有韩鸣泉的诗《北间岛》、赵基天的诗《白头山》、韩雪野的短篇小说《凯旋》、韩载德的短文《金日成将军凯旋纪》, 金周渊的油画《金日成将军战迹》、崔渊海的油画《斯大林大元帅肖像画》等。另外, 人民委员会成立了外务局, 以金日成和外务局长李康国名义发行了护照。[92)

　　苏军政在朝鲜半岛北半部推行的社会主义化政策从制度方面可分为三个阶段。第一阶段为1945年8月至1946年1月, 联合民族主义者曹晚植, 但实际上由苏联支持的金日成掌握了权力, 第二阶段是1946年2月至1946年7月, 金日成以北朝鲜临时人民委员会为中心开展了"民主改革", 巩固其权力, 最后一个阶段是北朝鲜劳动党建党至成立北朝鲜人民委员会等完成中央机关建设, 即1946年7月至1948年9月。光复后, 北朝鲜的一系列政治变化均在苏军政的介入下进行, 这既是从统一战线向社会主义体制过渡的过程。苏军政在北半部实行的占领政策奠定了北半部政权的基础, 最终形成了以金日成为首的政治中心。

2.1.3.2 美国对朝鲜半岛政策

　　二战爆发后, 美国人认识到了德国等法西斯国家的侵略本质, 意识到已不能依靠孤立主义外交路线, 必须摸索新的国际秩序。美国人希望战后构建

---

90) (韩)金学俊著:《北朝鲜历史(第一卷)》, 首尔, 首尔大学出版文化院, 2008年, 第605页。
91) (韩)金学俊著:《北朝鲜历史(第一卷)》, 首尔, 首尔大学出版文化院, 2008年, 第610页。
92) (韩)国史编撰委员会编:《北朝鲜关系史料集》, 京畿道果川市, 1982-2005, 第141-192页。

一个更加自由、和平的世界秩序，主张保障殖民地人民的民族自决权。为了实现民族自决原则，罗斯福欲建立一个国际联合机构，但欧洲对此构想多持消极反应。欧洲国家认为，战后在恢复建设时必须依靠殖民地，而罗斯福提出的主张不切实际，不符合各国利益。欧洲各国约定，可以改善殖民地国家人民的处境，但无终止殖民主义意向。对此，美国国务院于1942年8月提出了新的策略，即托管统治概念。美国对朝鲜半岛的占领政策基本与美国的对外政策及当时美苏关系的变化，朝鲜半岛南半部的动向等有着密切的关联，可以在这一框架内理解美国对朝鲜半岛政策的变化。

① 托管统治与维持现状政策

1945年9月8日，美国第24军团在霍奇中将的指挥下进驻朝鲜半岛南半部，当时他们所掌握的朝鲜半岛信息非常有限，没有具体的战略政策方案。但总基调是牵制苏联的膨胀作为基本路线，进而打击南半部内部的左翼势力是其主要任务之一。占领初期，美国对朝鲜半岛政策的基本立场是与苏方协商划定三八线产生的问题、尽快废除军政、实施四国托管统治，在联合国监管下实施托管。10月13日，美国国务院、三部协商委员会首次向美军政下达成体系的命令，该命令编号为SWNCC176/18"对南朝鲜初期基本指令"。美国在占领南朝鲜初期欲尽早清算日本帝国主义统治影响，即铲除日本对南朝鲜政治、经济方面的影响，使南朝鲜从依赖日本的经济模式逐步分离、独立。进而，初期的指令主要目的是巩固同盟军的地位，未讨论与南朝鲜人民切身利益相关的福利、经济援助等问题。另外，美国大力扶持了南朝鲜右翼政党，排挤和打击了不符合其利益和目标的左翼势力，并强调不要正式承认和利用任何形式的政治组织。[93] 换言之，美国认为组建新临

---

93)《美国务院秘密外交文件》，美国国务院，1945年，第92-93页。

时政府之前，暂不对主要领域进行新的改革，1946年1月29日召开的三部协调委员会会议文件可说明这一点。

"美苏共同委员会美方代表认为，当前最为紧迫的政治任务就是制定新的临时政府组建计划。待下次指示下达之前，不得商议与上述相关的议题。"

正如上文，美军占领南朝鲜初期没有制定和下达经济政策，大多主张维持现状，防止苏军全占。这与当时美国计划在朝鲜半岛实行托管统治作为前提有直接关系。即以美苏间能够达成共同协议作为前提，制定经济政策。进而，至少在这一时期，美国出于托管统治的大脉络，欲最大限度的发挥其影响力。事实上，通过实施托管统治，最终目标是成立南北唯一政府。美、苏、英纷纷提出，为实现朝鲜半岛的最终独立，应首先在朝鲜半岛建立实行民主主义的临时政府，由美国、英国、苏联、中国对其实施五年的托管后使之完全独立。为此，美国与苏联组成共同委员会，与朝鲜半岛的民主政党及社会团体进行协商，与此同时，两周内召开由两国军司令部代表参加的会议。此时，决定对朝鲜半岛实行托管统治的莫斯科外长会议决定传到朝鲜国内后，朝鲜局势陷入漩涡之中。以此为契机，南半部左翼势力开始被削弱，右翼势力迅速得势。另外，霍奇作为彻头彻尾的反共分子，他自上任以来就认为在朝鲜半岛实行托管统治难度大，也不应该实施托管统治。根据莫斯科协定，第一次美苏共同委员会会议于1946年3月举行，美国与苏联在协商过程中举步维艰。事实上，美军政处于废弃托管统治方案的状态，杜鲁门态度强硬，不再对苏联做出任何让步。再加上，朝鲜半岛南半部的反托管运动高涨，使得美国立场非常困难，导致无法遵守莫斯科协定所规定的内容。故到了1946年，美国开始关注南半部内的经济改革，同年2月，美国国务院下达了对南朝鲜长远政策指南，即逐步在南朝鲜推进土地、财政改革，并扶持能够落实上述改革的政治势力。

"当前在朝鲜问题上面临的困难较多，对于朝鲜的发展方向，金九派系有牢固的计划，还有一些势力受苏联操纵，我们在区域内选择领导人时应排除与上述两派相联系的人员，对此项工作应全力以赴。这一势力应向民众宣扬四大自由，向广大群众强调开展彻底的土地及财政改革的内容，为他们能够制定进步纲领提供帮助。另外，现在大多民众认为只有社会主义纲领才能带来希望，我们也应制定进步纲领，吸引民众的支持，以此作为制定具体纲领的目标。为了与获得苏联支持的共产主义势力对抗，我们应积极准备支持反共政治势力及团体。"94)

美国欲在对苏协商中巩固其立场，为获取朝鲜民众的支持，对一揽子改革政策表现出了关心。如果发生美苏共同委员会破裂的情况，美国有意只在南半部推行这一计划。1946年5月，美苏协商破裂后，美国政府便开始考虑在南半部成立单独的立法机构。这时，已将以托管统治为前提的最初占领政策进行了全面修改，开始推行更加积极而主动的政策，以此作为其朝鲜半岛政策的基本路线。其主要目的是获取朝鲜人民的支持，在未来与苏联的协商中巩固美国的地位。由于美苏共委会的决裂，美国重新评估了对朝鲜半岛政策，其态度也悄然发生了变化。美国原来欲通过托管统治解决朝鲜问题，但后来转变为对苏封锁政策，这对朝鲜半岛分裂提供了外因。进而，1946年6月6日，美国发布命令，调整对朝鲜半岛南半部的政策，立足远东战略，阐明朝鲜半岛独立的重要性，并提出了美国对朝鲜半岛的整体政策目标。

"我们认为有必要重新确定对朝鲜半岛的基本目标、当前采取何种方式能够达成

---

94)《美国国务院秘密外交文件》，1946:236。

预定目标等问题，围绕这些问题将分析对朝政策。在朝鲜(半岛)问题上，美国的根本目标就是朝鲜独立，其独立不仅对朝鲜民族极其重要，而且是维持远东地区政治稳定的重要手段。因为，如果依靠日本或苏联统治朝鲜，则对中国统治(伪)满洲地区产生不利影响，也会对远东地区的政治稳定、建立强有力而稳定的中国产生负面影响。"[95]

　　"为了使美国所采取和推行的政策在朝鲜民众中获得支持，在今后的对苏协商中巩固美国立场，作为另外手段之一，驻韩美军司令官支持在朝鲜国内持续不断发展民主主义制度，为创造有利条件与环境，对南半部的经济、教育改革计划提供最大限度的帮助，还将在立法草案的起草方面提供指导，尽可能由立法咨询机构主导主要改革方案，通过与该机构协商并获得支持后推进实施。"[96]

　　1946年5月，美苏共委会破裂后，美军政不得不重新考虑和改变之前的政策，在此之前美国在制定朝鲜半岛政策时一般将朝鲜半岛视为一个整体进行编制，但共委会以失败而告终后，美国制定的朝鲜半岛政策成为泡影。当时，美军政代理司令赫尔米克(Helmick)提出，开展立法活动、通过完整的财政政策及产业重建计划振兴经济，并对日本人财产的处置、重建铁路、粮食增产等改革措施等方面提出建议。美军政于1946年5月公布了强有力的经济控制令，以更加有力而成体系的方式控制南半部。

② 中立政策的形成与性质

　　美军占领南半部后，认为这一占领只是一时的措施而已，朝鲜半岛将在临时政府的领导下很快实现统一。但美苏共委会决裂后，驻朝鲜半岛美军与苏军之间敌对感日益增加，此时已经切实感到经济计划基础已不再适合南半部，基于现实情况，有必要提出精辟的新理论。美国对朝鲜半岛的政

---

95)《美国国务院秘密外交文件》，1946:297。

96)《美国国务院秘密外交文件》，1946:294。

策正是这一时期，由短期政策转变为长期政策。第一次美苏共委会破裂后，军部与占领当局以缺乏政策手段为由提出提前撤军，还提出成立单独政府的要求。但是，美国务院未能放弃对苏协商路线，欲在南半部扩大美国的影响力的同时又摸索一种对苏妥协的基础，即为第二次美苏共委会创造条件。其主要内容是，经济稳定与振兴、国家机构改革、整合以中立派为中心的政治势力、社会经济改革等特定的改革整合政策。1946年初，在确保"构建反共联盟"的首要目标的背景下，试图将南半部社会改造成自己所期望的体制。实际上，美国处理战后赔偿问题的赔偿委员会主席埃德温·鲍莱作为杜鲁门特使调查了朝鲜半岛南北状况，上交了敦促美军政修改有关政策的报告，对此报告杜鲁门表示赞同。他认为"美国在朝鲜的结局将直接关系到美国在全亚洲的成败与地位，朝鲜必将成为理念的战场。"[97] 并再次确认了美国对朝鲜半岛的主要政策，即通过选举在南半部成立立法议会、重建教育制度、开展较大范围的经济改革、构建强有力而独立的经济体制等。

首先，反映了民族自决原则。威尔逊为构建一战后世界秩序提出了这一原则，他很受罗斯福尊崇。该原则原为14条，但遭到日本反对，只在欧洲弱小国家适用过，罗斯福有意将此原则扩大至全球范围，欲按照民族自决原则重建战后没有殖民主义的世界秩序，作为其理想主义的一部分托管统治方案应运而生。

其次，包含集体安全保障概念。这一概念也是威尔逊理想主义的一部分，但一战后由于美国舆论迅速回到孤立主义，加入国联受挫，但二战期间罗斯福提议美、英、苏、中四国为骨干，形成新的集体安全保障机制，欲通过四国共同干预的方式解决朝鲜半岛独立问题。

最后，美国对朝政策是以美国为中心的政治、经济体制优越主义的表现。

---

97) (韩)李惠淑著:《美军政时期的统治结构与韩国社会》, 首尔, 先人出版社, 2008年, 第111页。

美国一直以所谓的自由民主主义共和国引以为豪，认为自己较法国率先以市民革命思想为基础建立了民主共和国，对这一历史感到无比自豪，自尊心很强，这一自尊心使之不断干涉外国内政事务，违背其政治、经济体制理念时不惜使用武力进行军事干涉，例如对菲律宾的殖民统治就是以向菲律宾传授美国式政治制度为借口进行的。美国认为，菲律宾受西班牙殖民统治，故未具备自治能力，以此为口实向其推行了帝国主义性质的统治，并在菲律宾确立了具有美国因素的政治、经济体制，对此其感到光荣和自豪。同时，美国认为朝鲜半岛长期受日本殖民统治，也无自治能力，美国应在四国中发挥主导权，在朝积极构建美国式政治、经济体制。然而，美国欲推行的托管统治却遇到了如下因素的影响。

其一，朝鲜半岛以北纬三十八度线为界被美军与苏军分区占领。

其二，苏联基于本国安保考虑，认为朝鲜半岛在其战略中占很大比重，故最高目标是在朝鲜半岛全境建设苏联式社会主义体制，若该目标不可能实现时，最低目标设定为在北半部建立社会主义政权。

其三，杜鲁门政府与罗斯福政府相比较，已不再将苏联视为其构建新国际秩序的战略伙伴，认为苏联是侵略国或是霸权主义国家，故在朝鲜半岛采取了防御苏联的政策。进而，美国希望在朝鲜半岛建立亲美政权，并将此作为最高目标，而这一目标不可能实现时，最低目标定为在南半部成立反共政权。美国提出的托管统治方案本应在所有殖民地推行，但此方案遭到了来自英国方面的强烈反抗，故未能在西方列强殖民地推行，最终只在战败国殖民地-利比亚、太平洋岛屿及朝鲜半岛推行。美国强调的"有原则的美国外交"一部分的托管方案受挫，其方案中的具体内容被搁置。

2.2 光复后北、南社会状况

2.2.1 北半部社会状况

　　光复时，北半部辖平安南道、平安北道、咸镜南道、咸镜北道、黄海道等5道。平安南道下辖平壤府、镇南浦府；平安北道下辖新义州府；咸镜南道下辖咸兴府、兴南府、元山府；咸镜北道下辖清津府、罗津府、城津府；黄海道下辖海州府；共10府、77郡。[98] 当时未设置"市"级行政单位，但一般将"府"称为"市"。 除此之外，京畿道开城府的一小部分地区、长湍郡、开丰郡、翁津郡，江原道通川郡等9郡划到到三八线以北。即北朝鲜从行政上由7道[99]11府89郡组成。 根据1945年12月苏联外交部远东二局的报告显示，当时北朝鲜的人口大约为900万人，南朝鲜为1700万人，面积约为12万6000平方公里。[100] 北半部对社会、经济等主要领域采取了一系列改革措施。 这些改革涉及土地、重要产业国有化、劳动法、男女平等法、教育等领域。

　　朝鲜经济依附于日本，产业结构以农业为主，由此可知，朝鲜是一个典型的农业为主导产业的国家。 在传统的农业国家中地主占有土地，这一时期日帝拥有朝鲜耕地面积的25％，森林面积的74.6％。 朝鲜人出身的地主所持有的土地占到全部耕地面积的44％，其中拥有30町步以上的大地主，占据着全国耕地面积的17％，换言之，地主控制了70％左右的朝鲜土地。

---

98) (韩)金学俊著:《北朝鲜历史(第一卷)》，首尔，首尔大学出版文化院，2008年，第671页。

99) 北朝鲜人民及苏联军在光复之初并不承认京畿道与江原道的"道"级行政单位，一般惯称西北五道。通过1945年秋至1946年秋实施的行政改编将三八线以北京畿道地区分别划入黄海道与江原道，咸镜南道的一部分地区划给江原道，最终完成了江原道。1946年夏季前后，开始使用"北朝鲜六道"的措辞。

100) (韩)金学俊著:《北朝鲜历史(第一卷)》，首尔，首尔大学出版文化院，2008年，第671页-672页。

日帝强制吞并朝鲜半岛后，佃农数也不断增长，1919年为100万3000户(37.6%)，1938年和1941年分别增长到158万3000户(51.8%)、164万7000户(53.6%)。随着，佃农的增长，自耕农人数不断减少，从1919年的104万5000户(39.3%)，到1941年则减少到46万5000户。[101] 日本人与朝鲜人地主占据全国耕地面积的三分之二，约三百万町步，而四分之三的农户几乎处于无地或耕种地主土地的境遇。少数地主拥有大面积土地的事实说明，朝鲜农村有广大的剩余劳动力，封建地主将农民牢牢束缚在土地上，维持封建的生产关系。地主与佃农之间多以口头形式立约，一般为一到三年不等。佃租多为谷物现货为主，很少以货币作为支付佃租形式。地主巧立名目，向佃农收取各种税赋，如地租、佃税、搬运费等。此外，佃农在特定的日子，拿着自家生产工具，牵着家畜为地主提供无偿劳动服务，地主变本加厉以各种方式剥削佃农的劳动力。从这一脉络分析，朝鲜半岛光复后，北半部的农村社会仍保留着浓厚的殖民地、封建性质。日本帝国主义利用封建土地关系，巩固其殖民统治，这也是其殖民统治的特点之一。光复前，朝鲜半岛工业具有浓厚的殖民地性质。采矿业与加工工业发展及其不平衡，各工业领域发展参差不齐，采矿业与加工工业之间缺乏有机的联系，呈现出殖民地工业的普遍特点。加工工业中，冶金工业与机械制造工业作为核心领域，其所占比例仅为20%左右，而日本急需的化学工业占到了29%，简言之，日本帝国主义从自身利益及发展需要出发，确立了朝鲜半岛的工业体系，其结构及分布呈现不平衡的特点。另外，南半部主要以轻工业为主，而北半部则以重工业为主。当时，北半部社会混杂着日本帝国主义遗留的封建地主佃农关系、亲日买办资本家为首的资本主义经济关系、民族主义派系及手工业者为首的小商品经济，即光复后的北半部社会仍处于殖民地、

---

101) (朝) 国立出版社编：《我国的人民经济发展》，平壤，1958年，第20页。

半封建状态。

2.2.1.1 日本帝国主义统治末期殖民地经济政策及其影响

（1）农业领域

1910年日本帝国主义强制吞并朝鲜后，为进一步掌控朝鲜经济命脉，实施惨绝人寰的殖民地统治，调整了原有的土地制度。1910年至1918年间，强行开展了土地调查工作，殖民当局通过对朝鲜的土地所有权、土地价格、地形地貌的调查，出台了新的土地制度及地税制度，以此奠定了殖民统治的经济基础。土地所有权调查是土地调查工作的核心部分，主要采取了个人申报方式，但日帝利用朝鲜农民的无知，允许农民将他人的土地也申报为自己的土地，以此大肆掠夺朝鲜土地。[102] 土地价格调查的主要目的是通过调查地价，制定新的地税征收标准，确立地税制度。另外，欲通过地形地貌调查测量数据制作新地图。

日帝在朝鲜半岛开展的土地调查产生了如下影响，首先，维护了封建统治阶级既得利益，地主由封建的土地所有主转变为近代土地所有主，排除了世代耕种农民的各项权利，农民与土地被分离，并沦为契约佃农，只保障了封建地主的利益，土地交易更加自由。其次，以土地调查工作为契机，日本公司、日本人地主拥有的土地所有权急剧增加。最后，进一步加强了地主与佃农之间的经济隶属关系，进而进一步分化了广大农民阶层。即通过土地调查工作确立了近代土地所有权，佃农被赋予自由权，但他们离开土地便无法维持生计，只能在经济上更加牢牢隶属于地主。[103] 另外，日帝还

---

102) (韩)赵锡坤："土地调查事业与殖民地地主制"，《殖民地时期的社会经济(1)》，《韩国史》(13)，首尔，一路社，1994年，第206页。

103) (韩)崔虎镇：《近代韩国经济史》，高阳，瑞文堂，1982年，第72-77页。

在朝鲜半岛实施了产米增值计划，农业结构、地主制、小农经济发生了变化。[104] 即一少部分日本人及朝鲜人大地主占有了大部分土地，而朝鲜人自耕农却走向了没落。

朝鲜半岛光复前后，北半部总农户中地主所占比例为4%，而他们所有的土地却达到总耕地面积的58.2%，即少数地主占有广阔的土地，而大部分贫农只有一小块土地或依靠佃耕勉强糊口，这一经济结构加剧了阶级对立。1943年末，自耕农为251261户，占到25%，自耕兼佃农为164724户，占到16.39%，佃耕兼自耕农为144419户，占14.37%，佃农为435789户，占43.38%，雇农为8316户，占0.95%，到了1945年自耕农、自耕佃耕农、佃农各占到26%、31%、42%。[105]

朝鲜半岛总人口中70%以上从事农业，北半部与全国相比较来看，农村社会的阶级分化及土地向地主集中化程度相对较弱。

（2）工矿业领域

日本殖民统治初期，朝鲜沦为日本商品的销售市场及近代工业原料供应地，随着殖民地化进程的深化，日本为节省原材料运输费及其它附带费用，充分利用朝鲜低廉的劳动力，便在朝鲜半岛建设近代工业。由于朝鲜民族资本规模小、技术落后、政治地位不牢靠等原因无法与日本资本抗衡，矿工业基础十分薄弱。1923年统计显示，202家公司中从事矿工业的只有36家，实际资本为307万5000元。[106] 1929年爆发了空前的世界经济危机，生产活动缩小，工人阶级与资本家矛盾进一步激化，农产品价格大跌，破产的

---

104) (韩)张时元(音)："产米增值计划与农业结构的变化"，《殖民地时期的社会经济(1)》，《韩国史(13)》，第275-280页。

105) 朝鲜银行调查部：《朝鲜经济年报》，1948年，第96-100页。

106) (韩)崔虎镇著：《近代韩国经济史》，高阳，1982年，第117-118页。

农民剧增。日本资本主义陷入了经济萧条的漩涡中，萎靡不振，各种矛盾愈演愈烈，为了克服和转移矛盾，日本资本家强行进军朝鲜。究其原因，第一，日本经济受海外市场依赖度较高，他们需要重新开拓一片安全、稳定、获取高利润的投资地区。第二，朝鲜劳动力低廉，加上水力发电形成了一定规模，能够为其供应稳定的能源。第三，1931年"九·一八"事变、1937年"七·七"事变爆发后，日本垄断资本主义将朝鲜作为其侵略大陆的基地，建设了大规模军需产业设施。朝鲜作为日本侵略大陆的桥头堡和军事基地，先后建设和开发了一系列水电站、供电网、铁路、茂山铁矿等。1931年至1943年工厂数、职工人数、生产值分别增长了3.2倍、5.15倍、7.49倍。[107] 工业结构中以金属、机械、化学工业为代表的重化工业生产值从1930年代的20.7%增加到1943年的49.5%。与此相反，食品、纺织为核心的轻工业所占比重从79%下降到50.5%。[108] 1930年代后，日帝时期朝鲜工业迅速成长归根结底还是日本垄断资本的投入及朝鲜工业从属日本的过程，同时也体现了朝鲜工业生产方式的弱后，发展不平衡及民族资本的脆弱性。1940年代，朝鲜的工业企业中，朝鲜人工厂法定资金所占比例仅为6%，而日本人法定资本却占到了94%。[109] 民族资本持续跌入滑坡，这一趋势持续到日本投降。民族资本的脆弱性也体现在技术层面上，当时工厂雇佣的大部分是朝鲜工人，而大部分高级技术人员均为日本人。造成这一格局的主要原因在于朝鲜工业化基础薄弱，工业化进程时间短，技术落后。此外，日本殖民当局对朝采取的民族歧视政策也产生了至关重要的影响，日本资本家不允许朝鲜人涉足高技术领域，百般阻挠朝鲜本土技术人员掌握各

---

107) (韩)许粹烈："殖民地经济结构的变化与民族资本的动向"，《殖民地时期的社会经济》，《韩国史(14)》，首尔，一路社，1994年，第128-129页。

108) (韩)金玉根著：《韩国经济史》，首尔，民族文化，1991年，第485页。

109) (韩)金玉根著：《韩国经济史》，首尔，民族文化，1991年，第487-489页。

种技术。

日本军国主义发动全面侵华战争后，朝鲜总督府于1938年5月公布了《朝鲜主要矿物增产令》，大肆掠夺朝鲜境内各种矿物资源。此外，还于1942年制定颁布了《朝鲜矿业法》，对采矿、选矿设备等发放补贴金，鼓励日本垄断资本进军朝鲜。其结果，朝鲜的煤炭、铁、钨丝、锰、钴等矿产生产量猛增。作为日本军需产业的矿业，由日本垄断资本独揽。朝鲜人经营的矿业大部分规模小，只限于金、铜、锌等。1936年，朝鲜人所占的资本比重仅为9.8%，1941年矿业技术人员中朝鲜人为1542名，占总数的29%，日本人为3705人，占到71%之多。[110] 而朝鲜技术人员均为初级技术员，中级以上技术人员均由日本人担任。

（3）劳动市场

1930年代后期，殖民地工业化进程中日本帝国主义为满足其军需工业发展，大力开发和掠夺朝鲜的地下矿物资源，1933年的统计数据显示，土木工人数保持持续增长，进入1940年后朝鲜工人总数迅速增长。如下图所示，朝鲜工人阶级在总人口中所占比重仍然很小，但在绝对增长值方面却表现出快速增长态势。朝鲜工人中普通工厂工人比重增加，朝鲜人出身的技术人员就职领域大部分是民族资本比重较高、技术要求较低的食品、制材、木制品加工、印刷、纺织工业等中小企业。

2.2.1.2 光复后北半部的经济状况

日帝时期，朝鲜半岛南北经济互补性较强，以北纬三十八度线为中心，南

---

110) (韩)韩国精神文化研究院编：《北朝鲜解放8年史研究》，首尔，1999年，白山书堂，第67页。

半部主要农作物以水稻为主，是朝鲜半岛轻工业生产基地，而北半部农业主要以旱田为主，工业以重化工业、军需产业、水力发电为主。这一殖民地经济特点与朝鲜半岛地理环境及日帝的殖民政策有密切关系，北部主要是兵站基地。朝鲜半岛光复后，南北经济联系被割断，导致双方经济活动不畅通。如炼油厂就是典型的例子，朝鲜石油公司于1936年8月建成投产的元山炼油厂年炼油能力为40万吨，战前主要原料从美国进口，战时从印度尼西亚进口，战争后期为了缩短运输距离，于1944年2月在南半部蔚山兴建了分厂，但朝鲜半岛迎来光复之际只完成了70%的工程量，最终被废弃，而北半部炼油厂则与苏联合作，工厂从苏联获得了稳定的原油供应，使得炼油厂不断发展。[111]

南半部对北半部电力依赖度较强，从1943年的41%增加到1947年的66.8%，南北分裂初期未影响到供电领域，北半部继续向南半部供电，南半部则向北半部支付各种急需物资作为供电补偿，1948年5月14日以南半部未缴纳电费为由停止了供电，南北经济纽带被割断。

光复后，燃料、化学纤维、建筑材料、铁路用材等与林业相关的产业需求增加，而南北分裂对于南半部而言，在林业方面面临重重困难。农业生产方面，北半部杂谷生产量较多，而糙米、麦子类生产量不到南半部的三分之一。1945年南半部粮食大丰，而当局突然取消了各种限制，农民可以自由销售，投机泛滥，1946年1月，推行了更加严格的收粮政策，发布了禁止搬运粮食令，这使广大消费者遇到了困难，由于光复之时正值收获季节，北半部未出现粮食短缺问题。[112]

经济活动方面，光复前大部分矿工业由日本人垄断经营，日本投降后，日

---

111) 朝鲜银行调查部：《朝鲜经济年报》，首尔，1948年，第371-373页。

112) (韩)徐南源著：《朝鲜经济政策及生产管理》，首尔，高丽大学亚洲问题研究所，1971年，第39页。

本人回国时，几乎所有工厂处于停产状态，他们只保留了生产设施，带走了经营资本及技术人员。另外，大部分生产原料从外国进口，而光复后对外贸易停滞导致原材料供应不足，使很多工厂被迫停产。鉴于此，1945年8月24日进入平壤的苏联第25军司令官奇斯佳科夫发布公告，督促各工厂负责人恢复重建工厂设施，尽快投入生产，并强调苏联方面将保护所有朝鲜企业的财产，保障正常作业。当时，由于外贸通道不畅，只能利用战时库存进行生产活动，甚至利用废品进行再生产，加剧北半部对苏联的依赖度。新义州、吉州造纸厂拥有丰富的木材资源，但由于缺少机械零件、硫磺，产量仅为光复前的30%左右。镇南浦、文坪、龙岩浦、兴南、海州等锌冶炼厂处于停产状态，由于没有处理工厂，世界最大规模的石墨矿成为废矿，北半部发展面临的最大瓶颈就是资金、能源和技术。

2.2.1.3 实施民主改革

（1）土地改革

朝鲜作为传统的农耕国家，农业人口多，农业在国民生产总值中所占比例高，若不妥善解决土地所有权问题则将引起政治、经济方面的不稳定。为消除日帝时期封建的地主与佃农之间积累的阶级矛盾，实施了土地改革。对土地采取了无偿没收、无偿分配措施，并推进重要产业国有化改造，引进了苏维埃式中央集权的计划经济体制。北朝鲜临时人民委员会于1946年3月5日颁布了《关于土地改革的法令》，并制定了一系列民主改革法案。于3月23日公布了《民主改革二十条政纲》，分别于6月24日、6月27日、7月30日、8月10日颁布了《工人及办公人员劳动法令》、《有关农业现货税的决定》、《关于男女平等的法令》《关于重要产业国有化的法令》。

北半部实施的土地改革具有反帝反封建、人民民主主义革命性质，通过土地改革北半部粮食产量大增，为建立社会主义国家政治经济体制奠定了基础，铲除了封建地主阶级，扩大了政权的群众基础。

（2）重要产业国有化

1946年8月10日，北朝鲜临时人民委员会公布了《北朝鲜临时人民委员会关于产业、交通、运输、通信、银行等国有化的法令》，当局将无偿没收对象限定为"日本国家所有财产、日本私人及法人、被确定为朝鲜民族叛徒的企业、矿山、发电站、铁路、运输、邮政、银行、商业及文化机关"，通过无偿没收上述产业，转为朝鲜人民所有，即国有化。在苏军政的帮助下北朝鲜临时人民委员会实施了产业国有化政策。他们认为，为实现生产手段的社会化，立足新的社会主义生产关系，应对资本主义企业进行国有化改造。反帝反封建民主主义革命阶段的斗争对象包括帝国主义、地主、民族叛徒，而团结对象是工人、农民、知识分子、小资产阶级、民族资本家、有良知的宗教界人士等。[113]

当时，主要产业大多由日本人经营，日本人掌握着商业资本的85%，故没收对象是日本国家、日本人、民族叛徒财产，在推进这一政策过程中遇到的障碍与反抗较少。从资本额结构来看，日本人占94%，朝鲜民族资本及其它资本仅6%。[114] 北半部实现产业国有化后，于1947年设立了个人工商业生产协同组合，还对地下资源、森林、水域进行了国有化，1947年12月5日实施了货币改革。北半部通过产业国有化掌握了1034家产业设施，90%以上的产业归人民所有。[115] 工人阶级政治热情高涨，为新朝鲜建立计划经

---

113) (朝)金胜俊著：《社会主义完全胜利中所有制问题及其解决方法》，平壤，科学百科辞典出版社，1989年，第24页。

114) (朝)金炳镇著：《自立的民族经济建设经验》，平壤，社会科学出版社，1983年，第18页。

115) (朝)金日成：《北朝鲜劳动党第二次大会中央委员会工作总结报告》，《金日成著作集》，第四卷，

济体制奠定了物质基础。

综上所述，新的土地关系是走向新生产关系的基础，社会主义国有化的最终目标是消除资产阶级经济权力，将国民经济中枢牢牢掌握在无产阶级手中,[116] 北半部当局通过这一政策实现了产业国有化目标。另外，这一措施不仅是具有社会主义性质的阶级政策的一部分，同时也是一项具有民族主义倾向的改革措施。[117] 重要产业国有化措施后北半部出现了新的生产关系，私有制与社会主义生产关系并存，即这一时期人民民主主义经济体制既不是资本主义经济体制，也不能说是完整的社会主义经济体制，是一种过渡期经济体制。推进人民民主主义革命的结果使生产关系及阶级结构发生了变化，但在新诞生的所有制结构下提高生产力水平却不是易事，需要倾注大量时间和努力。北半部为了克服前进道路上的困难，积极号召和动员群众力量，开展了一系列总动员运动，以思想改造为前提强化了思想斗争及阶级斗争。

2.2.1.4 光复前后教育发展概况

朝鲜半岛光复后，教育结构性矛盾重重，其根源在于日本殖民统治时期的殖民教育，日本帝国主义在朝鲜半岛统治35年间推行了民族奴化、同化及皇民化政策，学校教育的具体内容以日语、日本历史为主，抹杀了包括朝鲜语言文字在内的朝鲜民族文化。皇民化政策除同化教育外还实行了民族歧视政策即愚民化教育。愚民化教育的核心是压制朝鲜民族接受教育的

平壤，朝鲜劳动党出版社，1979年,第218-219页。

116) (朝)金日成：《朝鲜人民会议特别会议上通过的关于实施朝鲜民主主义人民共和国宪法的决议》，旬刊北朝鲜通信，1948年8月上旬号，38。

117) Robert A. Scalapino, Chong-Sik Lee,Communism In Korea, 2 (Berkeley:Univ.of California Press, 1972), p.1196。

权利，为日本统治朝鲜提供权宜。 日帝时期，愚民化政策朝着两个方向进行。分别是民族歧视政策及根据封建阶级结构限制接受教育机会。当时各级学校分为日本人学校和朝鲜人学校。1920年普通学校升学率为4.6%，1925年17.6%，1932年18.9%，从1932年起实施了两年制简易学校制度，到了1935年升学率达到了20%左右。[118] 而其它数据显示，学龄前儿童的入学率方面，朝鲜人57.6%，日本人96.6%。[119] 朝鲜人进入小学，都要受到日本殖民当局的限制，因而绝大多数朝鲜人处于文盲、半文盲状态。

日帝殖民统治时期，在各级学校教育中贯彻了皇民化政策，虽将学校分为朝鲜民族学校、日本人学校，但只能以日语授课。 朝鲜语、朝鲜历史、朝鲜地理等科目成为禁止教授科目。以1911年8月23日颁布的"朝鲜教育令"为开端，日帝推行了民族抹杀政策，1922年、1938年分别颁布了《第二次朝鲜教育令》、《第三次朝鲜教育令》，对朝鲜民族文化的抹杀程度愈演愈烈。1937年发布了强化日语使用政策，日常生活中只能使用日语，虽然禁止所有学校用朝鲜语授课，但名义上将朝鲜语设置为"随意科目"。1943年3月发布的《第四次朝鲜教育令》中完全废除了朝鲜语科目。 并规定各级学校"认真教授国语(日语)，将学生努力培养为符合皇民性格的人。"。[120] 由此可见，日帝在统治朝鲜期间，通过彻底的愚民皇民化政策剥夺了朝鲜民族学习和使用本民族语言文字的权力，抹杀了朝鲜民族意识，日帝欲通过殖民教育将朝鲜人驯服为盲目顺从其统治的"忠良臣民"。[121] 光复后，行政机关、各企业、文化机关、学校急需各领域专业人才。 而北半部只有三所技术学校及

118) (韩)郑在哲著，韩国教育史研究会编：《日本帝国主义侵略时期的教育》，首尔，教育出版社，1985年，第307页。

119) (朝)李万珪著：《朝鲜教育史(上卷)》，首尔，乙西文化社，1947年，第383页。

120) (韩)申孝淑著：《苏军政时期北朝鲜教育》，首尔，教育科学社，2003年，第57页。

121) (韩)申孝淑著：《苏军政时期北朝鲜教育》，首尔，教育科学社，2003年，第58页。

六所师范学校, 无一所大学。1944年, 北半部共有13408名朝鲜人教师, 其中12141人是小学校教师, 剩余1267人为中学教师。[122]

苏军进入北半部后将原来日本殖民当局的所有行政权移交给各道的朝鲜人民委员会, 通过这一社会机关处理民间工作。 人民委员会下设教育委员会或教育处。 当时, 由于急缺朝鲜人教师, 不得不从教育系统以外的部门中选拔中等以上学历者, 经过培训上岗。 北半部推行的土地改革对教育及社会经济基础带来了决定性的转变。

2.2.2 南半部社会状况

1945年9月8日, 美军从南朝鲜仁川港登陆, 直到1948年8月15日大韩民国政府成立, 共占领2年11个月。史学界将这一段历史称为"美军政时期"。广义上"军政"指军人或军人集团利用其特殊的身份, 行使政治权力。 但朝鲜半岛光复后美军在南半部实行的"军政"有别于广义上的概念, 是一个国家对另一国家采取的军事占领及统治。日本殖民统治遗留的一系列问题, 如殖民地体制、土地权、阶级结构对美军政统治及实行一些政策带来了影响。

1944年南半部人口为1624万4000人, 1945年为1687万3000人, 其中市级以上城市人口比例是12.9%。[123] 1949年人口增加到2019万人, 市级以上城市人口占到19.5%。[124] 光复后的四年, 南半部人口约增长了330万人, 这与国外归来人口及北半部迁入人口有密切关联。1945年10月至1947年12月期间, 从日本回国的人数111万人, 中国37万人, 北半部86万人。[125] 从北半部迁入南半部的移居者中籍贯为南半部的人占到了60%, 因政治经济原因

122) (朝)《朝鲜中央年鉴(1949)》, 平壤, 第127页。

123) 朝鲜银行调查部:《朝鲜经济年报》, 1948年, 首尔, 第330-373页。

124) 朝鲜银行调查部:《朝鲜经济年报》, 1949年, 首尔, 第330-360页。

125) 朝鲜银行调查部:《朝鲜经济年报》, 1948年, 首尔, 第371页。

选择避难的迁入者为39万人。[126] 也就是说，光复后的四年间，从日本、中国、朝鲜半岛北半部共迁入255万左右人口， 而这些移居者大多定居城市，这提高了城市人口比例。 从国外归来的人口呈现出男性多于女性，青壮年较多的特点， 尤其是从日本归来的人口中年轻未婚男性的单独迁入较多。而从北半部流入的人口主要以家庭为单位。 从政治倾向来看，从日本回国的朝鲜人主要受到左倾思想的影响， 而从北半部迁入的人口多有亲日派走狗。 大规模人口迁入带给南半部各种复杂的社会问题， 由于缺乏社会管理能力， 社会秩序日益混乱，使贫困人口剧增、粮食短缺、住房、失业等一系列问题愈演愈烈。

光复后， 公民社会迅速成长， 各种政治、社会团体步入组织化、体系化发展的轨道。由于，日本帝国主义投降， 国家权力出现空白状态，涌现出多种多样的政治社会势力， 自下而上对政治变革的呼声愈加强烈， 社会各界通过各种方式表达建设独立国家的心愿。但是， 就光复而言，各阶层人士表现出不同的态度。 在日帝时期作为统治阶级的地主、产业资本家、官僚等人员密切关注局势的变化， 积极寻求应对方法， 他们希望自己能够继续维持其社会、经济地位。 而广大受剥削，压迫的农民、工人阶级则希望通过建立新国家，推翻过去旧体制彻底翻身， 以一场翻天覆地的大改革，真正成为国家的主人。 前者，即日帝时期出身朝鲜人的统治阶级积极主张驱逐日本人， 但他们并不希望破除旧体制， 反而趁机独占了过去日本人的各种利益，以此欲维持统治阶级的地位。如上所述，就光复而言，每个阶层的理解都有所不同， 围绕如何组建生产关系、政治结构等问题展开了激烈的政治斗争。 要求全面改革的激进改革派与主张维持现状的保守主义派之间的权力之争愈演愈烈。[127] 仅以农地改革问题为例， 它不仅是破除反封建地

126) 朝鲜银行调查部：《朝鲜经济年报》，1948年，首尔，第373页。

主、佃耕关系的农民阶层的问题，而且还是关乎全民族的重要课题。当时，南半部财产的相当一部分由旧日本人独占，而如何处理这一庞大的财产，由哪一势力以何种方式运营是摆在南半部社会的最棘手问题，也决定着其社会发展方向。

光复后，南半部存在着各种政治势力，其中最具代表性的有以吕运亨为中心的"建准"势力、朴宪永为中心的社会主义势力、以金九为中心的大韩民国临时政府势力、李承晚势力等。各政治势力之间围绕与美军政、国内阶级等问题，在路线、具体纲领方面产生了分歧。这一时期，民族资本发展缓慢，而受帝国主义垄断资本及殖民地国家机构压迫，不断与其抵抗的工人、农民阶层的力量则在社会主义左翼势力的宣传组织下日益成长。光复后不久，工农阶级就被广泛动员与反帝反封建的斗争中。在这种背景下，广大工人及农民开展了维护自身生活权利的自主管理运动、拒缴佃租运动、管理和分配日本人所有土地运动等。另外，大批归国侨胞及日帝时期藏身于各地的地下运动人士的复出推动了南半部社会朝着革命化道路极速前进。对于经历过日帝35年残暴统治的朝鲜人民而言，首要问题是民生，其次是建立独立自主的新国家。他们纷纷要求分配土地及粮食，对保守亲日派表现出极大的憎恨。光复后，仅在数天内就在13道组织了人民委员会，截止到8月末，全国超过50%的市、郡共成立了145个地方人民委员会。[128] 经济危机、政治过渡期等光复后的社会形势与状况使左翼思想迅速传播与普及，广大人民群众积极接受这一新思潮，其意义如同抗日运动。1945年11月2日，美军24军军长、中将霍奇向麦克阿瑟发送的电文中写道："若不对

---

127) A.C.Bunce,(19 April, 1944), "The Future of Korea:Part1", Far Eastern Survey, Vol, XIII, No.8. p.68.

128) (韩)李惠淑著：《美军政时期的统治结构与韩国社会》，首尔，先人出版社，2008年，第108-109页。

共产主义者的活动采取积极措施，则会导致其掌握局势的处境"。[129]

由于以工人、农民阶级为中心的民族民主运动迅速扩展，原亲日派、大地主阶层也不得不提出包括土地改革在内的一系列国有化改革方案，以此延续其政治生命。日帝败亡，朝鲜总督府体系瓦解，左翼政治团体的思想及政治纲领得到了广大人民群众的大力支持并结成统一战线，而亲日地主阶层在这种政局下日益萎靡。

2.3 南北各自政权的成立

2.3.1 国内外抗日民族解放力量的汇集

2.3.1.1 "国内派"

1917年11月，列宁领导的俄国布尔什维克武装推翻了临时政府，十月社会主义革命胜利，建立了世界上第一个社会主义政权。而当时，日本帝国主义在朝鲜半岛实行了臭名昭著的"武断统治"，使朝鲜社会发生了重大变化。1910年代到1920年代初，朝鲜民族对马克思主义理论了解甚少，他们最为关心的首要问题是朝鲜的独立自主，对共产主义的概念极其模糊。而前苏联远东地区、中国东北及日本留学生成为朝鲜民族了解共产主义的重要窗口。

前苏联远东地区早期的朝鲜民族共产主义者主要有金立、朴爱、李东辉等。1918年4月，在俄国成立了朝鲜民族第一个社会主义政党—韩人社会党。1922年末，共产国际试图将朝鲜共产主义运动及民族运动中心舞台从国外转移至朝鲜国内。1925年4月17日，在汉城朝鲜共产党正式成立，由于

---

129) (美)美国国务院：《美国秘密外交文书》，1945年，第119页。

该党主要以"火曜会"成员组成，也被称为"火曜会共产党"。1928年被共产国际解散后，其组织被解体，但其人脉、关系等仍存，继续发挥了影响力。光复后，美苏两军分别占领了南北，南北共产主义者所处的环境颇有不同。在南半部朴宪永领导的朝鲜共产党(南朝鲜劳动党)在美军政当局的监控下，诸多方面受到了严格限制，而北半部的土著共产主义者则成为其它政治力量"反宗派斗争"对象。学界一般将北半部土著共产主义者称为"国内派"，但广义上讲，朴宪永为首的南劳党政治势力也应包括在内。

北半部"国内派"主要有平安南道的玄俊赫、金镕范、朴正爱；咸镜南道的吴琪燮、郑达宪、朱宁河、李周渊；咸镜北道的金采龙；黄海道的崔璟德、宋凤郁等。上述共产主义者早在光复前就开展了各种形式的共产主义活动，按照所属地区和斗争组织又分为很多支政治团体。曾任朝鲜共产党北朝鲜分局第一书记的金镕范等人以平壤为政治主舞台，将其活动范围扩大到了前苏联远东地区及中国东北地区。[130]"八·一五"光复后，他们积极协助金日成开展建党、建军、建国等工作，对形成以金日成为首的第一代领导核心做出了重要贡献。吴琪燮、李舟河等咸镜南道共产主义者从北朝鲜共产党建立之初，就表示支持朴宪永，他们发展成一支政治势力，并在北朝鲜共产党内部替汉城中央的朴宪永与金日成对峙。故上述共产主义者最先被定性为"党内宗派分子"，受到严肃批评，并在党内权力形成和发展过程中受到重创。[131]

以朴宪永为首的南朝鲜劳动党主要有李承烨、李英、许宪、林和、李康国、金三龙等人组成。他们中有的共产主义者曾参加了1925年的朝鲜共产党、1939年至1941年的"京城卡姆社团"、1945年9月的朝鲜共产党等。其

---

130) 《劳动新闻》1946年10月22日，《江原劳动新闻》1947年9月11日。

131) (韩)金学俊著：《北朝鲜历史(第二卷)》，首尔，首尔大学出版文化院，2008年，第893页。

中，朴宪永作为"国内派"领袖级人物，1922年曾参加了在前苏联举行的"第1届远东被压迫人民大会"，于1925年4月在汉城建立了共产主义青年同盟，并当选责任书记，1939年组织了"京城卡姆社团"。

1945年9月8日，朴宪永召集散居在国内各地的共产主义者，重建了朝鲜共产党。当时，朴宪永领导的朝鲜共产党被视为党中央，平壤方面也曾有一段时期承认其领导地位，但他在美军政的打压下未能持续领导南半部的共产主义运动，1946年进入北半部。其实，朴宪永选择离开南半部时，他领导的南劳党已经丧失了政治基础，与"延安派"相同，朴宪永为代表的南劳党政治力量与随苏军入朝的苏联朝鲜民族组成的"苏联派"和金日成领导的东北抗联集体相比，进入北半部的时间较晚，等"国内派"到达北半部时，抗联集体已经初步确立了其政治基础。与此同时，光复以后急剧变化的政治形势也大大削弱了"国内派"在国内的影响力。

2.3.1.2 东北抗联集体

1939年1月至1941年，东北抗联陷入日伪军警重重包围，在生存环境极其险恶、后勤补给全无的情况下，抗联部队开展小范围游击战。1939年开始被迫转入远东伯力(哈巴罗夫斯克)地区整顿和训练。1942年8月，在苏远东的抗日联军整顿整编为东北抗日联军教导旅，被授予苏联红军远东红旗军第88旅番号。教导旅在苏联期间不断派小部队潜入我国东北抗联游击区进行游击战，直到1945年日帝无条件投降，他们配合苏军重新进入东北地区，在解放东北、朝鲜北半部的斗争中起到了重要作用。

1945年5月苏军占领柏林后纳粹德国投降，作为亚洲轴心国的日本帝国主义也即将走向灭亡之路。苏联依据《雅尔塔协定》，将兵力从欧洲战场转移至远东战场，开始部署对日作战。7月末，旅长周保中与崔庸健召集了中共东北党委全体会议, 讨论和决定了抗日联军革命方向。[132] 会上决定全体成员分别向东北及朝鲜进军。为此改组东北委员会, 建立新东北委员会, 同时新组建朝鲜工作团。[133] 由周保中任新东北委员会书记, 党委委员除周保中外还有李兆麟、冯仲云、姜信泰、卢冬升、王效明、王一知、金光侠、王明贵、彭施鲁、王钧、刘雁来、张光迪等。其中, 姜信泰(姜健)与金光侠是朝鲜革命者, 周保中在工作中非常信任朝鲜民族共产主义者。

抗联部队的战略要地共有12个中心支部, 具体分工如下:

周保中–长春, 李兆麟–松江(哈尔滨), 王明贵–嫩江(齐齐哈尔), 王钧–北安, 张光迪–海伦, 冯仲云–沈阳, 王效明–吉林, 延吉–姜信泰, 绥化–陈雷, 佳木斯–彭施鲁, 牡丹江–金光侠, 董崇斌等7人赴大连。

朝鲜工作团由金日成、金策、崔庸健、崔贤、安吉、徐哲、朴德山(金一)组成,[134] 金日成任团长、崔庸健任党委书记。这一工作团无论是从组织上还是形式上都隶属于中共。[135]

8月8日, 苏联向日本宣战, 9日凌晨开始红军开始投入战斗, 8月15日日本无条件投降, 8月17日教导旅军事会议决定, 将抗联部队分为57个战斗小分队, 以苏军警备司令部副司令名义, 完成受降任务, 其中也包括了朝鲜, 17名朝鲜人选为负责人。[136] 8月25日, 抗联教导旅旅长周保中下达命令, 发

---

132) (日)和田春树著, 徐东晚、南基正译:《从游击队国家到正规军国家》, 京畿道坡州市, 石枕出版社, 2009年, 第64页。

133) (日)和田春树著, 李钟奭译:《金日成与东北抗日战争》, 首尔, 创作与批评社, 1992年, 第284页。

134) 彭施鲁著:《在苏联北野营的五年》,《东北抗日联军生活回忆中的一段(第二次稿)》, 1981年, 第77页。

135) 延边州人大常委会编:《艰难的岁月》, 延吉, 延边人民出版社, 2009年, 第83页。

136) (日)和田春树著, 李钟奭译:《金日成与东北抗日战争》, 首尔, 创作与批评社, 1992年, 第287页。

布将赴朝鲜工作的第一大队队员名单，该名单得到苏军当局的批准。其中包括职务、级别、姓名、受教育程度等资料。接受过中等以上学校教育的人员只有金日成、林春秋、安吉、金策、徐哲等5人，接受过6-7年教育的人员为5人，4-5年教育的人员为9人，共有14人接受过小学教育，其余41人受教育年限在3年以下。上述人员受教育程度低，其根源在于日本殖民统治者推行的民族奴化、同化及皇民化政策。

按照军衔可分为尉官级和下士官级。尉官级将校有大尉-金日成、安吉，上尉-李永镐、金京石、金一、崔贤、崔勇进、崔春国，中尉-徐哲、徐凤孝(学)、柳京守、金铁宇，少尉-许昌淑等，共14人。下士官级别包括特务上士-吴振宇、金曾东、韩益洙、金允尚(音)，上士-林春秋、全昌哲、全文燮、崔仁德、李济云(音)，中士-朴成哲、李乙雪、李五松、柳庆熙，下士-姜相镐、李凤洙、李斗益、金益铉、赵正哲等，共18人。兵卒级又分为上兵与二等兵，上兵有崔昌满、金有吉、金佐赫等人。二等兵有吴在元、朴长春、金成国、金明俊、全文旭、李宗山等人。其中，也包括安静淑、全顺姬、黄顺姬等女性革命者。

8月28日，第二远东军司令部授予周保中、安吉、王明贵、王效明、金日成、金策、姜信泰(姜健)、李兆麟等人红旗勋章，其中包括金日成等4名朝鲜人。

金日成于9月5日，共带领60名指战员[137]从远东伯力乘坐火车到了黑龙江省牡丹江后发表了讲话。[138]此时，牡丹江铁路设施受损，列车无法通行，

---

137) 日本学者和田春树教授曾在前苏联国防部档案馆查询到一份60人名录，其中包括姓名、阶级、教育水平及回国后拟工作地等。根据军衔可分为尉官级别、下士官级别、士兵级别。接受过中学教育的只有金日成、林春秋、金策、徐哲、安吉等5人，接受过4-5年教育的有9人，14人受过初级教育，其余41人的只接受过三年以下教育，其教育程度较低。另外，李东华、俞(柳)成哲、文一、金凤律等14名苏联籍朝鲜人也一同前行。

138) 金日成与王效明、姜信泰乘坐中东铁路到达了牡丹江，在牡丹江火车站举行了欢迎集会。金

一行只能返回伯力，途径海参崴。9月18日，金日成及其部队在苏联远东军情报局参谋的安排下登上苏联军舰"普加乔夫号"回国。19日上午，"普加乔夫"军舰到达咸镜南道元山港(今朝鲜江原道元山市)。

9月20日，金日成把抗日革命战士作为政治工作员派到咸镜北道、咸镜南道和铁原方面时，交给他们旨在贯彻新朝鲜建设路线的具体任务，使他们积极发动人民群众投入贯彻这一路线的斗争,[139] 然后同前往朝鲜西海(黄海)地区工作的指战员一起乘火车离开元山，9月22日上午，抵达平壤。金日成回忆说："我回到平壤后，从第二天开始就同战友们一起执行建党、建国、建军三大任务，这一段是解放后我过得最忙碌的日子。"[140]

金日成以在抗日斗争时期做好的组织上和思想上的准备为基础，立即着手进行完成建党事业的工作。他回国时年仅33岁，作为游击队指挥官，他带领抗日战士在广袤的东北及苏联远东各地历经苦难，坚持与日寇浴血奋战，率领60余名指战员凯旋回国，终于踏上他们挚爱的故土。

2.3.1.3 "延安派"

日本强制吞并朝鲜后，由于先后实施了残暴的"武断统治"及高智能的"文化统治"，朝鲜反日民族独立解放斗争无法在其国内持久开展和扩大，主要在境外发展。"延安派"指的是朝鲜独立同盟和朝鲜义勇队(军)的总称，由于上述组织转移到华北后进行了整编，与总部设在延安的八路军一同活动，故称其为"延安派"。朝鲜独立同盟起源于1937年成立的民族战线联盟，朝鲜

策、王效明代表游击队战士发表谢辞。金策在发言中表达了解放的喜悦之情，并感谢各界在十五年里给予抗联部队的支持与声援，抗联朝鲜人部将凯旋回国，为建设独立自主的新朝鲜而继续斗争，他呼吁海外侨胞积极投身这一斗争。

139) (朝)《金日成同志革命历史》编辑组编：《金日成同志革命历史》，平壤，朝鲜外文出版社，2012年，第162页。

140) (朝)金日成回忆录：《与世纪同行》，第八卷，朝鲜劳动党出版社，1998年，第409页。

义勇军以1938年10月在武汉成立的朝鲜义勇队作为其起源。民族战线联盟干部与朝鲜义勇队向华北抗日根据地的八路军地区转移，1942年7月各自改称为朝鲜独立同盟和朝鲜义勇军。[141]

1945年11月，"延安派"途径东北地区踏上回国之路，他们以"朝鲜独立同盟执行委员会"名义发表了《临时规约》。 根据该文件"朝鲜独立同盟将为建设自由、平等、独立、富强的民主主义新朝鲜而努力奋斗， 决心推进并建设以民主共和制为基础的朝鲜民主共和国。"[142] "延安派"共产主义者回国时间及过程各有不同。而主要干部则于1945年12月13日才到达平壤。其中包括华北朝鲜独立同盟主席金枓奉、副主席崔昌益、韩斌， 朝鲜义勇军司令武亭等人。[143] 当时，站前没有热烈的人群来迎接这些回到祖国的革命人士、也没有标语及飞舞的彩旗， 只有几个负责接待的人员上来和他们握手，之后就匆忙地让一行上了等待在火车站的卡车并安排到宿舍。[144] 驻朝苏军并不欢迎他们， 还曾一度阻止他们跨国鸭绿江回到朝鲜， 直到他们答应苏军将以"以个人身份、非武装地"回国——而不是以某政党或军队的身份，而他们的主力部队不得不留在中国，并参加到国共内战中。[145]

武亭作为身经百战、参加过长征的八路军总部炮兵团团长， 在北半部人民心中威望很高。尤其在故乡-咸镜北道镜城达到最高潮，如站前到处悬挂着"武亭将军回国万岁"、"我们家乡的骄傲-武亭同志万岁"、"朝鲜共产党

141) 金春善主编：《中国朝鲜族通史》，中卷，延吉，延边人民出版社，2009年，第373页。

142) (韩)国史编撰委员会编：《北朝鲜史料集》，第二十六卷，京畿道果川市，第5页。

143) 《中央日报》特别采访小组编撰的《秘录：朝鲜民主主义人民共和国》上册155-162页记载了"延安派"成员回国过程、当天平壤情况及此后的活动， 上述文字源于相关人士的回忆， 均口述为12月13日，而汉城民主主义民族战线事务局于1946年8月出版的《朝鲜解放年报》第17页记载为12月1日， 国史编撰委员会编撰的《北朝鲜关系史料集》第七卷(1989)582页记载为12月13日， 综合以上情况，将采用记载为12月13日的资料。

144) (韩)徐东晚著：《北朝鲜社会主义体制成立史: 1945-1961》，首尔，先人出版社，第83页。

145) (韩)金学俊著：《北朝鲜历史(第一卷)》，首尔，首尔大学出版文化院，2008年，第889页。

万岁"等标语。146) 在汉城，武亭的人气高涨，1945年12月5日汉城市人民委员会主办、20余团体共同召开了"金日成将军、武亭将军独立同盟欢迎筹备会"。值得一提的是，该筹备会由洪命熹任委员长，吕运亨、许宪、崔元泽、白南云任委员，南朝鲜主要左派领导人也参与其中，由此可见对武亭的重视程度。147)

金枓奉、崔昌益、武亭为首的"延安派"共产主义者与"东北抗联集体"、"苏联派"相比将近晚了三个月才回到祖国。那么，为何造成这一结果的呢？笔者认为，其主要原因可归纳为政治原因及国际政治局势。中共方面期待朝鲜义勇军继续投身国共内战，在东北地区起到先锋作用。1945年8月12日八路军总司令朱德下发第六号命令："现在华北对日作战之朝鲜义勇军司令武亭，副司令朴孝三、朴一禹立即统率所部，随同八路军及原东北军各部向东北进兵，消灭敌伪，并组织在东北之朝鲜人民，以便达成解放朝鲜之任务。"148) 按照命令，曾在延安、太行山、朝鲜革命军校活动过的朝鲜义勇军指战员陆续向东北进兵，1945年11月初2000余名集结于辽宁沈阳并召开了大会。会上，将朝鲜义勇军分为第一支队、第三支队、第五支队，计划向南满、北满、东满进军，联合当地朝鲜民族群众继续扩大队伍。149) 金雄任第一支队支队长、方虎山任政委，李相朝任第三支队支队长、朱德海任政委，李益星任第五支队支队长、朴勋一任政治委员。以上，三个支队在东北地区的活动取得了成功。

第一支队于1946年2月发展为拥有5000余名兵力的朝鲜民族独立部队，到了1949年兵力达到1万2000余人规模。第一支队于1946年2月23日更名

---

146) (韩)严永植著：《脱出》，首尔，雅思传媒，2005年，第161页。

147) (韩)金学俊著：《北朝鲜历史(第一卷)》，首尔，首尔大学出版文化院，2008年，第889页。

148) 张立华、董宝训著：《八路军史》，青岛，青岛出版社，2006年，第626页。

149) (韩)李钟奭著：《朝鲜-中国关系：1945-2000》，首尔，中心出版社，2000年，第90-101页。

为李红光支队，1947年参加解放辉南战役，翌年2月28日参加四平战役，9月至10月参加长春战役，10月30日取得沈阳战役胜利，后整编并改称为中国人民解放军陆军步兵第166师。[150]

第三支队于1945年末在北满牡丹江、延寿、方正、通河等战斗中取得胜利，1946年5月，兵力规模发展为3000余名。1949年3月正式编为中国人民解放军第164师步兵第491团。第五支队在吉林、延吉、朝阳川等地编入东北野战军。他们南征北战，为解放天津、北平、湖北、河南做出了重要贡献。上述几支朝鲜人部队指战员完成了剿灭东北及其它地区国民党军队后才陆续踏上回国之路。其中，166师11000命兵力于1949年7月25日编入朝鲜人民军第六师团，中国人民解放军第164师约7500余名兵力于1949年到达罗南后，扩编3500人后编入朝鲜人民军第五师团。[151]

纵观朝鲜政坛，以"非武装地、个人身份"回到祖国的武亭、崔昌益等"延安派"领导人仍然可以发挥重要作用，在朝鲜国内外参加革命的众多人士中像"延安派"那样积累丰富组织、战斗经验的革命家实属罕见。朝鲜义勇军在受到众多限制的不利情况下，相继以平安北道、黄海道为中心开展地方工作，"延安派"领导人继续使用朝鲜独立同盟之名，在南北各地开展了各项组织活动。

2.3.1.4 "苏联派"

1945年8月8日，苏联红军对日作战。第一太平洋舰队及第25军负责在朝鲜半岛的军事行动。8月11日晚，第25军所属小部队从庆兴越境入朝。8月12日下午，苏联太平洋舰队所属海军陆战队未受任何抵抗的情况下占领了

---

150) 崔刚著:《朝鲜义勇军史》, 延吉, 延边人民出版社, 2006年版。
151) 崔刚著:《朝鲜义勇军史》, 延吉, 延边人民出版社, 2006年版。

雄基港。8月14日，经过激战苏军占领了朝鲜东海岸最大的港口城市-咸镜北道清津。在此后的几天里苏军歼灭了三八线以北地区残余日寇，并迅速向南进军。[152] 8月15日，日本宣布无条件投降后，一些地区的日军仍然坚持抵抗，与苏军部队的局部冲突持续了几天。苏军对朝鲜半岛了解甚少，在进驻咸镜南道后，以为北半部的中心是兴南，远东第一方面军司令部向占领北半部的25军下达命令，务必在9月1日前在咸兴成立驻军司令部。当25军司令官契斯季亚科夫到达咸兴后才发现平安南道首府平壤才是北半部的中心，他希望在平壤成立司令部，最终获得批准。[153] 事实上，无论是苏联党中央还是中央政府机关内部，几乎无人了解朝鲜国情。大部分人只知道朝鲜是日本的殖民地，还有人认为朝鲜是日本的"马前卒"。另外，苏联境内的朝鲜民族行政人员及军队基层官兵多在二战期间遭到"大清洗"，强制移民等。少数幸存者为了不遭受政治方面的迫害而远离政治领域。滨海边疆区军管区及驻北朝鲜苏军占领军司令部所属人员也无人了解朝鲜。苏联朝鲜民族金成勋、朴昌玉、郑尚进、郑学俊、李学龙、金元吉、韩一武、太成洗、崔兴国、崔钟学等以苏军身份到达平壤，他们勉强可以算是比较了解朝鲜的苏军人员了。[154]

苏军司令官契斯季亚科夫向军管区请示，建议苏联政府方面向平壤派遣可以有效协助其开展工作的苏联朝鲜民族，政府接受其建议，自8月下旬起分批向平壤派遣朝鲜民族出身的翻译及行政、军事人员。[155] 9月下旬至10月中旬，朴永彬、朴吉龙、朴泰爕、朴泰俊、金日等53人被派往平壤，他们大多是师范大学和其它大学俄文专业毕业生。1945年11月下旬和12月初，

152) (俄)安德烈·兰科夫著，金光麟译：《朝鲜现代政治史》，首尔，昇出版社，1995年，第58页。

153) (韩)金学俊著：《北朝鲜历史(第一卷)》，首尔，首尔大学出版文化院，2008年，第721页。

154) (韩)金学俊著：《北朝鲜历史(第一卷)》，首尔，首尔大学出版文化院，2008年，第720–721页。

155) (韩)金学俊著：《北朝鲜历史(第一卷)》，首尔，首尔大学出版文化院，2008年，第721页。

许嘉谊、方学世、朴义玩、朴昌植、朴英、徐彬、姜尚昊、李春栢、李东健、金在旭、金泽永、金承化、金东哲、金烈、金灿、郑国禄等派往平壤。这些人员曾在苏联党组织、政府机关、军队工作过，积累了一定的工作经验。1946年夏天，以南日、金东学、金学仁、张益焕、朴一、李文日等36名组成的赴朝人员到达平壤。1946年9月，许益、金光、朴秉律、朴日英等人赴朝，他们在朝鲜主要承担教授俄语的教学任务。[156]

派往朝鲜的苏联朝鲜民族大多拥有苏联国籍，具有双重性，作为苏联公民拥护苏联党和政府的政策是理所当然的，这些人一般被称为"苏联派"，他们对光复后苏军对朝政策发挥了重要作用。笔者将在第四章第二节论述其形成过程、人员构成、历史特点及意义。"苏联派"为朝鲜半岛北半部形成金日成领导体系做出了贡献。他们按照苏联模式，对北半部的政权机构、国防建设、干部培养、文化教育体系、公安安全保卫机构建设等诸多方面作出了贡献。

2.3.2 大韩民国成立

1947年3月，杜鲁门在美国国会两院联席会议宣读被称为"杜鲁门主义"的国情咨文，标志正式进入"冷战"时代。同年8月，美国代理国务卿洛维特致函苏联外长莫洛托夫，建议于9月8日在华盛顿召开美、苏、英、中四国会议，以"在联合国监视下南北方按人口比例举行普选组建统一的朝鲜政府"的精神讨论朝鲜问题。但这项建议遭到苏联的拒绝。[157] 美国意识到无法通过《莫斯科协定》框架与苏联在朝鲜独立问题上达成共识。因此，于9月7日

---

156) (韩)《中央日报特别采访小组》著：《秘录：朝鲜民主主义人民共和国(上卷)》，首尔，中央日报社，1992年，第177-184页。

157) 曹中屏、张琏瑰等编著：《当代韩国史》，天津，南开大学出版社，2005年，第65页。

将朝鲜问题提交第二次联合国大会。而苏联以美国违反《莫斯科协定》及《联合国宪章》第107条精神为由拒绝这一议案。11月，联合国大会决定，在联合国的监督下南北朝鲜举行总选，派遣一支由多国为成员的联合国朝鲜临时委员会监督政权组建、美苏撤军等事务。[158] 1948年1月8日到达南朝鲜汉城后接触了南北地区的美苏两国军队人士，但苏军司令官拒绝他们进入北方，由此北半部无法进行选举。这时，朝鲜中立势力主张召开南北领导人会谈，依靠自己民族力量解决建国问题。1947年12月，结成民族自主联盟，金奎植任主席。[159] 1948年1月，联合国朝鲜临时委员会代表到达汉城后，金九与李承晚及韩民党决裂，与金奎植一同主张进行南北协商。

1948年2月16日"小型联大"做出在南朝鲜进行单独选举决议后，[160] 将这一权利委托给联合国南朝鲜临时委员会，但美军政当局未经联合国朝鲜临委会讨论，自行宣布将于1948年5月10的举行选举。1948年5月7日至10日，有5000多人被捕入狱，350人遭到杀害，选举当天戒备森严，美军处于备战状态，警察和右翼青年恐怖团体全部出动胁迫人民群众参加投票，可见总选全无自由可言。[161] 据临委会公布的资料，5月10日-14日期间，因拒绝参加选举而遭杀害的有128人，负伤者137人。[162] 即使如此，参加投票者只及选民总数的30%。[163] 选举是依据"南朝鲜过渡立法议院"制定的《选举法》进

---

158) 曹中屏、张琏瑰等编著：《当代韩国史》，天津，南开大学出版社，2005年，第66页。

159) (韩)徐仲锡著：《韩国现代史60年》，首尔，历史批评社，2007年，第29页。

160) "小型联大"：1947年召开的第二届联大在美国操作下通过的非法组织，完全违反联合国宪章的非法组织，原名联合国大会和平安全临时委员会，美欲通过"小型联大"来篡夺联合国安理会的职权，取消五大国一致原则，将联合国变成为美国政治服务的工具，遭到苏联等国的坚决反对。1948年3月12日，临时委员会表决时，澳大利亚、加拿大代表投反对票，法国、叙利亚投弃权票，只有四票赞成。而且所通过的决议附有一个建议，即美军政当局必须"保证选举自由的气氛"，4月28日，临委会重申了这一要求。但是，实际上"保证自由的气氛"成了其镇压反对单独选举的理由。

161) 金光熙著：《大韩民国史》，北京，社会科学文献出版社，2014年，第21页。

162) 金光熙著：《大韩民国史》，北京，社会科学文献出版社，2014年，第21页。

行的, 该法规定一个选区推举一名"特别人物"为候选人, 其他的人则不能作为该选区提名候选人, 结果被推举的候选人不用投票即可当选议员, 包括李承晚在内的12人用此方法当选。此次, 选举所产生的国会称第一届国会, 它作为"制宪国会"任期2年。164)

"制宪国会"于5月31日开幕, 推选李承晚为临时议长, "独立促成国民会"的申翼熙和韩民党金东元为副议长, 由韩民党的徐相日担任宪法起草委员会委员长。制宪国会将国号确定为"大韩民国", 最初设计《宪法》是"责任内阁制", 后由于李承晚的强硬施压才改为"总统中心制", 这一修改为李承晚的独裁政治埋下了严重隐患。165)

首届国会组成李承晚的"独立促成国民会" 55席、韩民党29席、大同青年团12席、民族青年团6席、大韩劳动总联盟2席、韩国独立党等其他小党11席、其余85席属无党派人士, 共计200席。就其出身而言, 其中有亲日地主84人, 买办资本家32人, 旧官吏23人。166)

6月初, 国会组成"宪法起草委员会", "制宪国会"首先制定《国会法》。韩民党议院占多数席位的宪法起草委员会推选李承晚为总统, 7月16日、17日通过了《政府组织法》及《宪法》, 于7月17日公布了《大韩民国宪法》。 7月20日, 国会选举73岁的李承晚为总统, 79岁的李始荣为副总统, 李范奭为国务总理, 金炳鲁为大法院院长。1948年8月15日, 大韩民国正式宣告成立。

---

163) 曹中屏、张琏瑰等编著：《当代韩国史》，天津，南开大学出版社，2005年，第71页。

164) (韩)朴世吉著：《开创未来的韩国人历史: 政治社会》，首尔，时代之窗出版社，2010年，第40页。

165) (韩)金重顺、柳锡春著：《文化民族主义者-金成洙》，首尔，一潮阁，1998年，第223-224页。

166) 曹中屏、张琏瑰等编著：《当代韩国史》，天津，南开大学出版社，2005年，第72页。

2.3.3 朝鲜民主主义人民共和国成立

"八·一五"光复后，朝鲜全境处于"权力空白期"，美苏两军进驻朝鲜半岛前，由各地基层组建了自治团体，以"保安队"、"治安队"、"自治委员会"、"建国筹备委员会"等名义，主要开展了治安维护及接收日本人财产等活动。中立、左、右翼民族主义势力与共产主义力量联合结成了建国筹备委员会。 美军登陆南朝鲜前夕，在左翼势力的主导下改组为朝鲜人民共和国。截止到1945年9月末，依次在咸镜南道、黄海道、平安南道、平安北道、咸镜北道、江原道组织了人民委员会。 1945年10月8-10日在平壤召开了"五道人民委员会联合会议"，其中包括平安南道31人、平安北道15人、黄海道11人、咸镜南道11人、咸镜北道7人。[167] 会上，集中讨论了农业生产与粮食问题、军需工业转为民用工业问题、金融财政、地方机构整顿及统一问题。 通过会议将行政机关名称统一为"人民委员会"，并决定在各面、郡、市、道成立"金字塔式"的人民委员会，1945年末这一工作基本完成。

从组建人民委员会的史实可知，光复后人民大众对政权建设表现出的高昂的积极性与关心，从另一方面意味着已经在全民范围内形成了建设民族主权的群众基础。 而通过长期与日帝斗争，一些势力也积累了一定的领导和组织经验，只是各势力、派系较多且分散，未能确立牢固的中心。[168] 朝鲜半岛分裂为南北后，共产主义者分别在首尔和平壤开展组织活动。 根据苏军实地调查显示，截止到1945年8月25日，北半部除黄海道外其余五道均成立了道级共产党委员会。[169] 10月北半部五道及南半部共产主义者在平壤

---

167) (韩)徐东晚著：《北朝鲜社会主义体制成立史1945-1961》，首尔，先人出版社，2005年，第61页。

168) (韩)金南植著：《解放前后史的认识5》，首尔，1989年，一路社，第28-31页。

169) (韩)徐东晚著：《北朝鲜社会主义体制成立史1945-1961》，首尔，先人出版社，2005年，第60页。

召开了"西北五道党委负责人、积极分子大会"，会上成立了朝鲜共产党北朝鲜分局，并确定了全国范围内的组织活动方针。[170]

北半部中央政权机关建设经历了组织及巩固地方人民委员会、"北朝鲜行政十局"、成立统一的中央政权机关–北朝鲜临时人民委员会等三个发展阶段。1945年11月19日成立的"北朝鲜行政10局"是统筹管理北半部各道事务的中央行政机关。1946年2月5日召开的"各政党社会团体发起委员会"总结工作经验后决定成立北朝鲜人民临时委员，2月7日召集各政党、社会团体代表举行了预备会议。2月8日召开"北部朝鲜各政党、社会团体、行政局及各道、市、郡人民委员会代表扩大会议"成立北朝鲜临时人民委员会。临委会成立后进行了民主改革，具体包括土地改革、实施《劳动法令》、《男女平等法》、重要产业国有化、教育改革等。[171]

光复后，北半部除共产党外还存在着其它工农政党。金日成意识到，推进革命事业必须形成统一的工农政党，否则会有分裂的潜在危险，进而推进了与朝鲜新民党的合党。1946年7月27日，北朝共中央第八届扩大会议决定新的政党以"北朝鲜劳动党"命名。[172] 8月28日北朝鲜劳动党成立大会召开，金日成代表北劳党成立筹委会致开幕词，选举31名大会主席团成员。大会主要议程：①北朝鲜劳动党成立报告(金日成、金枓奉)②关于党纲领的报告(崔昌益)③关于《党章》的报告(金镕范)④关于党中央机关报[173]的报告(太成洙)⑤选举中央委员会⑥选举中央纪律检查委员会。[174]

---

170) (韩)金光云著：《北朝鲜政治史研究1：建党、建国、建军的历史》，首尔，先人出版社，2003年，第152-153页。

171) (朝)《金日成同志革命历史》，平壤，朝鲜外文出版社，2014年，第173-183页。

172) (韩)金光云著：《北朝鲜政治史研究1：建党、建国、建军的历史》，首尔，先人出版社，2003年，第360-363页。

173) 会议全票通过将北朝鲜劳动党机关报《正路》与朝鲜新民党机关报《前进》合并为新的北劳党党报《劳动新闻》的决定。

174) (韩)金学俊著：《北朝鲜历史(第一卷)》，首尔，首尔大学出版文化院，2008年，第420-440页。

8月29日，会议由金镕范主持，与会代表们听取了朴一禹所做的《大会代表审查委员会审查结果报告》。按照共产党、新民党两党扩大会议有关选举细则的决定，在北半部六道党代会中选出的代表共有801名。其中，女性为89人。从社会成分来看，工人183人(23%)，农民157人(20%)，办事员385人(48%)，其它76人(9%)。职业统计来看，职业革命家112人(14%)，工人142人(18%)农民120人(15%)，办事员296人(37%)，其它131人(16%)，而光复后回到北半部的人士为427人(53%)。[175] 从北劳党代议员构成来看，最大的特点就是大多数人员都参加过抗日斗争，从政治方面而言，具有广泛性，包括了工人、农民等基层大众也登上政治舞台。

金日成在成立大会报告中指出：新成立的党首要任务是建立统一的民主主义完全独立的国家，应进一步发展临委会，在全国范围内将主权转交至人民委员会，将北朝鲜在土地改革、《劳动法令》、《男女平等法》、重要产业国有化、人民教育民主主义化改革方面取得的胜利成果扩大至全国范围而坚持斗争。

为培养民主主义国家高级民族干部，北朝鲜临委会于1946年5月批准成立金日成综合大学，并于9月15日举行了建校大会。到1947年10月，金日成综合大学共设8个系，39学科，97个班级，教师为140人，学生规模达到3900余人。[176]

北朝鲜临委会于1946年9月5日通过了《关于在北朝鲜面、郡、市、道实施人民委员会选举的决定》，于11月3日举行各级人民委员会选举。并于1946年9月至1947年2月开展了思想改造运动和增产竞争运动。1947年2月17日一

---

175) (朝)《劳动新闻》1946年9月1日。转引自(韩)金光云著：《北朝鲜政治史研究(1)》，首尔，先人出版社，2003年，第368页。

176) (韩)金基奭著：《韩国教育史考研究论文6》，《双胞胎的诞生-国立首尔大学与金日成综合大学》，首尔，2001年，第62-65页。

20日，在平壤召开了"北朝鲜道、市、郡人民委员会大会"，会场外墙悬挂了"我们民族伟大的领导人金日成将军万岁！"的标语， 在大会入口处挂有巨幅金日成全身肖像画， 会场舞台挂着金日成和斯大林肖像画。[177] 由此可见， 当时金日成的威望和地位是无人可及的。 会上， 通过了《关于北朝鲜人民会议规定》决议，该决议共有14条组成。在朝鲜成立民主主义临时政府之前，北朝鲜人民会议是北朝鲜人民政权的最高机关。[178]

2月20日下午， 共选举产生237名代议员。 其中包括委员长金日成， 秘书长康良煜及各局局长； 六道人民委员长及平壤市人民委员长； 北朝鲜民主主义民族统一战线所属政党、社会团体代表及干部；人民委员会拟任局长、部长人选。[179] 按照政党派别来看，北劳党为68人(36%)、朝鲜民主党和北朝鲜天道教青友党各有30人当选(各占13%)、无党派人士为91人(占到38%)。 按照社会成分， 工人52人(22%)、农民62人(26%)、办事员56人(24%)、知识分子36人(15%)、企业家7人(3%)、商人10人(4%)、手工业者4人(2%)、宗教界人士10人(4%)；从性别来看，男性为203人(85%)、女性为34人(15%)。[180] 选举结果公布后， 会议通过了《致斯大林大元帅的感谢信》，由韩雪野朗读。感谢信写道，斯大林是"全人类的太阳"、"朝鲜人民的恩人和朋友"和"举世无双的伟人"， 并祝愿他"万寿无疆"。[181]

1947年2月21日至22日召开了北朝鲜人民委员会第一次会议， 会议通过了《北朝鲜人民会议宣言》， 正式将"南北统一"写入大会宣言。 该会正式确立以金日成为委员长的北朝鲜人民委员会， 由金日成具体负责组织人事事

---

177) (韩)国史编撰委员会编：《北朝鲜关系史料集》，京畿道果川市，1982-2005，第175页。

178) (韩)国史编撰委员会编：《北朝鲜关系史料集》，京畿道果川市， 第八卷， 第140-142页。

179) (韩)国史编撰委员会编：《北朝鲜关系史料集》，京畿道果川市，1982-2005，第167页。

180) (韩)国史编纂委员会编：《北朝鲜关系史料集》，京畿道果川市，1982-2005，第168页。

181) (韩)国史编撰委员会编：《北朝鲜关系史料集》，京畿道果川市，1982-2005，第169-170页。

项。 同年3月5日举行了面、里(洞)人民委员会委员选举。 1947年3月召开
的北朝鲜劳动党第六次中央委员会宣布, 北朝鲜从"建立政权"向"管理政权"
阶段过渡, 不断加强和完善行政体制, 在人民经济领域取得了成就, 文化艺
术界广泛开展了挖掘和弘扬"历史正统性"的工作。金日成指示文艺界从"高
尚的现实主义"、"革命浪漫主义"角度出发创作更多作品。[182]

    1947年11月16日, 北劳党召开了中央全会, 认为很有必要制定临时宪法,
11月18日到19日召开了第三次会议, 金科奉作了题为《关于准备制定朝鲜临
时宪法的报告》, 金策、朱宁河、崔庸健等与会代表对该报告进行了"热烈讨
论", 第二天通过了该《报告》。 同一天, 在司法局长崔容达的主持下组建了
"朝鲜临时宪法制定委员会"和"朝鲜法典起草委员会"。经过反复讨论, 12月
20日召开的朝鲜临时宪法制定委员会第二次会上通过了《朝鲜临时宪法草
案》。在制定《临时宪法》草案的同时, 人民会议变更了地方行政区划。1948
年2月4日, 通过了《成立民族保卫局的决定》, 由金策兼任局长。[183] 金日成
以此为基础, 于1948年2月8日, 把朝鲜人民革命军加强和发展成为正规的
革命武装力量-朝鲜人民军。 当天在平壤隆重举行朝鲜人民军阅兵仪式, 金
日成检阅部队后, 作了题为《庆祝朝鲜人民军的建立》的讲话。 他在讲话中
宣告正规革命武装力量的诞生, 阐明了朝鲜人民军的性质。他说:

    "……我们人民军虽然是在今天才作为民主朝鲜的正规军队建立起来的, 但实际上
它是具有悠久历史根基的军队, 是继承了抗日游击斗争的革命传统和宝贵的斗争经验
以及不屈不挠的爱国精神的光荣的军队。"[184]

---

182) (朝)《劳动新闻》, 1988年7月31日第3版、8月1日第三版。

183) (朝)《金日成同志革命历史》, 平壤, 朝鲜外文出版社, 2014年, 第216页。

184) (朝)《金日成同志革命历史》, 平壤, 朝鲜外文出版社, 2014年, 第216页。

他还强调，朝鲜人民军以抗日革命战士为骨干，由工人、农民等劳动人民的优秀儿女组成的真正的人民军队，是为朝鲜民族的解放和独立，为人民群众的幸福，同外来帝国主义侵略势力和国内反动势力进行斗争的革命军队。1948年2月中旬，金日成把保安干部训练所所属各部队改称为师和旅。[185]

1948年3月27日-30日，北朝鲜劳动党第二次代表大会[186]召开，来自各道及平壤市党组织的990名代表参加会议。在大会上，金日成作了党中央委员会工作总结报告和结论。他在报告中再次阐明党的自主和平统一方针，具体指出了实现它的途径。他指出：

"我们党主张根据普遍、平等、直接的选举原则，用无记名投票的方式在全朝鲜选举最高立法机关。这样选出来的人民最高立法机关，应当通过民主的宪法，组成能够引导我国人民走上民族兴盛和幸福道路的真正民主人民政府。朝鲜人民自己用这种方法建立统一的政府，只有在外国军队撤离的条件下才有可能。"[187]

1948年3月，金日成向南朝鲜各政党、社会团体领导人致函，倡议在召开南北朝鲜各政党、社会团体代表联席会议之前于4月初在平壤举行小规模的领导人联席会议，并在此后不久举行的北朝鲜民主主义民族战线中央委员会第二十六次会议上，通过了向南朝鲜各政党、社会团体建议于4月14日在平壤召开南北联席会议的公开信。为了让南朝鲜各政党、社会团体、个别人士参加联席会议，金日成采取直接派人联系等措施，同时接见南朝鲜右翼政党的高级别人士派来的联络员明确表达："就是过去对祖国和人民犯了罪

---

185) (朝)《金日成同志革命历史》，平壤，朝鲜外文出版社，2014年，第217页。

186) 截止1948年1月1日，北朝鲜劳动党党员总数为75万人，其中工人14万3000人，贫农37万4000人，党支部数达到2万8000个。

187) (朝)《金日成著作集》第四卷，平壤，朝鲜劳动党出版社，1979年。转引自《金日成同志革命历史》，平壤，朝鲜外文出版社，2014年，第227页。

的人，只要悔悟自己的过错，走上争取祖国统一的爱国之路，就不咎既往，和他们携手前进，而且为南朝鲜右翼政党的代表铺平了来往平壤之路。"[188]

4月19日-23日，在平壤召开了南北朝鲜各政党、社会团体代表联席会议拥一千多万党员和盟员的南北56个政党、社会团体695名代表参会。金日成在会上作了题为《北朝鲜的政治形势》的政治报告。他指出，制止和粉碎南朝鲜的单选，根据民主的原则建立统一的中央政府，实现祖国统一，这是当前最大的民族任务，并号召北南人民一致团结起来开展全民族的反美救国运动。联席会议通过并公布了反对南朝鲜单选，建立统一政府意志的《关于朝鲜政治形势的决议》和号召全体朝鲜民族奋起投入斗争的《告全体朝鲜同胞书》；还组建反对南朝鲜"单独选举、单独政府的斗争委员会"，并决定向美苏两国政府发出信函，要求两国军队立即撤军。[189] 南北联席会议是阻止民族和国土分裂、争取民族独立为目的汇集朝鲜民族为主体力量的自主性民族统一战线运动。

南北联席会议之后，北方和南方的所有爱国民主力量，为反对单选展开了顽强的斗争。北半部人民在平壤和全国各地连日举行了揭露和谴责南朝鲜单选的群众集会和示威游行，并积极支持南朝鲜人民的斗争。从1948年2月中旬到4月，在全朝鲜进行了对宪法草案的全民性讨论工作。6月末至7月初，金日成主持南北各政党、社会团体领导人协议会。他指出：要立即组织能够代表朝鲜人民意志的全朝鲜最高立法机关，实施《朝鲜民主主义人民共和国宪法》，不是建立单独政府，而是建立由北南各政党、社会团体组成的全朝鲜政府。会议上，支持和赞成金日成提出的实现朝鲜统一的方案，并决定举行南北普选，组织最高人民会议，由南北代表建立全朝鲜中央政府。7

---

188) (朝)《金日成同志革命历史》编写组：《金日成同志革命历史》，平壤，朝鲜外文出版社，2012年，第232页。

189) (朝)《金日成略传》编写组：《金日成略传》，平壤，朝鲜外文出版社，2001年，第136页。

月9日，金日成在北朝鲜人民会议第五次会议上，要求审议《朝鲜民主主义人民共和国宪法》，推进建立共和国的筹备工作。考虑分裂的现实、革命的当前任务和基本目的，最终把国号确定为"朝鲜民主主义人民共和国"。7月10日，决定将于8月25日举行最高人民会议议员选举。[190] 8月初，建立了南北朝鲜劳动党联合中央领导机构，以实现对北南各党组织和党员活动的统一领导，并更加有力的开展将普选作为基础，建立全朝鲜中央政府的工作。

根据北南的形势各不相同的具体实际，要求北朝鲜本着普遍、平等、直接的选举原则以无记名投票的方式举行选举，南朝鲜则先以签名投票的方式选举人民代表大会代表，然后在代表会议上再以无记名投票方式选举最高人民会议代议员。8月25日，北南的普选结束，北朝鲜有全体选民的99.97%参加选举，选出了212名最高人民议会代议员，[191] 南朝鲜有全体选民的77.52%参加选举，先选出了1080名人民代表，这些代表们聚集在黄海道海州，召开南朝鲜人民代表大会，选出了360名最高人民会议代议员。[192] 9月上旬，在平壤召开了最高人民会议第一次会议。会议上，通过了《朝鲜民主主义人民共和国宪法》，金日成被拥戴为内阁首相。9月9日，金日成向全世界宣布了朝鲜民主主义人民共和国的成立。

---

190) (朝)北朝鲜人民会议常任委员会编：《北朝鲜人民会议第五次会议录》，平壤，人民出版社，第36页。

191) (韩)国史编撰委员会编：《北朝鲜关系资料集》第七卷，京畿道果川市，1988年，第764-768页。

192) (韩)国史编撰委员会编：《南朝鲜人民代表大会当选朝鲜最高人民会议代议员名单》，第七卷，京畿道果川市，1988年，第159-160页。

小 结

1910年8月，日本帝国主义强迫朝鲜签订《日韩合并条约》到1945年8月光复，殖民侵略者在朝鲜进行了长达35年的残暴统治。光复的喜悦是短暂的，美、苏两国军队分别对北纬三八线两侧实行军事占领。从此，朝鲜国土一分为二，造成了思想的对立、政治上的矛盾、经济上的破产、社会的混乱、文化的异化，是朝鲜笼罩在战争的阴影下，成为国家发展的最大危险因素。

光复前后，朝鲜国内外抗日民族解放力量汇集，大致可分为四大政治集体，以金日成、崔庸健、金策等为核心的东北抗联集体，以金枓奉、武亭、朴一禹等为代表的"延安派"，以许嘉谊等为代表的"苏联派"，以朴宪永为首的"国内派"。其中，东北抗联集体、"延安派"、"苏联派"等三个政治集体来自朝鲜境外，有各自不同的国际背景和经历。在朝鲜建国后，确立了以金日成为核心的东北抗联集体领导体系。

第三章

东北抗联集体的形成及
其历史渊源

1906年2月至1910年8月，日本帝国主义在朝鲜实行了统监府统治，1910年强制吞并朝鲜后，设朝鲜总督府，先后实施了残暴的"武断统治"、高智能的"文化统治"及法西斯战时统治，朝鲜反日独立解放斗争无法在其国内持久开展和扩大，主要在境外发展，作为新朝鲜建国领导核心集体的东北抗联集体是朝鲜民族抗日武装力量中最优秀的一支，在中国白山黑水间，与日寇进行了艰苦卓绝的武装斗争，经过在东北地区的锻炼和远东地区的军政训练，成为一支有素而坚定的革命群体，在此过程中形成了朝鲜革命传统。

3.1 朝鲜民族解放运动的历史特点

3.1.1 日帝对朝鲜的殖民统治

日本帝国主义从占领朝鲜的那天起，便实行了惨绝人寰的殖民统治政策，将朝鲜半岛变为"大监狱"，始终采取了暴力镇压手段，蹂躏了朝鲜民族最低限度的人权。日帝在朝鲜实施的一切政策，其目的都是为把朝鲜变成其原料、粮食及劳动力的供应地、商品销售市场和投资地，尤其是变成侵略大陆的军事战略基地。

1906年2月，日本在朝鲜设立统监府至1910年8月强迫朝鲜签订《日韩合并条约》，日本殖民者在朝鲜实行政治压迫、经济掠夺的同时，极力推行文化奴役政策，以便扶植朝鲜的亲日派、扼杀朝鲜人民要求独立自由的思想意识，为日本最终完成吞并朝鲜，实行"武断殖民统治"图谋作政治、思想文化、经济准备。日本强制吞并朝鲜后，便实行更加野蛮残暴的殖民统治。日本依靠强大的武力实行宪警武断统治、加强经济掠夺、实行文化愚民政策。以"三·一"运动为界，之前为"武断统治(1910-1919)"时期，之后为"文化统治(1920-1931)"时期和法西斯战时统治时期(1931-1945)。日帝还采取了包括宣传、怀柔等手段在内的政治心理统治谋略，其殖民统治特点如下：

第一，早在1905年11月，强迫朝鲜签订《乙巳保护条约》，面向朝鲜国内外广泛宣传"由于朝鲜是未开化的野蛮之地，故应接受先进又慈悲的日本统治"的谬论。日帝强制吞并朝鲜后加强了这方面的宣传。将殖民统治美化为"发达国家对野蛮国家的恩惠"，并使其统治正当化。日本为证明其"先进性"及"正当性"，在建设桥梁和建筑时力求精益求精，以此让朝鲜民众相信"日本人是非常优秀"的。日本还利用"社会进化论"中"弱肉强食"理论证明其统治的正当性。在弱肉强食、适者生存的世界里，弱者终究会被强者淘汰，福泽谕吉也强调: "以日本先进文明开化野蛮的朝鲜是正当的。"193) 以此论调为基础,日本为证明其殖民统治的正当化。

日本强制吞并朝鲜后的第二天,即1910年8月30日,将《大韩每日申报》中删掉了"大韩"二字,并作为总督府朝鲜文机关报发行了《每日申报》。同时,发行日文版《京城日报》和英文版《汉城新闻(SEOUL PRESS)》。并把朝鲜王朝儒林最高国家机构-成均馆改为经学院,吸收知识分子,研究和普及亲日理论。经学院设大提学、副提学和司成。王朝老臣朴齐纯、金允植、郑万朝等人被任命为大提学和副提学。最后,1911年6月颁布了《寺刹令》,掌握了朝鲜佛教界教权,加速佛教界的亲日化速度。分别于1914年、1917年、1920年设立了佛教振兴会、佛教拥护会、朝鲜佛教团。194) 在日本狡猾的宣传造势下,美国、英国、法国、意大利等西方国家也逐渐接受日本的观点。而朝鲜国内也有众多知识分子对进化论持赞成态度,认为朝鲜沦为殖民地是不可避免的事情,更有人提出"改造朝鲜民族论",甚至一些改良主义者公开支持日帝,并叫嚣"独立运动有害论","独立运动无用论"等谬论。195)

第二,全面歪曲朝鲜历史。1916年,设立朝鲜史编撰委员会,1925年改称为朝鲜史编修会,隶属于朝鲜总督府。这一机构以殖民地历史观出发,负责歪曲和篡改朝鲜历史。鼓吹殖民史观、皇国史观、朝鲜历史停滞论、外因论及他律性等。196)

第三,日帝利用各种手段,使大韩帝国国家形象和威信扫地,对皇室和皇族采取了"无力化(丧失能力)"、"亲日化"甚至是"丑化"。首先,不准再称国

---

193) (韩)全福姬著:《社会进化论与国家思想: 朝鲜王朝末期为中心》,首尔,韩蔚学苑,1996年,第118页。

194) (韩)金学俊著:《北朝鲜历史(第一卷)》,首尔,首尔大学出版文化院,2008年,第143页。

195) (韩)徐仲锡著:《被背叛的韩国民族主义》,首尔,成均馆大学出版部,2004年,第53页。

196) (韩)慎铺夏著:《日帝殖民政策与批判殖民地现代化论》,首尔,文学与知性社,2006年,第43-48页。

名为大韩帝国，而是朝鲜。其次，降低大韩帝国皇室级别，视为"大日本帝国皇室"的一部分，即"李王族"。将高宗光武皇帝称为"李太王"，隆熙皇帝称为"李王"，皇世子"英亲王"称为"王世子李公"。日本还拆除了朝鲜王朝正宫景福宫，在原址新建了朝鲜总督府大楼，将昌庆宫改称为"昌庆苑"并改造为动植物园。[197]

第四，除皇室外对既得阶层授予爵位及"恩赐金"，并任命为中枢院议员，保障朝鲜封建地主和买办资本家的既得利益，从而确保了亲日势力的支持。

为镇压朝鲜人民的反抗，还经常以莫须有的罪名，不断制造所谓的"反日本帝国"的政治事件，逮捕大批反日爱国人士，以此来维护其殖民统治。1910年制造了"安岳事件"，1911年制造了梁起铎等"违反保安法事件"和所谓"暗杀寺内总督事件"，逮捕了平安道一带的爱国人士600名。日本严禁一切带有政治性的集会，甚至宗教集会或学校运动会也须事先得到警察署的许可才能举行。

帝国主义侵略的基本目的在于经济掠夺，因为日本是后起的具有封建性的帝国主义，其更具有贪婪性和冒险性。从1910年到1918年10月，经过八年多的"土地调查"，日本以国有地为名，直接掌握了全国驿田、官田、未垦地。土地调查结果，总督府和以东洋拓殖株式会社为首的殖民地公司以及日本地主成了朝鲜最大的地主。总督府先后颁布了《渔业令》(1911)、《会社法(公司法)》(1912)、《矿业法》(1915)、《山林调查令》(1918)掠夺和垄断各类资源，限制朝鲜民族资本的发展，并对铁路、公路、港湾、邮电等部门进行了整顿和扩充，以此建立殖民地产业体系。[198] 1911年，日帝设立朝鲜银

197) (韩)金学俊著：《北朝鲜历史(第一卷)》，首尔，首尔大学出版文化院，2008年，第145页。

198) (韩)边太燮著：《韩国史通论》(四订版)，首尔，三英社，1986年，第438页。

行，发行货币，作为殖民地中央银行，隶属于日本政府，此外还建立了朝鲜殖产银行，扩大了一般商业银行。日本全面垄断了朝鲜粮食、原料、半成品市场，朝鲜人民受到空前残酷的掠夺和剥削，也使朝鲜民族工业陷入销路困难，原料短缺的窘境，迫使他们逐渐倒闭。"三·一"运动冲击下，新任朝鲜总督斋藤实改变了以前的暴力政策，在加强军警机构的同时，表面上采取一种高智能的做法，鼓吹"发展文化"、"民意畅达"、"地方自治"、"充实民力"，标榜所谓的"文化政治统治"，文官担任总督是骗局，直到1945年8月日本投降为止无一文官担任过总督职务。

朝鲜是历史悠久的文明古国，朝鲜人民创造了灿烂的历史文化，许多优秀的文化传播到日本，促进了日本社会的发展。日帝占领朝鲜后，为实现其永远霸占朝鲜的野心，扼杀了朝鲜民族意识，实行了天人共怒的文化愚民政策。日本统治时期，限制使用朝鲜语文，颁布《朝鲜教育令》，[199) 该令规定，教育的目的在于培养"忠诚善良的国民，培养国民性格"，其实，不过是百依百顺的殖民地奴隶的代名词。为扼杀朝鲜民族文化，当局破坏朝鲜历史遗迹，掠夺大量文物，极力伪造歪曲历史。1922年2月，总督府修定了《朝鲜教育令》，其目的是向朝鲜人民灌输军国主义思想，根据此令在课程中取消了朝鲜历史和地理，增加了日语、日本历史及地理。[200) 为扼杀朝鲜人民族意识，作为皇民化政策的重要组成部分，1936年8月，南次郎任朝鲜总督后，标榜"内鲜一体"，推行臭名昭著的"皇民化政策"，并于1939年11月10日，以《制令19号》之名修定了《朝鲜民事令》，其主要内容就是实施"创氏改名"。1940年2月11日开始在警察署、地方行政机关的监视和亲日团体的鼓吹下朝鲜民族被迫强制改称日本姓名，若拒绝改名则会被扣上"不逞鲜人"帽子，其子

---

199) (韩)国史编撰委员会编：《韩国现代史》，首尔，探求堂，1982年，第188页。

200) 朴真奭、姜孟山、朴文一、金光洙、高敬洙著：《朝鲜简史》，延吉，延边大学出版社，2007年，第520页。

女不得入学，到8月10日近80%的朝鲜人"创氏改名"。[201] 日本帝国主义一方面以武力镇压反日斗争，另一方面则推行文化愚民政策、"皇国臣民化运动"和文化专制主义，以削弱、扼杀朝鲜人的民族意识和文化。

3.1.2 反日解放运动的特点

1910年8月，朝鲜半岛沦为日本帝国主义的殖民地，到1945年8月光复，朝鲜民族在境内外持续进行了35年艰苦卓绝的抗日民族解放运动。在日帝残暴而狡猾的殖民统治下，朝鲜反日解放运动不能在其国内持续坚持斗争和发展，爱国志士纷纷移居至中国东北及前苏联远东地区等境外开展了反日独立运动。朝鲜国内的共产主义者、爱国人士在社会、政治、经济、文化等领域开展了包括秘密组织、结社、地下斗争等各种形式的抗日独立运动，但在日帝惨绝人寰的殖民统治背景下，其组织力量、规模、斗争成果及社会影响力等方面不及在朝鲜境外开展的各种斗争。

首先，日本帝国主义在朝鲜半岛推行了残酷统治，为维护其殖民统治，无论是"武断统治"时期还是"文化统治"时期始终采取了暴力镇压手段，践踏了朝鲜人民的人权，占领朝鲜后立即着手建立和强化殖民统治机构和宪兵警察机构。同时，其统治达到高度的智能化水平。如前节所述，日帝扶植大量朝鲜民族出身的亲日势力，通过向亲日派授予"恩赐金"等物质方面的"鼓励"，妄图实现其"以朝鲜人(韩)制朝鲜人(韩)"、"分而治之"的险恶目的。可以说，日帝通过实行各种扶植亲日派政策基本实现了这一目的，同时也激化了朝鲜民族内部矛盾。由于日帝残暴而高智能的殖民统治，所以很难在朝鲜国内开展反日民族独立解放斗争。在日本帝国主义残酷压榨和剥削下，不愿

---

201) (韩)韩国史辞典编撰会编：《韩国近现代史辞典》(电子版)，第二章，第五部分，"抹杀民族文化政策与抗日运动"，"创氏改名"条。http://terms.naver.com/list.nhn?cid=42958&categoryId=42958。

当亡国奴的朝鲜民族爱国人士、革命家、破产的农民大批迁入中国东北地区和俄国远东地区。尤其是，众多反日独立志士在广袤的中国大陆，俄国西伯利亚地区为实现朝鲜独立解放而继续坚持革命斗争。

其次，朝鲜境外的反日独立运动从地域上比较分散、斗争环境及政治背景各异，缺乏统一有力的核心领导力量。韩国临时政府及光复军主要在中国抗日战场大后方，在中国国民党的支援下，为民族解放战争做准备，但他们几乎未曾与日军进行过正面战斗。1945年11月23日，作为临时政府主席的金九也只能按照南朝鲜美军政的要求，以"个人身份"回国。朝鲜独立同盟和朝鲜义勇军与临时政府、光复军相同，没有以独立的组织体系-民族解放军战斗集体名义回国，而是以"非武装地、个人身份"回到朝鲜。202) 以金日成、崔庸健、金策为代表的东北抗联集体也没能以独立的组织体系和民族解放军集体的名义回国。

综上所述，朝鲜反日民族解放运动未能在朝鲜半岛持续发展壮大，而主要在其境外开展，并且未能依靠自己民族自主力量夺取祖国光复。换言之，是强大的美、苏等同盟国战胜了日本帝国主义。光复之际，朝鲜民族虽然存在上述三大抗日民族独立运动集团，但相隔距离远、处在不同的政治、社会环境中，组织核心力量均有不同，尽管他们坚持了长达数十年的反日斗争，但终究没能形成举国统一的、坚强的政治领导核心力量，其斗争主导力量、斗争中心、发展主线相对分散且混乱，其规模及影响微弱。

---

202) 1949年夏天，解放战争取得决定性胜利，中国人民解放军第四野战军所属朝鲜人部队，约三个师团兵力先后以武装战斗集体形式入朝。这一时代背景与光复后入朝的其它派系有显然的区别。

3.2 东北朝鲜民族抗日解放运动

3.2.1 东北朝鲜民族社会的形成及其特点

我国东北地区是多民族聚居地，各族在这块富饶、美丽的土地上劳动、繁衍生息，并为开发建设祖国东疆作出了贡献。由于历史上多次的民族迁徙、移民实边、频繁的军事征调，使东北地区各民族形成大杂居、小聚居、互相交错居住的分布状态。我国的朝鲜民族是从图们江、鸭绿江南岸的朝鲜半岛迁入的跨境民族，中朝两国一衣带水，山水相连，自古以来两国人民频繁往来，关系密切。

19世纪中叶，资本主义列强加紧对朝鲜的侵略和朝鲜封建统治阶级的残酷压榨，特别是19世纪60年代到70年代，图们江南岸朝鲜北部地区连年发生前所未有的大灾荒，迫使他们背井离乡，开荒种地。尤其是清朝政府实行移民实边政策后，大批朝鲜贫民越江迁入我国鸭绿江、图们江以北，黑龙江省牡丹江、乌苏里江、嫩江流域。其中，延边地区成为最大的朝鲜移民聚居区。

日帝强迫朝鲜签订所谓的《日韩合并条约》吞并朝鲜后，在其残酷压榨和剥削下，不愿当亡国奴的朝鲜半岛人民大批迁入我国东北各地，使东北地区朝鲜民族人口迅速增加。据不完全统计，1920年，东北的朝鲜民族人口超过459400余人。1932年末的朝鲜民族人口分布状况为吉林省48万人，辽宁省14.2万人，黑龙江省1.8万人，关外及关内地区3500余人。73.5%的朝鲜移民定居于吉林省，其中62.2%又聚居于今天的吉林省东南部延边地区(东满)。[203]

---

203) 金成镐著：《朝鲜民族共产主义者在中国东北抗日斗争中的地位和贡献》，北京，《世界历史》，2012年第三期，第13页。

东北朝鲜民族社会具有以下特点:

首先，东北朝鲜民族主要分布在中朝边境即图们江、鸭绿江以北，松花江及支流，以延边为中心形成了朝鲜民族聚居区，作为越境迁入的跨界民族，其分布范围较广，但主要还是集中在图们江、鸭绿江以北及松花江流域。越境迁入的朝鲜人绝大多数定居在偏僻的山区和人口稀少的未开垦地区，并形成了朝鲜民族聚居村落，以图们江以北的延边地区为例，朝鲜民族在该地成为人口数最多的民族。

其次，迁入东北的朝鲜移民与各民族一道，成为东北大地的开拓者、建设者和主人翁，特别是在开发东北水田的过程中，与封建官府、地主的压榨和土匪的劫掠展开了艰苦的斗争，并战胜了东北气候条件差、纬度高、缺乏灌溉设施等重重困难，用自己的血汗，在荒废数百年的土地上改良和培育出适应东北地区气候特点的稻种，从而揭开了东北地区近代水田开发史的序幕，朝鲜民族以辛勤的汗水和创造性的劳动，为开发建设东疆作出了巨大贡献，并在与各族人民共同劳动、互相学习、亲密合作、和谐相处中，建立了深厚的情谊。同时，在最大的朝鲜民族聚居区-延边地区形成了一个日益融合中国社会文化，但还保留着相对独立性且与故国-朝鲜半岛有着千丝万缕联系的多元文化生活圈，在生产过程中形成了经济共同体。自朝鲜民族迁入东北的那天起，就大力发展近代民族教育，积极开展文化启蒙运动，保存和发展了包括民族语言文字、传统艺术、体育等在内的优秀民族文化，并吸收中华民族优秀文化，逐渐认同中国和中华民族，增进中华民族的要素，形成了独有的民族文化，东北朝鲜民族社会逐渐形成的这种文化特征，与朝鲜固有文化不同，带有文化的独特性，任何一个民族，任何一种文化都不可能永远一成不变。文化变异是由于民族社会内部的发展，或由于不同民族间的交流而引起的一个民族文化系统从内容到结构、模式、风格的变化。204)

再次，朝鲜民族的反帝反封建、抗日革命斗争意识尤为强烈，东北朝鲜民族最初的思想政治运动是在"朝鲜的延长线"上进行的。从二十世纪初起，抗日独立运动便成为时代赋予朝鲜民族的最主要的使命，在日本统监府及总督府残酷的镇压下，朝鲜民族抗日独立解放运动遭到重挫，爱国志士、革命家抱着亡国恨和民族仇被迫转移到我国东北和前苏联远东地区，把东北地区视为"祖国光复之策源地"，以朝鲜民族聚居区为基础，组织抗日民族团体和武装力量，在艰难困境中，坚持不渝进行革命斗争。迁入东北的朝鲜人大多数因为遭受日本殖民侵略和贫穷所迫而来，他们深受日帝及封建军阀和地主阶级的多重压迫和剥削，因此其生存环境非常恶劣。朝鲜民族失去祖国后，沦为全世界最底层的民族。正因为如此，朝鲜民族具有更为强烈的抗日斗争精神和社会革命要求。东北地区朝鲜民族与汉满等兄弟民族一道共同开发、建设、保卫了东疆。他们具有光荣的革命传统，在我国近代反帝反封建斗争史上谱写了光辉灿烂的篇章。

最后，迁入东北的朝鲜民族最为突出的历史文化特征之一就是拥有故国–朝鲜(韩国)。尽管朝鲜人从定居东北形成朝鲜民族聚居区开始，其实已经成为中国的少数民族，而且一部分人已"归化入籍"，成为名副其实的中国人。但是由于东北朝鲜移民毕竟是跨界民族，因而在他们的身上又明显地反映出跨国民族的典型特点。东北朝鲜移民与朝鲜半岛的朝鲜人同宗、同源，具有共同的语言文字、传统文化、民族意识和认同；仍然具有共同的民族感情，又在东北反日斗争中形成了一身兼双重使命。

---

204) 马曼丽等著：《中国西北跨国民族文化变异研究》北京，民族出版社，2003年，第42页，转引自孙春日《中国朝鲜族移民史》，北京，中华书局，2009年，第731页。

3.2.2 朝鲜民族在中国东北的抗日革命运动

3.2.2.1 成立反日团体

1905年11月，日本强迫朝鲜签订所谓的《乙巳保护条约》抢夺外交权后，朝鲜国内主要以义兵运动、启蒙运动为主要方式开展了恢复国权运动。当时，开化思想、文明开化论、社会进化论是启蒙运动家们提倡的主要思想，其中清末梁启超所主张的"生存竞争、优胜劣汰、弱肉强食"等社会进化论广泛推介到朝鲜。进而，朝鲜国内的启蒙运动人士纷纷认为，朝鲜应通过合理地吸纳西欧文明，以富国强兵，培养国民实力的方法实现独立。1904年到1906年建立了国民教育会、大韩自强会、新民会、西友学会、湖南学会、畿湖学会、关东学会等各种学会。在朝鲜国内进行的启蒙运动对一江之隔的东北地区朝鲜民族社会影响深远。日帝进行的民族压迫、镇压政策使众多爱国志士流亡东北地区。他们在东北地区朝鲜民族聚居区建立了民族学校，传授近代文明和反日民族思想，通过教育的方式使启蒙与反日运动迅速传播下去。1906年李相卨等志士在龙井建立了瑞甸书塾，奠定了民族教育的基石。1910年，延边地区共建立11所新式学校，其中在局子街、帽儿山、头道沟等地建立了女子初级小学。[205]

1909年，日本帝国主义与清朝签订《图们江中韩界务条款》，继而强迫大韩帝国签订所谓的《日韩合并条约》吞并朝鲜之后，朝鲜民族的民族义愤和对日本殖民者的仇恨日益强烈。尤其是具有反日思想的民族主义者知识分子，他们一方面与政府当局交涉，请求官府实行反日外交，支持朝鲜人民的反日斗争，另一方面在东北各地组织群众成立"垦民会"、"农务契"、"抚民团"等反日群众自治团体。同时积极开展启蒙运动，创办民族学校，对青少

---

205) 吉林省图书馆藏：《延吉县志》(7)，中华民国3年，第23页、第39页。

年加强反日教育，增设军事训练科目，培养抗日独立运动军事骨干。[206] 这一时期，建设朝鲜民族私立学校运动主要受到中国新学运动的影响，但由于地理、人文等诸多因素，与朝鲜国内的爱国启蒙运动有着密不可分的联系。

20世纪初，朝鲜国内爆发的爱国文化启蒙运动，中国国内兴起的新学运动均对东北朝鲜民族社会近代教育的发展产生了深远的影响。1912年垦民教育会任命光成学校的桂奉瑀、明东学校的郑载勉、昌东学校的南公善为教材编撰委员，编撰并普及了《最新东国史》、《大韩历史》、《大东历史略》、《幼年必读》、《吾仇不忘》、《越南亡国史》等历史教科书。 垦民教育会下辖专业的研究会，其主要任务是为地方官署提供有关朝鲜民族教育的咨询事务。同时，在垦民模范学堂内增设了农林小学堂，专设临时教师培训站，为民族教育培养师资。[207]

1913年2月，金跃渊、金立等人向吉林东南路观察使署提交"请愿书"和"垦民会草章"，建议以垦民教育会为基础成立垦民会，经过两个多月的"请愿"，于4月26日在局子街召开了垦民会创立大会，宣布正式成立垦民会。大会选出总会行政部门及工作人员。 垦民会总会设会长、副会长，下设总务科、书记科、财政科、民籍调查科、法律研究科、教育科、殖产兴业科及评事员。总部设在局子街，并在延吉、和龙、汪清设分会。同时，建立了青年亲睦会、大东协心会等群众团体。 青年亲睦会刊行朝鲜文月刊《青年》，向广大青年宣传民主和民族主义意识，大东协心会以小营子吉东学院为中心，编撰了供朝鲜民族私立学校使用的教科书，并刊行朝鲜文月刊《大震》。[208]垦民会利用中华民国民主共和社会之背景，巩固了在朝鲜民族社会的威望与地位。另外，乘着新学运动的东风，建立了多所近代新式学校，向学生们

---

206) 朴今海：《日本对东北朝鲜人的殖民主义教育政策研究》，延边大学博士学位论文，2007年。

207) 金春善主编：《中国朝鲜族通史》，上卷，延吉，延边人民出版社，2009年，第107页。

208) 金春善主编：《中国朝鲜族通史》，上卷，延吉，延边人民出版社，2009年，第107页-109页。

传授近代文明、爱国爱族精神和反日思想，并对其它地区朝鲜民族社会产生了影响。

20世纪10年代，延边地区除上述团体外还在延吉县设立了依兰沟亲睦会、大韩国民会间岛直属支会、士友契；在汪清县设立了重光团、农商会；在珲春县设立了基督教友会、珲春商务会、海岛会、屯田营、倡义所；和龙县设立了民权党等小规模反日团体。除南满和延边地区外，在抗日志士的努力下，北满朝鲜民族社会也建立了反日团体。[209]

3.2.2.2 "三·一三"反日示威和 东北朝鲜民族居住地区抗日运动的兴起

在俄国十月革命、第一次世界大战的结束和1919年朝鲜国内"三·一"运动的影响下，1919年3月13日，在各反日团体的共同主持下，于龙井村举行了声势浩大的反日民众集会，以龙井"三·一三"反日斗争的号角，迅速响遍了朝鲜民族居住地区，各地朝鲜民族群众纷纷举行反日集会和示威游行。

1919年3月至4月，在东北朝鲜民族居住地区掀起的反日集会和示威运动规模空前，时间之长是前所未有的。

首先，十月社会主义革命后，民族自决思潮高涨，朝鲜等殖民地、半殖民地国家人民对独立和民族解放的愿景更加成熟。在这种国际背景下，中国东北的朝鲜民族为声援朝鲜国内"三·一"运动进行了全民族和平性质的反日示威运动，通过一系列反日集会、示威游行，揭露和谴责了日本侵略者的罪行，并展现了朝鲜民族不屈不挠的反日意志。朝鲜民族高昂的反日气势和英勇的斗争精神沉重打击了日帝殖民侵略政策，有力地声援和鼓舞了

---

209) (韩)韩国独立运动者协会编，《中国东北地区韩国独立运动史》，集文堂，1997年，第371、380页。

故国朝鲜人民的反日爱国斗争，同时进一步推动了东北各民族反帝运动。尤其，民族独立思想、民主主义、资产阶级人道主义、自由平等思想等民主主义思想广为传播，也使朝鲜民族人民认清自己才是反日民族解放运动的主力军。

其次，东北朝鲜民族反日运动谱写了反日斗争是光辉灿烂的一页，但同时也留下了深刻的历史教训。上述一系列斗争由民族主义者领导，由于其历史局限性，未能认清帝国主义的本质，将美国总统威尔逊的"正义"、"人道"、"民族自决主义"视为真理，将独立之希望寄托于欧美列强。进而，他们获得日帝和中国军阀反动当局"谅解"后进行了和平性质的示威和请愿运动。以龙井"三·一三"运动为代表的东北朝鲜民族反日示威斗争，没有强有力的领导和明确的斗争纲领，始终处于群众自发组织的状态，朝鲜民族领导层未与憎恨日帝的其他民族群众结成更为广泛的民族统一战线。

最后，通过"三·一三"示威等一系列反日活动，东北朝鲜民族社会深刻认识到要打倒和驱逐强大的日本侵略者，争取民族和国家解放，就必须加强各民族团结，结成更为广泛的反日民族战线，共同拿起武器，开展反日武装斗争夺取最后的胜利。以此为契机，反日爱国人士开始筹建抗日武装，东北各居住区如雨后春笋般涌现出反日武装团体，为在朝鲜民族地区开展反日武装斗争在思想上和组织上奠定了基础。

3.2.2.3 反日武装队伍的建立、凤梧洞战斗及青山里战役

1919年朝鲜"三·一"运动及东北朝鲜民族反日示威活动后，各地朝鲜民族反日团体在人民群众的支持下，不断发展壮大，并积极筹建武装队伍。他们一面招募青壮年组建队伍，进行军事训练，一面募集军费，购买武器。各地的独立运动更加高涨，转为武装斗争。

1920年4月至5月，在汪清县凤梧洞(今属吉林省图们市)召开反日武装团体代表会议，洪范图、崔明禄、安武率领的武装团体达成了联合作战的决议。同年6月，延边地区的反日武装队伍在洪范图的率领下，与日军在凤梧洞展开了激烈的战斗。反日独立军把这次战役称为"朝鲜民族独立战争的序曲"或"独立战争的第一次战役"。凤梧洞战斗以后，日军为了维持朝鲜国内统治和边境警备，加紧"剿讨"反日独立军，制定了所谓的"间岛地方不逞鲜人剿讨计划"，一方面与东北军阀张作霖密商联合剿灭反日独立军，另一方面通过日军顾问斋藤大佐对吉林省长和延吉道镇守使施加压力。同时，动员龙井间岛总领事馆所属警察组织和总督府警务局增派警力，到处搜查、杀害独立军，这实际上是日本侵略军入侵中国大陆长期战略的前奏曲。

1920年10月21日，金佐镇、洪范图等指挥的反日独立军部队在白云坪打响了青山里战役的第一仗。反日独立军部队占据长白山区有利地形，给进入包围圈的敌军以毁灭性打击。反日独立军部队处处打胜仗，后胜利转移。在青山里遭惨败的日军，向无辜居民挥舞屠刀，残酷报复，他们在和龙县獐岩洞、延吉县依兰沟、八道沟等地袭击朝鲜人村落，史称"庚申惨案"。

1919年至1920年代，东北朝鲜民族人民开展的反日武装斗争，由于历史条件的局限，未能继续坚持就地斗争，被迫转移到远东。并且，转移到远东的朝鲜民族先进知识阶层开始接受马克思列宁主义和社会主义革命思想，并把马列主义传播到东北地区。从此，东北朝鲜民族居住地区的革命斗争便翻开了崭新的一页，进入了新的历史发展阶段。

3.2.3 马列主义的传播和中共党组织的建立

早在1918年4月，在中国、俄罗斯远东等地从事反日独立运动的李东辉等人在苏俄俄共的帮助下，在俄罗斯远东伯力(哈巴罗夫斯克)建立了朝鲜民族第一个共产主义思想团体-韩人社会党。[210] 1921年1月，该党在中国上海召开代表大会，把党的名称改为高丽共产党，她是1925年成立的朝鲜共产党上海派的前身。[211]

1919年9月，以苏俄伊尔库茨克的俄共(布尔维克)朝鲜人支部为基础，建立了以金哲勋为委员长的全露(俄)朝鲜人共产党。[212] 为了与上海的高丽共产党抗衡，1921年改名为高丽共产党，即后来的朝共伊尔库茨克派的前身。该党与上海的高丽共产党各自封正统，相互争斗，都想争取加入共产国际。1925年4月，国内的北风会、火曜会等四个共产主义思想团体，在汉城组建朝鲜共产党。其后，又在国外设日本总局、中国满洲总局和上海总部，并于1926年加入共产国际。

马列主义在东北朝鲜民族中传播始于20世纪20年代初，朝鲜早期共产主义者李东辉、朴镇淳等，与共产国际代表一同到北京、上海，向朝鲜民族激进的民主主义人士介绍俄国社会主义革命的经验，广泛宣传马列主义和工农革命思想。在他们的影响下，分别在上海和北京建立了以朝鲜人青年为主的"劳工同盟联合会"、"社会主义研究会"，北京的朝鲜青年经常与李大钊接触，积极参加他主持的研究会，学习和探讨马列主义理论。[213]

1921年，李东辉等人在上海创办"有信印刷部"，翻译出版了许多朝鲜文版马列主义书刊，在远东的朝鲜人马列团体也发行了许多马列主义刊物，这些刊物通过各种渠道传播到延边及东北各朝鲜民族居住地。同一时期，在京沪等地刊行的中文报刊如《每周评论》、《新青年》、《光明》等也通过汉族

---

210) (美)罗伯特斯卡拉皮诺、李廷植著：《韩国共产主义运动史》，京畿道坡州市，石枕出版社，2015年，第73页。

211) (美)罗伯特斯卡拉皮诺、李廷植著：《韩国共产主义运动史》，京畿道坡州市，石枕出版社，2015年，第95页。

212) (韩)金学俊著：《北朝鲜历史(第一卷)》，首尔，首尔大学出版文化院，2008年，第155-160页。

213) 张次溪编著：《李大钊先生传》，北京，北京宣文书店，1951年，第四章。

知识分子传播到长春、吉林、延吉等地汉族学校的朝鲜学生中。自1922年开始，马列主义和社会主义革命思潮迅速传播到朝鲜民族居住区。对此，日帝也不得不承认："赤色的洪流不间断地浸润着间岛。……连大多数民族主义者也倾向于共产主义。"214)

在早期共产主义者的影响下，朝鲜民族进步青年迅速地成长起来，他们用马列主义武装自己，并深入到各地群众中去，宣传马列主义和社会主义革命思想，组织农村青年开展革命活动。1922年，在和龙县平岗长兴洞，以林民镐等为首的东兴中学进步学生组织起"东球青年会"，开展文体等各种活动，并积极宣传共产主义思想。延吉、和龙、珲春、汪清、敦化、吉林等地的青年团体也雨后春笋般地组织起来，成立了"青年总联盟"、"朝鲜人同乡会"等青年团体，1925年，在宁安一带成立"大震青年会"和"中西青年联盟"。自1926年5月开始，各地马列主义团体进一步整顿和扩充了青年团体、工会、学生会、农民组合、妇女会、少年会等群众组织。

1920年到1930年初，马列主义在东北朝鲜民族居住地区广泛传播，提高了群众的政治革命觉悟，涌现出众多优秀的革命先进分子，为朝鲜民族在中共的领导下进行民族民主革命准备了条件，为满洲省委在东北各地农村建立党的基层组织奠定了群众基础。但由于各团体的上层分子未能正确处理民族独立解放与中国革命的关系，致使朝鲜民族革命斗争与东北各族人民的革命斗争相脱离。同时，各马列主义团体互相闹宗派、争山头，脱离群众，各自为政，逐渐分裂，分散了有限的革命力量，给日帝侵略军和反动军阀破坏革命运动以可乘之机。朝鲜民族在斗争中不断总结经验，吸取教训，寻求正确的斗争方向。

1925年5月，在朝鲜汉城成立了朝鲜共产党，朝鲜共产党由汉城派(上海

---

214) 金正明编著：《朝鲜独立运动》(第五卷)，东京，原书房，1966年，第213页。

派)、火曜派、ML派[215]等三大派系组成。 1926年3月，朝鲜共产党正式成为共产国际的一个支部，并在中国和日本等设立了海外组织，1926年4月朝鲜共产党满洲总局在黑龙江省珠河县一面坡(今黑龙江省尚志市)成立， 由曹奉岩任书记。 朝鲜共产党满洲总局也分为汉城派、火曜派、ML派三大派系，并在宁古塔设总部，下设东满、北满、南满三个区域局。朝鲜共产党满洲总局成立后，开展了如下活动。 首先，重新整顿原来的共产主义团体，按照朝鲜共产党的纲领和章程吸收党员，新建和扩充基层组织; 其次，整顿各地的青年组织、劳动组合、妇女会、学生会、农民会等群众组织。 最后，团结所有反日革命力量， 为结成广泛的反日民族统一战线而开展成立民族唯一党运动。 朝共满洲总局首先在东满区域局建立朝鲜民族党，制定党的纲领、党章，原光复团干部姜受禧任命为主席; 同时，积极协助北满的原国民会成员建立国民党， 为与正义府、参议府、新民府等民族主义团体结成联合战线而努力。[216]

1926年5月到1930年期间， 满洲总局整顿了东北地区早期共产主义团体，迅速壮大了革命力量， 建立了许多群众性革命团体， 以此为基础开展了反日斗争， 沉重打击了日帝气焰， 并对此后在朝鲜民族居住地进行反帝反封建斗争打下了坚实基础。但是，朝共满洲总局及区域局未能摆脱"朝鲜革命延长论"，故没有制定和提出符合东北地区朝鲜民族农民实际情况的斗争目标和方针。虽然他们积极参加了反日民族统一战线和促成民族唯一党运动，并取得了一些成果， 但未与民族主义团体做到实质性的联合， 其内部派系斗争对东北地区革命力量的团结和发展产生了消极影响。

---

215) "ML派": 1920年代中期，朝鲜民族社会主义运动团体，由革命社、列宁主义同盟、高丽共青会满洲总局、汉城派社会主义新派等团体组成，主要代表人物有梁明、韩斌、金越星等人。该团体名称取自马克思(M)、列宁(L)的首字母。

216) 金春善主编:《中国朝鲜族通史》，上卷，延吉，延边人民出版社，2009年，第287页。

中国共产党很早就重视和支持朝鲜民族的抗日斗争。 1928年2月, 中共满洲省委发表了《东边道工作决议》, 4月15日又发表《告满洲朝鲜农民书》和《满洲的朝鲜农民问题》[217]等文件。总之, 中共中央和中共满洲省委将东北地区的朝鲜民族视为中国的少数民族, 承认其土地所有权和参政权。尤其, 将朝鲜民族认定为中国革命重要的生力军, 并号召广大朝鲜民族农民在中共的领导下与兄弟民族一道进行反日斗争、土地革命, 建立苏维埃政权, 推翻日帝和封建军阀, 真正实现民族自治。上述民族政策[218]不仅推动朝鲜民族者加入中共, 并对结成广泛的抗日民族统一战线发挥了重要影响。

1929年到1930年5月, 延边四县及南北满等地朝鲜民族主要居住区都建立了党的基层组织。 从1930年春开始, 在中共的领导下, 重新整顿了农民协会、反日会、反帝同盟、青年会、妇女会等革命群众组织, 通过整顿发展壮大了革命群众组织, 扩大了党在农村的革命阵地。 1930年春, 东北地区朝鲜共产党组织根据朝共党中央已被解体的情况和共产国际"一国一党"的组织原则, 自动解散各派组织, 其大多数党员以个人身份加入中国共产党, 成为中共满洲省委各级组织成员。从此, 朝鲜民族共产主义者肩负着"双重使命", 即直接参加中国革命的同时准备或推进朝鲜革命。

1930年5月, 朝鲜民族在中共的领带下, 以延边地区为中心, 开展了"红五月斗争"。[219] 东北地区第一个红色政权–和龙县药水洞苏维埃政府成立。同

---

217) 上述文件全面分析东北朝鲜民族情况后指出: "朝鲜农民是我们反日的友军, 是我们满洲革命农民的一部分。我们再不能旁观中国的军阀地主和日本帝国主义者去蹂躏朝鲜农民, 我们党联合这部分可亲可爱的革命群众, 在斧头镰刀交叉的红旗下面, 共同反日运动, 开展土地革命、夺取政权"。

218) 中国共产党对朝鲜民族的认识和政策主要体现在两个方面, 首先, 满洲省委认定东北朝鲜民族是中国的少数民族, 并承认其享有土地所有权。1927年10月, 召开的中共东北地区第一次党员代表大会上通过"东北境内中、韩、俄、日人民享有同等待遇", "来自山东、直隶、朝鲜的难民一律享有土地所有权"。的决议。其次, 中共满洲省临时委员会认为, 东北地区朝鲜民族遭受双重的民族压迫与剥削, 承认其为中国革命力量。1928年7月召开的中国共产党第六次全国代表大会上首次承认"满洲的高丽人"是中国的少数民族。

年，8月初，敦化和吉敦铁路沿线的朝鲜民族群众，在中共吉敦临时党支部领导下，发动了-"八一吉敦起义"。为了夺取政权，进行土地革命，开展游击战争，各地革命群众在中共的领导下积极筹建工农游击队。1930年9月，延边地区党团已发展到近千人。9月以后，延边人民在中共东满特委的领导下发动了"九·七"和"秋收"斗争。1930年10月至1931年2月，中共东满特委下设6个县委，19个区委，组成完整的党的组织系统。这一时期党员大量增加。1930年春，东北地区党员仅200多名，1931年3月已达1190名。其中，延边地区的延吉、和龙、珲春、安图、汪清5县就有636名，占东北地区党员总数的54.1%，其中朝鲜民族党员占96.5%。[220]

1930年9月，中共满洲省委成立中共南满特别行动委员会(简称南满特委)，下设6个特支、26个支部。南满特委领导清原、开原、柳河、磐石、西安、临江、集安、宽甸、桓仁等县的革命活动。这一时期，南满特委有120多名党员，其中大部分是朝鲜民族党员。[221]

1930年5月，北满地区成立中共阿城县委。8月，珠河、宁安、饶河、汤原等县先后成立县委或特别委员会，并召开县农民代表大会，成立农民协会、反帝同盟和农民自卫队。9月，满洲省委决定中共哈尔滨市委改编为中共北满特委行动委员会。此时，北满特委有220名党员，农民协会会员1448名，反帝同盟1397人。[222]

如上所述，朝鲜民族居住地区中共党组织和革命群众组织的发展与壮大，为"九·一八"事变后朝鲜民族在中共的领导下，开辟了抗日游击根据地，在思想上和组织上做了准备，为20世纪30年代中朝民族联合抗日武装斗争准

---

219)《朝鲜族简史》编写组：《朝鲜族简史》，北京，民族出版社，2009年，第75页。

220) 杨昭全、金春善等著：《中国朝鲜族革命斗争史》，长春，吉林人民出版社，2007年，第229页。

221) 杨昭全、金春善等著：《中国朝鲜族革命斗争史》，长春，吉林人民出版社，2007年，第230页。

222)《中共北满特委8月份报告》，1930年9月9日，满洲省委第1031-5号。

备了先决条件。[223]

　　日帝以武力抢占东北以后，拼凑傀儡政权，建立一整套殖民统治体系的同时，还颁布一系列反动法令，实行残酷的法西斯殖民统治，增设宪兵警察机关，操纵伪政权，并严密监视人民群众的动向，镇压各族人民的反抗斗争。为了强化思想统治，日帝还对包括朝鲜民族在内的东北各族人民推行奴化教育和愚民政策。自1933年起，日帝对延边抗日游击根据地的边缘区和山沟的散居户，推行并屯政策，建立"集团部落"，妄图强化殖民统治，割断人民群众与抗日游击部队的联系。被收容于"集团部落"和"安全农村"的农民，不仅在政治上受压迫、被监视，而且在经济上遭受日本殖民公司的残酷剥削，过着悲惨的生活。

　　"九·一八"事变以后，朝鲜民族独立运动团体和民族主义者纷纷进入中国关内，加入大韩民国临时政府的抗日斗争。留在东北地区的朝鲜共产主义者加入中国共产党领导的东北人民革命军和东北抗日联军，展开武装斗争。南满以磐石为中心开展了反日斗争，中共磐东区委书记李东光[224]领导当地朝、汉等农民进行抗租、分粮、清算日本走狗的斗争。1931年末，中共磐石中心县委根据省委指示，建立了惩治日本走狗的人民武装-打狗队，最初由七名朝鲜民族青年组成，后来不断发展壮大，李红光[225]任队长。东满特

---

223) 金成镐著：《朝鲜民族共产主义者在中国东北抗日斗争中的地位和贡献》，北京，《世界历史》，2012年第三期，第15页。

224) 李东光(1904-1937)，朝鲜族，原名李相俊，又名李东、李东日，生于朝鲜咸镜北道庆源郡的一个农民家庭，1918年小学毕业，其父母不堪忍受日帝残酷的殖民统治，举家迁居珲春县，1922年就读于龙井东兴中学，开始接触进步思想，1923年参加了社会科学研究会及读书会。1929年加入中国共产党，成为磐石县早期党员之一，1930年任磐东区委书记，1936年7月任南满省委组织部长，1937年牺牲。

225) 李红光(1910-1935)，朝鲜族，原名李弘海，出生于朝鲜京畿道龙岩郡丹洞的一个贫苦农民家庭中。因不堪日帝奴役，1925年随父母达到吉林省磐石县，1926年定居在伊通县溜沙嘴子屯，1927年加入朝鲜共产党领导的农民同盟，1930年根据相关规定转为中国共产党党员，1932年以李红光为队长的磐石游击队建立，东北人民革命军第一师师长，杰出的领导人。

委根据抗日斗争日益高涨的形式，领导朝鲜民族农民发动了"秋收"斗争和"春荒"斗争。[226] 1932年，金日成在安图建立反日游击队，1934年3月，反日游击队扩编为东北人民革命军。1936年5月，成立"祖国光复会"，该会刊行月刊《三一》，宣传抗日救国道理，揭露日帝侵略者的罪行，号召广大人民群众积极参加抗日斗争。其主要活动地区是鸭绿江、图们江沿岸，绝大多数成员是工农群众、青年学生、天道教徒、知识分子。1937年6月4日，金日成率领一支队伍，突破边境警备线回到朝鲜国内，袭击普天堡，迅速焚烧了森林警察所等日本帝国主义统治机关，向当地群众散发《祖国光复会十大纲领》，[227] 震慑敌人、鼓舞人民群众，扩大了革命军和光复会的影响。

1939年9月，日帝在吉林设立隶属于关东军司令部的讨伐司令部，动员关东军新编部队和伪满洲国军队的大批兵力，对抗联游击部队进行大扫荡，抗联队伍便采取大部队迂回作战方式，在和龙、安图、敦化、延吉一带不断粉碎敌军的讨伐扫荡。从1940年的下半年开始，抗联部队转变斗争方式，实行小分队活动，将部队主力转移到苏联远东地区进行整训。1945年8月8日，苏联对日宣战，8月9日，苏联红军分兵三路进入东北，毛泽东同志发表了《对日寇的最后一战》的声明。八路军和东北抗联军紧密配合苏联红军与日军进行最后决战。日帝在8月15日宣布无条件投降，9月2日在投降书上正式签字。

东北朝鲜民族同各民族人民紧密团结在一起，在中共的领导下，长期与

---

226) 杨昭全、金春善等著：《中国朝鲜族革命斗争史》，长春，吉林人民出版社，2007年，第270页-271页。

227) 祖国光复会十大纲领: 实现广泛的统一战线，推翻日帝的殖民统治，建立真正的人民政权；实现朝中民族的亲密联合，推翻伪满洲国；建立革命军队；没收日帝和卖国亲日分子占有的所有土地、财产、企业；发展民族工、农、商业；实行言论、出版、集会、结社自由；实行男女平等；废除日帝奴化教育，实行使用本民族语言文字的免费义务教育；实行八小时工作制，改善劳动条件；同平等对待朝鲜民族的国家实行亲密联合。

日本侵略者进行了殊死的斗争，由于特殊的地缘、共同的抗日目标，中朝两国互相支持，创造了中朝联合抗日的光辉历史，中共在坚持无产阶级国际主义的原则下，充分认识到朝鲜共产主义者的"双重使命"，始终把支援朝鲜革命作为主要任务和重大的国际主义义务。

"九·一八"事变后，东北各地的朝鲜民族党员积极响应党的号召，率先组织游击队，英勇地开展抗日武装斗争，在东北各民族人民中起到了先锋模范带头作用，用鲜血和生命谱写了一部光辉灿烂的不屈不挠、同生死、共患难、英勇战斗的历史篇章，在中朝联合开展的抗日游击战中，朝鲜民族革命者发挥了举足轻重的作用。据民政部门统计，仅延边朝鲜族自治州抗日革命烈士共计3215名，其中朝鲜民族多达3206名，占96.8%。[228) 在长达十四年之久的东北抗日游击战争中，金日成、金策、崔庸健等朝鲜民族共产主义者历任东北党组织和军队的重要领导职务，这与朝鲜民族革命队伍在抗日游击战争中的特殊地位、巨大牺牲、突出作用、重大贡献是密不可分的。在长期的东北抗日游击战争中逐步形成了以金日成为核心的朝鲜革命坚强的领导核心集体，也锻炼和培养了第一代中国朝鲜民族无产阶级革命干部队伍，这段历史是东北抗日游击战争的重要组成部分，也是朝鲜抗日革命及"白头山革命"精神最核心的内容，将永远铭刻于中朝两国人民革命友谊史史册。

3.3 东北抗日游击战争中形成以金日成为首的领导核心

3.3.1 金日成诞生、家庭背景

朝鲜民主主义人民共和国第一代领导核心-金日成于1912年4月15日诞生

---

228) 崔圣春编著：《延边人民抗日斗争史》，延吉，延边人民出版社，1997年，附录部分。

在平壤市万景台。金日成一家，"都是为民族和国家的独立自主英勇奋斗的革命者，他的曾祖父金膺禹参与了1866年击沉美国'舍门号'事件。祖父金辅铉和祖母李宝益，把儿孙都送上了革命斗争的道路，并协助他们进行革命斗争，虽遭到日本帝国主义残酷镇压和迫害，仍坚贞不屈，英勇战斗，坚持了民族气节。"[229]

金日成的父亲金亨稷于1894年7月10日生于今天的平壤万景台区，籍贯全罗北道全州，本贯全州金氏。全州金氏始祖是金台瑞，始祖墓在全罗北道全州市附近的完州郡与金堤郡交界的母岳山。金亨稷祖上世世代代生活在全罗道，以为地主守墓为生。金日成12代先祖金继祥，为了求一条活路，从世居地全州迁至平壤大同郡南串面月内里一带，金日成一家在万景台扎根落户，是在曾祖父金膺禹一代。其曾祖父出生在平壤的中城里，自幼务农，因家境贫寒，19世纪60年代开始为万景台地主李平泽家族守墓，于是举家搬到了万景台，住进了那家地主的守墓房。万景台是风水宝地，山清水秀，登上南山可以俯瞰大同江两岸，各地的封建官僚和土豪争先恐后地买下万景台一带的山地，修造祖先的墓。金日成一家祖祖辈辈都是佃农，家境十分贫寒，祖辈三代都是独生子，到了其祖父金辅铉一代，生下了六个兄弟姐妹，家口增到十来个人。

金日成的父亲金亨稷(1894.7.10-1926.6.5)他以"志远"这一思想作为座右铭，早年走上革命道路，于1917年3月23日领导了朝鲜国民会。这是当时朝鲜爱国者们在国内建立的反日组织中规模最大、反帝自主立场最坚定、群众基础最牢固的反日地下革命组织。[230]

金日成的母亲康盘石(1892.4.21-1932.7.31)比金亨稷大两岁，1892年4月

---

229)（朝）《金日成略传》，平壤，朝鲜外文出版社，2001年，第1页。

230)（朝）《金日成略传》，平壤，朝鲜外文出版社，2001年，第1页。

21日生于朝鲜平安南道大同郡龙山面下里七谷，其父亲是康敦煜，本贯晋州。康盘石于1908年，也就是16岁时与14岁的金亨稷结婚，四年后的1912年长子金日成出生，幼名为金成柱。

进入朝鲜王朝后期，基督教迅速向平安道地区传播，万景台所在的大同郡也深受基督教影响，1911年郡内就建立了多达40余座教会，当时的信徒大都是知识分子。[231] 万景台所在的大同郡高平面南里也于1900年建立了教会，在大同郡属于第十二座教会。金亨稷从万景台顺和学校毕业后入耶稣长老会系统的崇实学校中等部学习，后辍学。他先后在万景台顺和学校、江东基督教系统的明新学校教书。金日成的外祖父康敦煜生于1871年2月，1943年11月去世，是龙山面下里七谷教会的长老，1905年在下里长的学校担任校监，承担汉文和圣经教学。[232]

金亨稷是民族主义思想根深蒂固的人，经常向金日成讲述朝鲜的亡国史，日本帝国主义野蛮的殖民统治和民族歧视、封建地主资本家的残酷剥削。金亨稷在崇实学校时期亲密相处的人中，有不少人成长为坚定的反日革命者，后来成为朝鲜国民会的骨干。1917年秋，朝鲜国民会遭到了日本帝国主义的残酷镇压，金亨稷因"朝鲜国民会事件"被日寇逮捕，1918年秋，刑满出狱后继续开展朝鲜民族反日独立运动。由于，上了日本殖民当局黑名单，在朝鲜无法开展活动，他只好北上，1924年12月，金亨稷渡过鸭绿江来到吉林省抚松县。

3.3.2 学生时代及早期反日爱国运动

1919年秋天，金日成随着父母离开万景台，迁到中江住了一段时间，然后

---

231) (日)和田春树著，李钟奭译：《金日成与东北抗日战争》，首尔，创作与批评社，1992年，第27页。

232) (日)和田春树著，李钟奭译：《金日成与东北抗日战争》，首尔，创作与批评社，1992年，第27页。

渡过鸭绿江，到了临江。在临江，学习了半年汉语，于1920年春天入临江小学，1921年夏天，又搬到长白县八道沟，作为插班生入汉族四年制小学。[233]金日成早年就读于汉族小学，学习并熟练地掌握了汉语，这在他后来同中国人民共同开展的抗日斗争中，发挥了重要作用。

1923年初，金日成以优秀的成绩在八道沟小学毕业后，遵循父亲要干革命就必须熟悉祖国的现实这一教诲，回到朝鲜。3月16日，他离开八道沟踏上"学习的千里路"，从价川搭上火车，于3月29日回到了平壤万景台。回到平壤后，金日成住在七谷的外祖母家里，入六年制私立学校彰德学校，作为五年级的插班生学习。[234]

1925年1月，金日成接到父亲再次被日帝警察逮捕的消息，尽管再有几个月就毕业了，但还是决定弃学到中国找父亲，由于没有钱坐火车，他独自步行，身上背着干粮，风餐露宿，踏上"光复祖国的千里路"，金日成整整走了13天走到了葡坪。[235] 当他缓步过江时，低声唱起了《鸭绿江之歌》，金日成在其回忆录《与世纪同行》中这样写道：

"我怀着满腔悲愤，一次又一次地回顾祖国的山河。朝鲜哟，朝鲜哟，我要离开你了。我虽然离开你一时也活不成，但为了把你夺回，我才渡过鸭绿江去。渡过了鸭绿江就是人家的国土。就是到了那里，我怎能把你忘记，朝鲜哟，你要等待我……我一边唱着那支歌，一边想：我什么时候才能重新踏上这块土地呢？重新回到我生长的、有祖坟的这块土地的那一天，究竟什么时候能到来呢？这么一想，我小小的心里也禁不住悲伤。那时，我想着祖国悲惨的状况，悲壮地发誓，朝鲜不独立，誓不回来。"[236]

---

233) (朝)《金日成略传》，平壤，朝鲜外文出版社，2001年，第3页。

234) (朝)《金日成略传》，平壤，朝鲜外文出版社，2001年，第4页。

235) (朝)《金日成著作集》中文版，第一卷，平壤，朝鲜外文出版社，第317页；转引自金日成回忆录《与世纪同行》(选录1)，平壤，朝鲜外文出版社，2007年，第58页。

236) (朝)金日成著：《与世纪同行》(选录1)平壤，朝鲜外文出版社，2007年，第56页。

金日成到达八道沟的家后才知道父亲已经脱险到抚松县城落了户，并且办了一家"抚林医院"，以东医职业为掩护继续开展反日独立运动。1925年4月初，金日成入抚松县第一优级小学插班读书，1926年春毕业。就读小学期间，他一方面刻苦学习，另一方面积极协助父亲从事革命事业，同时研读革命书籍、世界名人传记和朝鲜民族爱国名将传记。少年金日成本来以为父亲会让他到当地的朝鲜民族学校继续学业，但父亲却把长子送进了汉族学校，让他接受中国文化教育，金日成在抚松小学结识了张万程的儿子张蔚华，并结下了跨越国界、民族界限的生死情义。金亨稷把儿子送到抚松小学是因为当时朝鲜独立运动的根据地在中国东北地区，要想让金日成将来继续开展反日民族独立运动，就必须适应东北的生活环境，历史证明父亲当时的决定是正确的，高瞻远瞩的，金日成流利的汉语会话和写作能力，对他长期在东北进行革命斗争起到了相当大的帮助和作用。

金亨稷由于多年为独立而奔波和几次监狱生活严重损害了他的健康，尽管张万程等人竭尽全力帮助金亨稷医治，但终于无效，金亨稷于1926年6月5日，在抚松去世，享年32岁。金日成在万分悲痛中继承了父亲"志远"的思想、三大决心、争取同志的思想和两支手枪。三大决心是金亨稷留下的遗产之一，意味着革命者应做好饿死、冻死、被打死的思想准备，只有终身不渝地保持这一初心，才能在革命斗争中经受住种种考验，取得胜利。金日成坚定了继承父亲的遗志，献出一切为光复祖国而斗争的决心。

金日成遵照父亲要他一定念完中学的遗嘱和母亲的心愿，在父亲独立军挚友们的帮助下，于1926年6月到桦甸县华成义塾求学。华成义塾是1925年初为培养朝鲜独立军干部而设立的，它是正义府所属的两年制军事政治学校。在校期间，金日成发现该校教育内容都是民族主义思想教育和朝鲜封建王朝末期陈旧的军事训练课程，他最感到失望的是思想政治上的落后。

学校一概排斥进步思想，只提倡民族主义。华成义塾的思想局限性，也是当时民族主义运动的真实写照。金日成认识到了民族主义运动的局限性，对华成义塾的期望也逐渐消失了。同年9月底，金日成召集了一次会议，并在会上阐述了建设革命组织的必要性，强调要尽可能地多团结志同道合、理想信念坚定的同志。经过准备，10月10日召开了建立革命组织的预备会议，讨论了组织名称、性质、纲领及活动准则。10月17日，打倒帝国主义同盟正式宣布成立，简称"ㅌ·ㄷ(T·D)"。金日成在打倒帝国主义同盟成立会上，以《打倒帝国主义》为题作报告，分析了反日斗争的历史经验和教训，并提出了建议。

　　金日成在华成义塾只念了半年，退学后来到吉林市。20世纪20年代末，吉林市辖区内朝鲜民族人口为1万8000人，大部分居住在农村地区，而居住在城区的朝鲜人仅为294人。在省立第五中学和私立文光中学等市区中学读书的朝鲜人只有20余人，在大学就读的学生有2-3人。[237] 1927年1月中旬，他入吉林毓文中学，到二年级插班。毓文中学是吉林市开明的社会各界人士效仿天津南开中学创办的私立学校，并建立了学生自治团体。[238] 在这所学校金日成不仅学习文化知识，利用自己当选为学校图书馆主任的便利条件，大量阅读了《共产党宣言》、《国家与革命》等马列主义经典著作及其它政治理论图书。在吉林学习期间，树立了坚定不移的革命世界观，并以革命活动的实践经验为基础，树立了自主的革命思想。在毓文中学团结志同道合的青年学生组织了秘密读书会，并将之迅速地扩大到吉林市其它学校，经常举办读书心得发表会、报告会、讨论会、演讲会等。

---

237)《昭和五年有关吉林地方朝鲜人事情文件》，吉林总领事报告，昭和6年1月9日，《外务省警察史满洲，在吉林总领事馆敦化分馆》(一)，外务省外交史料馆，第9928-9929，9964-9965。

238) 田兆来：《誉满东北的毓文中学》，《吉林百年》(下)，长春，吉林人民出版社，1990年，第186页。

金日成就读毓文中学的时期，是共产主义青年运动的全盛时期，在这一时期，他组织和扩大了共产主义青年同盟和反帝青年同盟，深入到青年、农民、工人等各阶层之中，播下了革命的种子。在校期间，有一位语文老师对金日成影响很大，他就是早在1927年就加入中国共产党的尚钺。共产主义者尚钺将列宁的《帝国主义论》、李大钊、鲁迅、高尔基等人的文章作为教材，向学生们传播先进思想，虽然只接受了半年多的熏陶，但对少年金成柱的影响必定是深远的。239)

1929年5月14日，日本驻吉林总领事川越向日本外务省提交的报告中首次记录了金日成加入朝鲜共产青年会的事实。同年秋，他因参加朝鲜共产青年会被反动警察逮捕，在吉林监狱服刑，于1930年5月释放。在狱中金日成磨练和坚定了革命意志。他出狱后，从吉林毓文中学退学，从此走上职业革命家道路。金日成也结束了八年的学习生涯，但与同一时代的朝鲜人相比，他受教育程度还是很高的，尤其需要强调的是，其学生时代几乎都是在东北地区度过的，因此对中国文化是比较了解的。此后，金日成离开吉林市，奔波于东北各朝鲜民族移民社会。

3.3.3 金日成与东北抗日游击战争

3.3.3.1 "九·一八"事变后抗日游击队的建立

1930年6月30日至7月2日，金日成在卡伦(今吉林省长春市九台区)召开共青同盟和反帝青年同盟领导干部会议，阐明了朝鲜革命前进的道路。同年秋，金日成来到和龙县和汪清县石岘地区(今吉林省图们市石岘镇)恢复和整顿被破坏的革命组织，建立了以工人、农民、青年为骨干的基层组织，在图

---

239) (日)和田春树著，李钟奭译：《金日成与东北抗日战争》，首尔，创作与批评社，1992年，第35页。

们江沿岸建立了区级的革命组织，并于9月底回到朝鲜咸镜北道稳城地区。从10月到第二年年初，来到怀德县五家子(今吉林省公主岭市)开展工作，创办了农民同盟机关刊物《农友》，创作和演出革命歌剧《卖花姑娘》等文艺作品，提高了农民群众的阶级觉悟，发动他们积极投入反日斗争。1930年12月，他把革命活动中心转移到了东满。

1931年9月18日，为侵略我国东北，日本帝国主义侵略者发动了"九·一八"事变。1932年2月，东北全境沦陷。此后，日本帝国主义在长春建立了傀儡政权-"满洲国"，为了建立殖民统治，对东北各族人民进行血腥镇压，开始了长达14年之久的奴役和殖民统治。

"九·一八"事变后，中共号召全民抗日，在全国各族人民抗日浪潮的推动下，东北各地展开了群众性的抗日武装斗争。中共满洲省委及其各地基层组织向人民群众揭露日帝的侵略罪行，宣传抗日救国主张，发动各族人民开展各种形式的反日斗争。日帝侵略者为了确立在东满地区的殖民统治，从朝鲜调遣日军，对东满抗日武装进行了"大扫荡"。[240] 日本法西斯侵略者对朝鲜民族的野蛮暴行，非但未能使朝鲜民族屈服，反而激起更大的反抗与反日斗争。在血的教训面前，具有光荣革命传统的朝鲜民族各界群众，决心以武装斗争的方式反抗侵略者的暴行。

1931年12月，在明月沟召开东满各县党团积极分子会议，史称"明月沟会议"，会议根据中共中央开展抗日救国斗争的精神，决定加强党对农民运动的领导，动员群众建立游击队，开展游击战争。到1932年3月，东满的延吉、和龙、汪清、珲春等县开展建立抗日游击队工作。[241]

---

240) 参见《东北抗日联军史料》编写组：《东北抗日联军史料》(下)，北京，中共党史资料出版社，1987年，第675页。1932年4月至5月，在延边地区汪清县转角楼、东日村、德源里、珲春县烟筒砬子等地屠杀无辜群众，炮击和火烧民房，光是在烟筒砬子就烧毁20多个村庄，1000余间民房。1932年到1933年间，惨绝人寰地日帝侵略军先后对延吉县海兰区进行了90余次"讨伐"，屠杀1700余名革命者和无辜百姓，史称"海兰江大血案"。

金日成于1932年1月到3月在安图、松江一带建立了小规模游击队。 4月25日，组建起反日游击队并担任队长。 反日游击队成立后，为与有较大力量的反日部队进行联合斗争， 决定与活动在南满的梁瑞凤领导的朝鲜革命军合作。242) 但游击队到达柳河三源浦与革命军接触后，并未与其达成合作协议，游击队返回安图。 不久， 又得知王德林率国民救国军在东宁一带活动。为争取与救国军联合抗日，游击队又前往东宁。途中，游击队不断遭到日伪军的阻击，加之气候恶劣，游击队减员很大。队伍到达罗子沟后，金日成得知王德林已过界进入苏联、救国军瓦解的消息，便于1933年2月率队到达汪清。 之后，编入汪清游击大队，在汪清、安图地区活动。243)

3.3.3.2 中共中央《一·二六指示信》与东北人民革命军

1933年1月26日， 驻共产国际代表团以中共中央名义发布了给东北各级党组织和全体党员的指示信， 通称《一·二六指示信》。 指示信根据东北地区已经沦为日本殖民地和针对东北抗日民族革命运动中阶级关系的变化和力量对比情况， 提出了反日民族统一战线的任务和共产党对不同类型的反日武装部队所采取的策略， 提出了必须坚持无产阶级在抗日统一战线中的领导权的问题。244) 该指示信纠正了"左倾"错误路线，为建立广泛的反日民族统一战线， 发动人民群众和爱国人士的积极性， 信中所提出的争取建立全民族反日统一战线的这一方针， 突破了共产国际和中国共产党过去所采

241) 《东北抗日联军史》编写组著: 《东北抗日联军史》, 上册, 北京, 中共党史出版社, 2015年, 第210页。

242) 《东北抗日联军史》, 上册, 北京, 中共党史出版社, 2015年, 第215页。

243) (朝)《金日成略传》编写组: 《金日成略传》, 平壤, 朝鲜外文出版社, 2001年, 第34页。

244) 杨昭全等著, 金春善等译: 《中国朝鲜族革命斗争史》, 延吉, 延边人民出版社, 2009年, 第372页。

取的单一的下层统一战线政策，使东北地区抗日武装斗争进入了崭新的发展阶段。[245]

1932年夏到1933年3月初，东满图们江沿岸广大地区建立了游击区。根据共产国际提出的苏维埃路线，在东满游击区建立了"苏维埃"政权，宣布废除一切私有制，实行共同生活、共同劳动、共同分配。日本帝国主义为消灭刚建立的游击区，对游击区进行了疯狂的经济封锁和全面的"焦土化作战"，推行其"三光政策"，犯下天人共怒的暴行。1933年春，敌军调动3000余名兵力和飞机、大炮，对小汪清一带发动了春季"讨伐"，游击区人民依靠坚固的防御阵地，运用埋伏战、诱敌战、奇袭战等灵活的战术，给了敌人以歼灭性的打击。[246]

1933年5月，中共满洲省委在哈尔滨召开会议，6月至9月，东满特委和各县委相继召开会议批判了"左倾"错误，延边地区为贯彻落实"一·二六指示信"精神，撤消了苏维埃政权，成立了工人阶级领导、工农联盟为基础、联合各阶层反日积极分子的统一战线政权-人民政府。1933年11月中旬起，日本帝国主义为了消灭日益壮大的东满游击队，调集6000余兵力对游击根据地进行第三次"大讨伐"，重点进攻小汪清根据地，汪清游击队为粉碎敌人的"围剿"，首先在烟筒山阻击日本侵略者的进攻。日军接连不断地进攻16天之久，汪清游击队派主力迂回到凉水泉子、汪清等敌后，攻打派出所和自卫团，袭击日军的兵营，迫使敌军收兵撤退。1934年春，游击根据地军民英勇战斗，粉碎了日本侵略者"讨伐"阴谋，在这次反"围剿"战斗中，东满游击队经受了严峻考验，并组成了一千余人的自卫队和青年义勇军，保卫根据地。同时，有的根据地被迫"搬家"，东满特委书记童长荣也不幸中弹负

---

245)《东北抗日联军史》，上册，北京，中共党史出版社，2015年，第272页。

246) 杨昭全、金春善等著：《中国朝鲜族革命斗争史》，长春，吉林人民出版社，2007年，第288页。

伤，因流血过多牺牲。1934年3月末，根据中共满洲省委的指示精神，东满特委将四县的游击队统一扩编为东北人民革命军第二军独立师，下设四个团、一个游击大队。朱镇(后叛变)任师长，王德泰任政委。[247]

1933年7月，南满游击队在磐石中心县委的领导下，根据"指示信"精神，联合各反日部队组建了"抗日联合参谋部"，拥戴杨靖宇为政委，李红光为参谋长，1933年9月18日，中共磐石中心县委和南满抗日游击总队在磐石玻璃河套召开会议，根据中共满洲省委关于将抗日游击队扩充为一个独立师的指示指示，把南满抗日游击队扩编为东北人民革命军第一军独立师，杨靖宇任师长兼政委，李红光任参谋长。第一军独立师下辖2个团、1个少年营和政治保安连，共300余人。[248] 1934年11月5日至10日，在南满临江县四道沟二岔召开了中共南满第一次代表大会，李东光代表磐石中心县委作《关于南满各地的情势及党的今后任务》报告，会议通过《中国共产党全南满第一次代表大会的决议》，组成以李东光为书记的中共南满临时特委。会议还宣布正式成立东北人民革命军第一军，杨靖宇任军长兼政委，下编两个师，李红光和韩浩任第一师师长和副师长，李红光向新宾、桓仁、本溪等地挺进，开展游击活动，并两次冲破敌军防线渡鸭绿江，奇袭朝鲜北部日军警察署，没收走狗商店与财产，缴获大量武器弹药及军用物资。[249]

北满的珠河抗日游击队为贯彻落实抗日统一战线政策，做了艰苦细致的工作，于1934年2月在珠河召开了有义勇军和山林队首领参加的会议，会上通过了联合抗日条例，成立了"东北反日联合军司令部"。同年6月，珠河游击队改编为东北反日游击队哈东支队，赵尚志任司令、李福林任党委书记、许亨植[250]任第一支队第一大队长。根据满洲省委指示，1935年1月28日，以

247) 《东北抗日联军史》，上册，北京，中共党史出版社，2015年，第301页。

248) 杨昭全、金春善等著：《中国朝鲜族革命斗争史》，长春，吉林人民出版社，2007年，第301页。

249) 杨昭全、金春善等著：《中国朝鲜族革命斗争史》，长春，吉林人民出版社，2007年，第330页。

哈东支队为基础，吸收地方义勇军为骨干，成立了东北人民革命军第三军暂编第一师，赵尚志任军长兼师长、李福林任一团政治部主任、许亨植任二团团长。[251]

3.3.3.3 反"民生团"斗争及其影响

1930年代，发生在东满地区的反"民生团"斗争是重大历史事件。1931年9月，日本帝国主义将朝鲜总督府机关报《每日申报》副社长朴锡胤派到龙井，他与亲日的曹秉相、曾因参加抗日斗争被捕入狱的全盛镐、天道教领导人李麟求、反共亲日特务金东汉等亲日朝鲜人于1932年2月15日在龙井成立的亲日团体-"民生团"，由日军大佐出身的朴斗荣任团长，韩相愚任副团长。"民生团"表面上主张"确保产业人士生存权利"[252]和"间岛朝鲜人自治"之口号，但实际上公开叫嚣说什么日军"讨伐"游击区是为了"维持间岛地区治安，保护良民"，并侮辱诋毁中国共产党领导下的抗日民众团体是"各种各样的匪贼团体"，[253] 由亲日走狗组成的"民生团"举着"朝鲜人自治"的旗帜欺骗朝鲜民族群众，为日本帝国主义的侵华辩护，并破坏抗日活动。早在民生团成立之前，东满特委便识破曹秉相、朴锡胤等亲日走狗的真正意图，并于1931年9月30日发布公告，揭露了反动本质。同时，还号召："反对由日帝领导下开展的一切朝鲜人自治运动，反对统治阶级挑拨民族感情，反对所有走狗团体欺骗的威胁。"[254]

---

250) 许亨植(1909-1942)：朝鲜(韩国)庆尚北道善山龟尾人，原名许克，又名李熙山、李三龙，1915年随父母迁入通化地区。曾任中共满洲省委委员、东北抗联第3路军总参谋长兼第3军军长，2014年9月1日，被列入民政部公布的第一批300名著名抗日英烈和英雄群体名录。

251) 1935年9月，许亨植调任三团政治部主任。

252) 《间岛申报》，昭和7年(1932年)，2月17日，第二版。

253) 《间岛申报》，昭和7年(1932年)，2月17日，第二版。

254) 中共延边州委党史研究室编：《东满地区革命历史文献汇集》(上卷)，延吉，延边人民出版社，日本帝国主义勾结和操纵亲日走狗组织的"民生团"从成立那天起，就遭到东满地区各级党组织和各族人民群众的唾弃和坚决反对。2月27日，和龙县大砬子反帝同盟会发布"檄文"，揭露"民生团""确保生存权"的反动本质，并号召群众"消灭'民生团'"，"消灭所有走狗"。[255] 2月28日，共青团东满特委发出："消灭民生团"[256]的号召。3月1日，东满特委发表题为《纪念朝鲜民族独立运动13周年，告东满中国劳苦大众书》的文章号召各族群众："民生团在日本帝国主义的指挥下……帮助日本及中国军警逮捕朝鲜民族，诱使朝鲜民族投降，这一行径完全分裂了中华民族联合战线，破坏了中朝民族革命运动，是拥护日本帝国主义奴隶制度的团体"，"中朝民族应驱逐日本帝国主义，粉碎所有帝国主义。"[257] 同一天，汪清县委也发出同一内容的"檄文"，揭露日本侵略者指使民生团等走狗组织"破坏中朝劳苦大众，欲剥削在压迫中呻吟的大众"，并号召人民"中朝劳苦大众团结起来，打倒日本帝国主义"。[258] 在中共东满特委及各县党组织的积极号召下，在各地掀起打倒民生团的群众斗争。1932年春天发起的"春荒斗争"中，把打击民生团作为重要的革命任务。在延吉县的八道沟、瓮城砬子、老头沟、铜佛寺、小营子、王隅沟等地的朝鲜民族群众积极开展了惩处民生团骨干分子的斗争，在广大人民群众日益高涨的斗争形势下"由于局势不稳，逃离民生团的人迅速增加"。[259] 从此，民生团在延边各族人民中受到彻底的孤立，当时日帝已建立伪满洲国傀儡政权，民生团鼓吹的"朝鲜人自治"再也不能获得其主子的支持，最后亲日走狗沦为"丧家狗"遭到唾弃。就这样，1932年7月14日，民生团宣布解

　　1999年，第74-75页，"中共东满特委报告"。

255) 姜德相编：《现代史料集》(30)，东京，三铃书房，1977年版，第156页。

256) 姜德相编：《现代史料集(30)，东京，三铃书房，1977年版，第155页。

257) 姜德相编：《现代史料集》(30)，东京，三铃书房，1977年版，第152页。

258) 姜德相编：《现代史料集》(30)，东京，三铃书房，1977年版，第151页。

259) (朝)《东亚日报》，1932年3月28日。

散。260)

"民生团"解散后，中共东满特委错误地认为"民生团"组织已渗入到党团组织内部，在延边地区党组织、革命队伍及抗日游击根据地展开以反"民生团"斗争为主要内容的肃反运动。根据《抗日联军第一路军简史》记载："定性为'民生团分子'被处死的人达到500多名，其中县级、团级以上干部多达40人，其中无一人证据确凿，被证明是'民生团分子'"。261) 由于日本帝国主义和傀儡军持续不断地"讨伐"，受反"民生团"斗争影响，东满地区党组织损失惨重。中共汪清县委书记李用国、金权一、中共和龙县委书记金日焕、中共珲春县委书记崔昌福、延吉县游击大队政委朴吉、东北人民革命军第二军独立师第一团团长朴东根等先后被定性为"民生团分子"处死。1933年中共东满特委所属5个县委、24个区党委、100个党支部中共有1403名党员,262) 到1936年中共东满特委仅剩下南北特别工作委员会所属4个区党委，12个党支部共248名党员。263) 进而，革命军队中出现缺少政治干部和军事干部的危机，直接导致东满地区抗日游击战争陷入前所未有的困难。

1932年2月到7月，在东满全社会开展的群众性反"民生团"斗争是在中国共产党的领导下进行的反日本帝国主义及其走狗的朝鲜民族人民正义的斗争。在广大人民大众强有力的反击和斗争下，取得了胜利，民生团解散。但是，东满党组织从1932年10月份开始在党内开展的反"民生团"斗争对东满的抗日游击斗争造成严重损失，在东满党组织开展错误的斗争原因如下：

首先，党组织在政治、思想等方面不成熟，未能正确地判断和甄别各种矛盾。艰苦的敌对斗争中，革命队伍中出现叛变者、间谍是不可避免的。

---

260) 金成镐著：《1930年代延边民生团事件研究》，首尔，白山资料院，1999年，第98-106页。

261) 东北抗联史料编撰小组编：《东北抗联史料》(下)，中共党史出版社，1987年版，第675页。

262) 中共延边州委组织部编：《中共延边朝鲜族自治州组织史资料》，延吉，1991年版，第62页。

263) 杨昭全、金春善等著：《中国朝鲜族革命斗争史》，延吉，延边人民出版社，2009年，第411页。

但是，东满党组织对此认识不充分，未能区分敌我矛盾、党内斗争和肃反斗争，开展了大范围的反"民生团"斗争，扩大了肃反运动和打击范围。

其次，党内受"左倾"路线影响，错误的判断了复杂的斗争形势。不了解和否认朝鲜民族抗日革命历史及其特殊性。东满地区所处的社会环境较为复杂，党组织未做到具体问题具体分析的辩证法方法，混淆处理了敌我矛盾和党内矛盾。在这一斗争过程中，不信任早期参加朝鲜民族独立运动的同志和朝鲜共产党时期参与派系斗争的干部，甚至给他们扣上"民生团分子"的帽子，很多久经考验的老同志含冤而死。

再次，党组织未能识破敌人的阴谋诡计，多次中敌人的反间计。日本侵略者利用"间岛协助会"等特务外围组织，乘东满党内开展反"民生团"斗争的机会，特务潜入抗日游击区，以伪造信件、传播谣言等卑劣的手段制造了党和共青团及革命军内部混入"民生团分子"的假象，挑拨了民族间矛盾，以借刀杀人之计造成革命队伍的混乱和内讧。被敌人的反间计迷惑的东满党组织，开展了大范围的反"民生团"斗争，大肆逮捕、清洗和处死众多无辜的朝鲜民族党员、团员及军队指战员。在这一过程中，采用了刑讯逼供的错误做法，很多优秀同志含冤而死，在战争环境下，没有任何证据和充分调查的情况下，肆意逮捕和处死干部、战士和群众。

最后，领导东北地区抗日战争的中共满洲省委驻地距延边地区远，再加上敌人的封锁，省委没能及时发现上述错误。另外，被派到东满的巡视员和特派员在政治思想方面综合素质较差，上报省委的报告存在片面性，省委无法及时了解和纠正东满党组织严重的错误。同时，东北朝鲜民族是越境迁入民族，作为中国的少数民族应时刻保持清醒的头脑，正确理解其所处的历史地位和社会地位，在开展革命运动时，不仅要有高涨的热情，更应坚持科学的态度，克服心理上的脆弱，培养独立思考问题的能力，杜绝偏"左"的思想和路线，在少数民族地区更是要警惕"左"倾思想、"地方民族主义"和"大汉族主义"，各民族之间要像爱护眼睛一样珍视民族团结，汉族干部要尊重、正确理解少数民族地区的历史文化传统，制定出符合历史发展和现实需求的高水平的政策。264)

综上所述，在东满地区进行的反"民生团"斗争从另一侧面反映出党组织在思想、政治理论等方面的不成熟，在复杂的社会环境和残酷的斗争中，没能保持清醒的头脑，造成东满地区抗日工作重大损失，这一历史教训极其深刻。但是，东满地区的广大朝鲜民族人民群众在严峻的斗争环境和革命队伍内"冷酷无情"的斗争和复杂的环境中始终如一的相信中国共产党的领导，紧密团结在党组织周围，为夺取抗日战争的胜利奋斗到最后。

3.3.3.4 东北抗日联军时期金日成抗日武装斗争

1935年8月1日，中共中央发表了《为抗日救国告全体同胞书》，即《八一宣言》。《宣言》全面分析了全国与东北地区的抗日救国形势，号召全面停止内战，集中一切力量为抗日救国而奋斗，并提出了建立抗日民族统一战线的具体建议-组织全国统一的国防政府和抗日联军。 为贯彻《八一宣言》精神，决定在"一·二八"抗战四周年纪念日，把抗日各部队改编为东北抗日联军。于2月20日，发表了《东北抗日联军统一军队建制宣言》。宣言根据东北抗日救国运动的发展和需要，提出必须使东北抗日部队统一建制、统一行动，并欢迎各抗日部队、所有被压迫民族参加抗联，结成民族统一战线，共同抗击日本侵略者。此后，东北抗联所属各抗日武装相继建立，队伍迅速壮大，各联军配合作战，显示了东北各民族联合抗日的巨大威力。

1936年2月，在南湖头召开了中共东满特委和东北人民革命军第二、第五

---

264) 金成镐著：《1930年代延边民生团事件研究》，首尔，白山资料院，1999年，第543页。

军主要领导同志联席会议，讨论了进一步发展抗日民族统一战线，第二、第五军配合作战以及二军转战南满，开辟新游击区，发展抗日游击战争等方针任务，会议还纠正了东满党组织肃反扩大化的错误。3月，魏拯民率部转移到东满安图县迷魂阵，召开了东满特委和二军干部联席会议，会议根据《东北抗日联军统一军队建制宣言》的精神，将东北人民革命军第二军扩编为东北抗日联军第二军，并吸收救国军史忠桓部队，扩编为三个师，共2000人。同时划分各师活动范围，二军军部及一、三师向抚松、长白、临江、濛江等县出征；二军二师与五军配合作战，开辟宁安、穆棱、东宁一带游击区。[265)]

迷魂阵会议决定，金日成任第三师师长，曹亚范任政委。金日成开辟长白山游击区，大力开展军事政治活动，组织和领导反日武装部队进攻朝鲜国内的作战，取得胜利。1930年代中期，日本帝国主义为了完成侵略大陆的准备，空前强化了对朝鲜人民的殖民统治，侵略者炮制出各种恶法，扩充法西斯统治机构，残酷地镇压工人、农民走上革命道路，并加紧推进经济的军事化，对朝鲜人民变本加厉地进行剥削和掠夺，使他们陷于饥饿和贫困之中，鼓吹"同祖同根"、"内鲜一体"，抹杀民族文化。[266)] 金日成根据南湖头会议提出的战略方针，将其组织网扩大到朝鲜境内，进一步发展和巩固了抗日武装斗争的群众基础，建立了长白山游击根据地，从而确保了依靠根据地把武装斗争扩大到朝鲜的战略。

1936年10月，朝鲜总督和驻满洲关东司令之间举行了"图们会谈"，作为"完全扫荡"抗日武装部队，图谋治安的"紧急措施"，抛出了以加强边境警备，开展大规模联合"讨伐"作战，其基本目标是对抗联部队进行"讨伐"和"剿灭"，

265)《东北抗日联军史》，上册，北京，中共党史出版社，2015年，第527页。

266) (韩)韩国史特讲编撰委员会编：《韩国史特讲》，首尔，1990年，第227页。

日本侵略者在通化设立"讨伐司令部"，从11月开始，进行大规模的"冬季大讨伐"，为粉碎日帝的"讨伐"阴谋，金日成在黑瞎子沟密营召开军政干部会议，11月中旬，他以诱敌伏击战指挥黑瞎子沟一带战斗，取得胜利。1936年11月到1937年初，金日成把大部队活动和小部队活动配合起来，在长白县一带进行十四道沟袭击战斗、十三道沟桃泉里上村袭击扫荡战、红头山战斗、桃泉里战斗、鲤明水战斗等，粉碎了侵略者的"冬季大讨伐"。[267] 1937年3月，金日成率领主力部队转战抚松。部队转移期间，以灵活的战法在断头山战斗、抚松县西大岭战斗、漫江战斗中取得胜利。

1937年6月3日，金日成率领主力部队用木筏桥渡过鸭绿江。次日，打响普天堡战斗。普天堡保田位于佳林川畔，居住着朝鲜人280户，1323人；日本人26户，50人，中国人2户，10人；共308户，1383人，警察所有5名警察。[268]但是，距离不到20公里的地方有鸭绿江通向朝鲜东部的惠山线铁路终点-惠山镇，一座拥有1万3000多人的中朝鸭绿江畔重要的战略要地。普天堡战斗胜利后，金日成又率部在口隅水山歼灭了尾追而来的日军。在普天堡遭到惨败的日帝，出动驻朝日军第19师团咸兴74联队、伪满军和警察武力等大部队向金日成部队反扑。6月30日，抗联一路军三个师联合在间三峰组织了一次打歼灭战，取得战斗胜利，打破"无敌皇军"的神话。[269] 这一系列战斗的胜利动摇了日本帝国主义殖民统治体系，从政治和军事上粉碎了日军的"讨伐"阴谋。

当时，朝鲜国内外主要报刊广泛传播了朝鲜人民革命军进攻朝鲜国内作战的消息。6月5日，复刊不久的《东亚日报》连续发行了号外"咸南普天堡遇

---

267) (朝)《金日成略传》编写组：《金日成略传》，平壤，朝鲜外文出版社，第67页。

268) (朝)《东亚日报》，1937年6月6日报。

269) (日)和田春树著，李钟奭译：《金日成与东北抗日战争》，首尔，创作与批评社，1992年，第161页。

袭，邮政所、面(事务)所[270]冲火"、"昨夜200余人突袭，在普校、消防所(被)纵火"、"咸南警察部出动，查明金一成派行为"、"普天堡遇袭快报"、"惠山、新坠坡、好仁等三署总出动",[271] 虽标题为"金一成派"，但正文中表述为"金一成一派与崔贤一派300人"。6月6日报道"200余人持机关枪越境，普天堡市街遇袭燃火"、"100余户，1000余居民居住的保田村处于全灭状态"、"查明金日成一派所为"，"与追击警官队冲突，死伤70余人，现在交火中，警官队死伤16人，金日成派55人"、"交战2小时，警官死伤21人，出动守备队前去支援"、"大川部队众寡不敌，继续苦战";[272] 7日报道："邮政所、面事务所、森林保护区被烧毁，消防做、普校延烧灰烬，共损失5万余元，追击队7名警官死亡"，该报还于9月派出特派员到现场实地踏查后，刊发照片和相关报道。[273]

另外，7月2日出版的《东亚日报》刊发了间三峰战斗的消息，"新坠坡对岸500余人来袭，咸南军队出动击退"、"交战三小时，双方死伤67人，夺取大量枪和武器"，该报道表述为："咸兴联队在掌握金日成、崔贤率500余名抗联部队袭击国境地区的情报后，'金少佐'率部队出动并击退"。[274] 其实，早在1936年9月开始，有关金日成的报道就见诸于报刊。其中，《朝鲜日报》和《东亚日报》的报道表述为，"共产军金日成一队"、"东北人民革命军金日成一队"、"金日成一派共匪"[275]等。此后，苏联人写了一篇题为《北朝鲜地区游击运动》介绍了李红光和金日成的战斗事迹，评价金日成部队为："该部队战士十分勇敢，他们参加极其危险的战斗，总是非常慎重、迅速而准确。"[276]

---

270) 面事务所: 相当于今天的街道办事处, 居民委员会、村委会。

271) (朝)《东亚日报》, 1937年6月5日报。

272) (朝)《东亚日报》, 1937年6月6日报。

273) (日)和田春树著:《金日成与东北抗日战争》, 首尔, 创作与批评社, 第161页。

274) (朝)《东亚日报》, 1937年7月2日。

275) (韩)金俊烨著:《韩国共产主义运动史》第五卷, 首尔, 清溪研究所出版局, 1988年, 第61-64页。

由此可见，普天堡战斗是抗联第一路军进行的一系列中朝联合作战的一部分，通过主流媒体的大量的新闻报道，金日成在朝鲜国内外树立了抗日民族英雄的形象和地位，进一步树立了他在朝鲜民族心中的威信。

东北抗联的发展壮大和游击战争的蓬勃开展，严重地威胁着日本帝国主义在东北地区的殖民统治，侵略者为巩固侵略中国的后方基地，在东北大量增兵，关东军从1934年的30万人增加到1938年的50万人，继续推行其《治安肃正计划》。[277] 1937年末到1938年4月，金日成率领部队在濛江西牌子、长白县六道沟、佳在水、十二道沟等战斗中取得胜利。同年夏天，在柳河、通化一带，把集结到平原地区的敌人引诱到野山袭击，开展了制止并粉碎日帝大陆侵略的敌后攻击战。1938年7月，杨靖宇最信任的助手、第一军第一师师长程斌投敌。程投降后对抗联活动致命一击，他带领"挺进队"将杨靖宇逼入了绝境。同年7月，中共南满省委和抗联一路军总部在辑安县(今吉林省集安市)老岭召开高级干部会议。会议决定，将一路军编成三个方面军和一个警卫旅，因部队分散在各地，先暂编一方面军和一路军总部警卫旅。[278]

日本帝国主义的"大讨伐"给抗联和各族人民的抗日斗争造成了极大的困难。狡诈的敌人多次引诱、威胁金日成家人，妄图其"归顺"，但这种卑劣的阴谋以失败而告终日帝对金日成的"归顺、怀柔"阴谋失败后，加强了"讨伐"。1938年9月，伪满"国务院治安部"所属吉林第二军管区司令部下设间岛特设队，总部设在明月沟。[279] 同年年底，日本帝国主义打着"文化讨伐"的幌子对金日成部队大搞"劝降工作"，到处破坏革命组织，逮捕、监禁和屠杀共产

---

276) (苏)V.Rappoport《北朝鲜地区游击运动》，莫斯科，《太平洋》1937年第2期，第171-172页。

277) 《东北抗日联军史》编写组著：上册，北京，中共党史出版社，2015年，第494-503页。

278) 《东北抗日联军史》编写组著：下册，北京，中共党史出版社，2015年，第748页。

279) 该反动部队成员均为朝鲜人，其中包括白善烨、金白一、申铉俊、金锡范、金洪俊、金大植、尹春根等人。他们大多毕业于奉天军官学校，1948年大韩民国政府成立后在国防部门和政府机关担任要职。

主义者，其攻势空前残暴野蛮。日伪军紧密配合，加紧修筑"集团部落"，[280)] 对游击区及进行严密包围和封锁，调动"宣抚班"、"特别工作班"等反动组织，妄图利用金钱、美色诱惑，动摇战士的革命斗志，重金悬赏抗联领导的头颅。

1938年11月25日，杨靖宇率第一路军总部到达濛江县南牌子，并于第六师金日成会面，根据"第二次老岭会议"精神，第六师改编为第二方面军，金日成任指挥，林水山任参谋长。会后，金日成部队迅速挺进到以长白山为中心的中朝边境一带，在广阔的地区更加积极地开展军事政治活动。12月初到1939年3月末，金日成率部离开南牌子，在鸭绿江沿岸边境一带进行一百余天艰苦卓绝的"苦难的行军"。虽然，无比艰苦，但在此过程中收获颇多。在这支队伍中还有以12岁-18岁少年队员为主的少年连队，他们多是雇农家庭出身者和孤儿，[281)] 东北抗日战争初期，他们的父母、兄弟姐妹参加了革命，而少年们则参加了儿童团活动。日帝推行惨绝人寰地"三光政策"后，根据地很多孩子的父母牺牲，他们便成为孤儿，只能选择与游击队同行，在此过程中少年们在思想上得到了启蒙和进步，金日成也非常关心和照顾这些可怜的孩子们。在这一艰苦的斗争环境中，金日成发挥了卓越的领导能力和人格魅力，形成了强大的"革命同志之情义"。"苦难的行军"不单纯是部队的转移，而是一场顽强的军事作战，是艰苦的抗日斗争的缩影。

1939年入秋后，日本帝国主义在吉林设立关东军"讨伐司令部"，在"东南部治安肃正特别工作"的幌子下，动员数十万大军大肆进行了旨在封锁长白山密营，消灭抗联武装、全面破坏革命组织的"大讨伐"作战，抗联部队又面临着严峻的考验。"东南部治安肃正工作"负责人是关东军在吉林建立的第二独立警备队司令官，臭名昭著的野副昌德。他专门划拨出一笔资金作为

---

280) 1938年底"集团部落"达到1万2565座。

281) 包括金龙渊、金凤锡、金成国、金益铉、李五松、李乙雪、李斗益、赵明善、池奉孙、吴在元、崔仁德、韩千秋等。新朝鲜建国后李乙雪等在内的少年队员成为国家机关领导人。

"讨伐目标匪悬赏金"，杨靖宇、曹亚范、金日成、崔贤、陈翰章，每人一万日元。1939年12月中下旬，进行了六颗松战斗[282]和夹信子战斗，使大部队回旋战取得阶段性胜利。

东北抗联各军经过1939年秋冬艰苦的反"讨伐"斗争，虽然使日伪当局通过"三年治安肃正"彻底消灭抗联的图谋未能得逞，但是抗联部队也遭受了严重损失。第一、第二、第三路军部队人员从1937年的3万余人，到1940年2月，减少到1800余人。[283] 1940年是东北抗日游击战争中最为困难的一年，但抗联指战员不畏牺牲，在穷凶极恶的敌人面前，始终没有屈服。

1940年1月24日，吉东、北满省委代表联席会议在苏联伯力召开。会议确定抗联各路军以下之部队编制为：支队-大队-中队-小队。决定抗联第二、第四、第五、第七、第十军各部合并编制为抗联第二路军。抗联第三、第六、第九、第十一军合并编制为抗联第三路军。[284] 通过伯力会议，东北党组织、东北抗联与联共(布)边疆区委和远东方面军建立了正式关系，取得苏联对抗日联军的援助，对于东北党组织、抗联在极端艰难的环境中坚持开展游击战争，具有极其重要的意义。

1940年4月初，在安图县花砬子召开军政干部会议，金日成提出了部队转入积极地分散活动的新方针。同年5月中旬，他率领警卫连再次挺进茂山，并于夏季开始了小部队分散活动。6月，第一路军第二方面军在金日成的率领下，活动于安图县一带，分为数队在和龙、安图两县袭击敌军。第二方面军的积极活动，使敌人十分焦躁，日伪军疯狂地加强对该部队"讨伐"的力度，林水山等叛徒投敌，为扭转因叛徒投敌造成的困难局面，金日成决定该部

---

282) 袭击六棵松木材站战斗中，第七团团长吴仲洽牺牲，金日成对失去最亲爱的同志，十分悲痛。

283)《东北抗日联军史》，下册，北京，中共党史出版社，2015年，第869页。

284)《关于东北抗日救国运动的新提纲草案》(1940年2月2日-3月19日)，中央档案馆、辽宁省档案馆、吉林省档案馆、黑龙江省档案馆：《东北地区革命历史文件汇集》甲29，1989年，第111页。

采取化整为零战术，把部队编成数支小部队继续与敌人开展战斗。8月10日，在金日成主持下，于敦化县小哈尔巴岭召开军政干部会议，提出了从大部队作战过渡到小部队作战的新战略方针。从1940年秋天起，日本侵略者疯狂地进行"秋季大讨伐"，金日成分别在延吉县发财屯战斗、安图县五道扬岔战斗和黄沟岭战斗中消灭了敌军。这一时期，由于日军的"讨伐"达到丧心病狂程度，加上闹粮荒，遇到了重重困难。

根据1940年第一次伯力会议东北抗联与苏联远东军达成的相互支援与合作的协议精神，苏方承诺并允许抗联部队在困难情况下可以转移到苏联境内整训、补充。从1940年10月开始，许多抗联部队先后越境进入苏联境内。从1940年末到1941年初，先后过界入苏的抗联部队人数大约有500余人。[285]

为便于对越境部队的统一领导和管理，在苏联的帮助和支持下，抗联在远东境内设立南北两个临时驻屯所。北野营位于距离伯力东北70余公里处的费雅茨克附近，因地处伯力东北，位于伯力城以南双城子附近的另一处野营相区别，故称北野营，苏联称黑龙江为阿穆尔河，俄文字头为"A"，所以又称"A野营"。南野营，位于海参崴和双城子之间的一个小火车站附近，当地人称蛤蟆塘。因其地理位置在伯力城之南，与北野营南北相向，所以称为南野营。与南野营相邻的伏罗希洛夫市，俄文字头为"B"，所以南野营也称为"B野营"。

1941年3月5日-11日，周保中、金策分别召集抗联第一路军警卫旅、第二方面军、第三方面军党员会议和野营临时党委积极分子会议。会后，对南野营部队进行了整编，健全了党的组织。第一路军越境部队改编为第一路军第一支队，金日成任支队长，安吉为参谋长。同年4月，在金日成率领下，经珲春边境回东北。

---

285) 《东北抗日联军史》，下册，北京，中共党史出版社，2015年，第939页。

1942年8月1日，抗联教导旅组建工作完成，周保中任旅长，张寿篯任政治副旅长，崔庸健任副参谋长。旅以下共编4个步兵教导营，2个直属教导连，1944年又增设自动枪教导营。每营2个连，每连3个排。以第一路军人员为基干组成教导第一营，金日成任营长，安吉任政治副营长。以抗联第二路军第二支队人员为基干组成的教导第二营，营长王效明，姜信泰(姜健)任政治副营长。以第三路军人员为基干组成教导第三营，许亨植任营长(许亨植牺牲后王明贵继任)，金策任政治副营长。以第二路军第五支队及第一路军一部为基干组成教导第四营，柴世荣任营长(后由姜信泰接任)，季青任政治副营长。全旅共有官兵1000余人。[286] 抗联教导旅暂由苏联远东红军总部代管，接受苏联工农红军独立步兵第八十八旅的正式番号，对外番号是8461步兵特别旅。其生活供给、服装等均按苏军陆军官兵标准供应。抗联教导旅虽然列入苏军编制序列，但仍然保持抗联的独立性、单独的组织系统，坚持执行独立的战斗任务，派遣小部队返回东北进行游击战争。同时，教导旅也是一所培养军事政治干部的学校，为后来抗联武装队伍的进一步发展准备了骨干力量。

抗联教导旅组建后，迫切需要重新改组南、北野营及东北抗联、游击队的党组织，使之适应新形势，担负起新的任务。当时，党的组织系统，除南、北野营建立了党委外，吉东省委和北满省委还并存，这种情况不适应新的斗争环境，也不符合实际工作的需要。1942年9月13日，教导旅召开了全体中共党员大会，正式成立中共东北党组织特别支部局。选举了第一届执行委员和候补委员。执行委员有：周保中、张寿篯、崔庸健、金日成、金京石、彭施鲁、王明贵、金策、王效明、安吉、季青。候补委员有：王一知、沈泰山。其中，执行委员金策、王效明、安吉、季青因在东北执行战

---

286) 《东北抗日联军史》，下册，北京，中共党史出版社，2015年，第952页。

斗任务未能到会。9月14日，选举了书记和副书记，确定了委员分工。崔庸健任书记，金日成任副书记。王明贵、王一知负责组织工作；沈泰山、彭施鲁负责宣传工作；安吉、金策、王效明、季青的旅内职务暂不分工；王一知兼管妇女救国会工作；沈泰山兼管抗日救国青年团工作。[287] 东北党组织特别局的建立，使在野营中和留守在东北各地的抗联部队中的中共党员、干部统一组织起来，形成了较强的凝聚力和战斗力，这对于抗联部队有生力量的保存，对于部队的有效整训，坚持在东北开展小部队活动等，具有非常重要的意义，同时也为完成抗日斗争的各项任务，最终取得反法西斯战争的胜利创造了十分有利的环境。

教导旅成立后，抗联指战员的政治学习得到进一步加强，这一时期的学习内容集中体现在有关中国革命和中国民族解放战争、中国共产党的材料方面。1943年以后，高级自学班的干部较系统地学习了哲学、政治经济学和联共(布)党史、中国革命史、党的建设理论等，在自学的基础上，分专题进行讨论。以金日成为首的朝鲜同志除了和中国指战员一起学习外，还单独学习《祖国光复会十大纲领》、《朝鲜共产主义者的任务》及朝鲜历史、地理和文化，并讲授了哲学、政治经济学、党建理论等。他们在学习文化课时，单独成立民族组进行学习和讨论，并完全使用朝鲜语言文字。

经过一段时间的休整和补充，一部分队伍先行返回东北进行小部队游击活动，继续开展艰苦卓绝的抗日斗争。一般而言，1942年以前派出的小部队，以执行综合任务为主，而1943年以后主要以完成专项的军事侦察任务为主。这一时期，抗联教导旅中的朝鲜民族战士，在积极参加东北各地侦查任务的同时，按照部署，还先后组成多支小部队深入朝鲜国内进行侦查，搜集情报。在1940年到1945年的各种侦查活动中，战士们搜集了大量真

---

287)《东北抗日联军史》，下册，北京，中共党史出版社，2015年，第955页。

实、有价值的军事情报，实地查看了一些飞机场、公路、铁路桥梁的位置和敌军军事工程，为后来苏联出兵东北对日作战提供了极为重要的第一手敌情资料，为夺取东北抗日战争的最后胜利和世界反法西斯战争的胜利做出了重要贡献。

1945年上半年，世界反法西斯战场捷报频传。5月，苏联红军攻占柏林，德国无条件投降。日本帝国主义也完全孤立起来，面临灭亡的命运。东北党委和教导旅在分析和研究新形势后，决定动员抗联主力部队和分散活动的小部队全体指战员在教导旅的统一指挥下，加紧准备参加全国抗战的总反攻的伟大战斗。[288] 7月末，东北党委召开全体会议。会议对东北党委组成3年来的工作进行了总结，并决定根据战争形势发展的需要，实行改组。原有人员一分为二，即由中国同志和一部分朝鲜同志组成新的东北党委参加反攻东北的战斗，大部分朝鲜同志组成朝鲜工作团，参加解放朝鲜的战斗。朝鲜工作团的主要领导成员由：金日成、崔庸健、金策、安吉、崔贤、徐哲、金一等。金日成任团长，崔庸健任党组书记。

根据1945年2月，美、苏、英三国首脑签署的《雅尔塔协定》关于苏联于欧洲战争结束后2个月或3个月内参加对日作战的承诺，苏联政府于8月8日对日宣战。9日凌晨，远东苏军总司令华西列夫斯基元帅领导下的远东苏军从三个方面进攻日本关东军，抗联各部按照统一作战计划，分别展开配合行动。8月15日，日本帝国主义无条件投降，抗日战争以伟大的胜利而告终。

---

288) 《周保中简短日记》(1945年6月2日)，载中央档案馆、辽宁省档案馆、吉林省档案馆、黑龙江省档案馆编：《东北地区革命历史文件汇集》甲43，1991年，第466页。

3.4 东北抗联集体主要干部

崔庸健、金策、金一、崔贤等是朝鲜民主主义人民共和国第一代领导核心-东北抗日联军集体的主要成员，他们是杰出的无产阶级革命家、军事家、政治家、中国抗日革命斗争中坚强的国际主义战士，还是朝鲜民主主义人民共和国开国元勋。他们作为朝鲜共产主义革命者，同我国各族人民一起，同生死、共患难，同凶恶的日本侵略者展开了殊死的搏斗，为朝鲜民族独立解放运动作出了重大贡献，也为支援中国革命作出了不可磨灭的贡献，增进了两国革命友谊。

（1）崔庸健(1900-1976)

崔庸健(1900.6.21-1976.9.19)，1900年6月21日生于朝鲜平安北道铁山郡西林面(今盐州郡下石里)农民家庭，原名崔石泉，毕业于云南讲武堂。他是东北抗联第二路军朝鲜民族指战员的代表人物，卓越的无产阶级军事家、革命家、政治家，也是杰出的国际主义战士。

1910年日本强制吞并朝鲜后，心怀光复祖国的决心，于1922年9月奔赴中国上海寻求光复祖国、民族解放的道路。1924年，进入中国国民党陆军军官学校(黄埔军校)，历任军事教官、第五期第六区队长等职，期间与政治部主任周恩来、教授部副主任叶剑英等共产主义革命家相识。1926年，他在叶剑英的介绍下加入中国共产党，并参加了北伐战争、广州起义。广州起义失败后，他率部队撤退至花都，参加了保卫海陆丰革命根据地的战斗。1928年崔庸健被党组织派到北满，在松花江沿岸组建党组织，继续进行抗日革命活动。

1928年10月，北满三江地区的第一个党支部在汤原县福兴屯成立，下设河东、河西两个党小组。 不久在富锦、汤原、鹤岗等地陆续组建了党支部和党小组。 1929年，中共汤原县委在汤原县鹤立镇成立，这是北满乃至东北地区创建最早的中共县委之一。1929年末，崔庸健来到东北边陲乌苏里江沿岸，中俄边境地区虎林、饶河、抚远一带继续开展抗日救国革命斗争。[289)]

1932年7月，根据饶河中心县委的决定，崔庸健在小城子办起了军政训练班，培训抗日人才。1933年4月，成立饶河农工义勇军，崔庸健任队长。饶河反日游击队成为乌苏里江沿岸各县抗日的核心力量。从1934年11月到1935年2月末，日本侵略军对抗日游击根据地进行了近两个月之久的"讨伐"，但均被崔庸健率领的游击队粉碎。 1935年9月18日，饶河民众反日游击队改编为东北人民革命军第四军第二师第四团，下辖4个连和保安连，共250多人，团长李学福，崔庸健任参谋长。1936年3月，第四团在关门咀子正式改编为东北抗日联军第四军第二师，崔庸健任参谋长。 11月，第四军二师正式改建为抗联第七军，崔庸健担任军党委书记、参谋长。

1937年年末，第七军兵力达到1500余人，并在暴马顶子、大叶子沟等地建立了密营，为开展持久抗日游击战打下了坚定的基础。1937年12月20日，周保中来到饶河召开了下江(乌苏里江)特委扩大会议，讨论和解决了一系列重大问题。 从1938年春开始，日帝侵略军对第七军再次发动了疯狂"讨伐"，加上日军实施的"集团部落(归大屯)"政策，部队与群众失去联系，处境日益艰难。 代理军长崔庸健率军部20多人留在饶河开展游击战，一、二师在富锦、同江等县活动，三师在宝清一带活动。[290)]

1940年4月，第七军改编为第二路军第二支队，崔庸健调任东北抗日联军第二路军总参谋长兼吉东省委代表。[291)] 这一时期，由于日帝连续不断的军

289) 杨昭全、金春善等著：《中国朝鲜族革命斗争史》，延吉，延边人民出版社，2009年，第276页。
290) 《东北抗日联军史》，下册，北京，中共党史出版社，2015年，第729页。
291) 《东北抗日联军史》，下册，北京，中共党史出版社，2015年，第881-883页。

事"讨伐"、"围剿"，使抗联失去了立足点，各部队均遭到严重挫折和损失。北满、东满、吉东、南满的大片抗日游击区和根据地绝大部分被破坏，杨靖宇等许多优秀将领先后牺牲，抗联处境极为险恶。为了保存人民抗日武装，坚持抗日，夺取后胜利，从1940年初到1942年春，各地抗联部队除留一部分小部队在原地坚持斗争外，陆续转入到苏联境内整训。

1942年8月1日，任抗联教导旅副参谋长。9月13日，当选中共东北党组织特别支部局书记。在野营整训期间，指战员们不断加强政治学习，在加紧军事训练的同时，还不时派出小分队返回东北执行任务。崔庸健返回朝鲜后，任朝鲜临时人民委员会保安局长；1948年2月任朝鲜人民军总司令、大将军衔。1948年9月9日，担任新朝鲜内阁民族保卫相。1953年2月，最高人民会议常任委员会为了表彰他对朝鲜抗日革命、朝鲜战争作出的重大贡献，特授予他次帅称号。在党和国家方面，当选朝鲜劳动党中央委员会副委员长、中央书记局书记、政治委员会常务委员等职务。1957年起，担任最高人民会议常任委员会委员长。1972年当选为朝鲜民主主义人民共和国共和国副主席。1976年9月19日，崔庸健病逝于平壤，享年76岁。朝鲜劳动党中央、中央人民委员会、政务院为他举行了隆重的国葬。

（2）金策(1903-1951)

金策，1903年8月14日出生于朝鲜咸镜北道城津郡鹤上面一个贫苦农民家庭，原名金东□，[292] 结婚后改名为金洪启。为躲避日本殖民当局的镇压，20世纪20年代，金策一家迁入延边地区，成为东北朝鲜民族社会的一员。

---

292) 参见《金策履历书》，1941年1月11日。中央档案馆、辽宁省档案馆、吉林省档案馆、黑龙江省档案馆合编：《东北地区革命历史文件汇集》(甲60)，1990年，第193页；(朝鲜)《百科全书》(上)，第448页。资料上的金策和弟弟的原名第三个字，都不清楚。转引自金成镐、姜圣天《朝鲜共产主义者金策在中国东北的抗日革命历程》，延边大学学报，2015年，第3期，第39页。

金策生活在东满朝鲜民族思想文化和政治运动中心-龙井一带，从少年时期开始就深受各种进步思想的洗礼。1926年冬，时年23岁的金策经东满区域局执委李周和介绍加入了朝鲜共产党组织，参加了平岗区基成村党支部的活动。1927年，金策负责朝共革命群众组织互济会的工作，同年9月，朝共满洲总局任命为他为北满区域局执委兼组织部部长。293) 同年10月初，因"第一次间岛共产党事件"遭日警逮捕，他被押送到朝鲜京城(今韩国首尔)西大门刑务所，服刑2年6个月。1930年春，东北地区的朝鲜共产党员根据共产国际的"一国一党"组织原则，以个人身份自愿加入了中共。从此，东北朝鲜民族共产主义者肩负"双重使命"。294)

10月，当选宁安县行动委员会书记，11月又兼任宁安县苏维埃政府主席，11月28日，同共青团县委书记等六人被国民党军警逮捕，关押在哈尔滨护路军司令部拘留所八个月，此时他改名为金印植。1931年8月，金策被押送到吉林监狱，八天后又被押送到沈阳监狱，被判刑七年。"九·一八"事变后，监狱内的朝鲜民族政治犯全部被押送到沈阳的日本监狱关押。11月，在关押了四十天后，他们又全部被释放。295) 从沈阳日本监狱释放后，金策的抗日革命立场更加坚定，他将名字改为金策。

1932年初，金策被任命为哈尔滨宾县党特别支部书记，此时他的名字改为罗东贤。1931年1月，他被党组织派到珠河县工作，任蚂蚁河东党支部书记，1934年6月，在珠河县成立了以珠河反日游击队为核心，联合其他抗日

293) 《金策履历书》，《东北文件汇集》(甲60)，第189-190页。

294) 金成镐：《朝鲜民族共产主义这在中国东北抗日斗争中的地位和贡献》，《世界历史》2012年第三期，第15页-18页。

295) 延边大学金成镐教授把金策等四十多名朝鲜民族政治犯全部被日军释放的原因推测为，是日帝极为狡诈的阴谋，日本厚颜无耻地打着"保护"东北朝鲜移民的幌子，企图挑拨中朝民族关系，妄图分化瓦解朝鲜民族反日斗争，进而达到"以韩制韩"、"以韩反华"的险恶目的，笔者赞同此观点。

部队的东北反日游击队哈东支队，赵尚志任支队司令，金策任第三大队政治指导员，9月调任哈东支队司令部军需处长，在游击区创办了服装厂、医院、简易兵工厂和印刷厂等。1935年1月，根据满洲省委的指示精神，在珠河哈东支队扩编为东北人民革命军第三军，赵尚志任军长兼第一师师长，冯仲云任政治部主任，金策任第二团政治部主任。1936年初，第四团扩编为第三军第四师，金策任政治部主任，在他的带领下开辟了密山、勃利、依兰、桦川一带的新抗日游击区。6月下旬，第四师主力与李延禄的第四军部队一起向宝清地区远征，金策负责指导政治思想工作。中共中央发表《八一宣言》后，东北人民革命军第三军改编为东北抗联第三军，由原来的6个师发展到10个师，共6000余人，使松花江两岸的游击区基本上连成一片。1936年9月18日，抗联第三、六军党委召开联席会议，成立了北满临时省委，金策当选省委执委，第二年10月任命为省委常委、宣传部长，11月起兼任第三军政治部主任。[296]

1939年4月12日，中共北满临时省委召开第二次全体会议，会议决定改临时省委为北满省委，金策任书记、李兆麟任组织部长、冯仲云任宣传部长，并决定成立东北抗联第三路军总指挥部，任命李兆麟为总指挥。从此，金策开始全面主持北满省委工作。

1940年12月，在伯力召开了东北党和抗联领导干部参加的"第二次伯力会议"，与会代表共11人。会议期间，金策同周保中、李兆麟主持召开野营领导干部会议，对抗日部队进行整编，并决定成立临时支部，统一领导野营党组织和抗联部队，该工作主要由吉东代表周保中负责。在会议期间，金策首次见到金日成(时任第一路军第二方面军指挥)，他们共商抗日革命斗争和朝鲜独立解放问题。[297] 1941年7月，金策兼任抗联第三路军政委，带领8人

---

296) 《金策履历书》，《东北文件汇集》(甲60)，第190页。

返回东北，11月初到达北满第三路军指挥部，与李兆麟汇合，坚持敌后抗日游击斗争。

1942年8月，任抗联教导旅第三营政治副营长，军衔为大尉[298]。9月13日，中共东北党组织特别支部局成立，金策当选执委。1945年7月末，他成为"朝鲜工作团"主要成员，金日成和崔庸健分别负责军政和党政、金策则辅佐金日成和崔庸健。东北的朝鲜共产主义者在中国共产党的领导下，在东北长期的抗日武装斗争中，终于形成了以金日成、崔庸健、金策为首的朝鲜共产主义坚强的领导核心力量，并成为新朝鲜第一代领导集体。朝鲜光复后，历任平壤学院院长(1946)、北朝鲜劳动党中央委员兼常委(1946)、北朝鲜人民委员会首任民族保卫局长(1948)。新朝鲜建国后历任内阁副首相兼产业相(1948)、朝鲜劳动党政治委员(1949)。朝鲜战争爆发后，任军事委员、前线司令官。1951年1月31日，因病逝世。

（3）金一[299](1910-1984)

金一，又名朴德山，1910年生于朝鲜咸镜北道镜城郡。1931年在东满(延边)参加反帝同盟后参加抗日游击队。1934年成长为东北人民革命军中坚干部。1935年2月，担任共青团延吉县委书记，并参加在大荒崴召开的东满党团联席会议。1938年11月，东北抗联第一路军第二方面军第八团政治委员，1940年11月，进入苏联境内。1941年，任命为抗联南野营临时党委委员，并率领小部队在汪清县一带进行侦查活动。1942年7月，抗联教导旅成立，任第一教导营书记，1945年7月，任中共东北委员会朝鲜工作团干部。

---

297) (朝)金日成回忆录《与世纪同行》，第八卷，朝鲜劳动党出版社，平壤，第112-114页，《金日成略传》，平壤，朝鲜外文出版社，2001年，第87页。

298) 陈雷回忆录：《征途岁月》，哈尔滨，黑龙江人民出版社，1991年，第249-250页。

299) 朝鲜中央电视台抗日英雄专题节目《金一篇》，2016年7月8日、10月4日。

1945年10月回到平壤，11月主持朝鲜共产党北朝鲜分局平安北道工作。1946年8月，当选北朝鲜劳动党中央委员，9月任干部训练大队文化部司令员。1948年2月，任朝鲜人民军文化部司令员。朝鲜战争爆发后，担任民族保卫省副相兼文化局长，主要负责军队政治思想工作。1950年12月，因军内政治工作失误问责，被罢免。1953年8月，当选朝鲜劳动党中央委员会副委员长兼常委、政治委员、军事委员。1954年3月，任内阁副首相兼农业相。1959年1月至1972年12月任内阁第1副相，列金日成、崔庸健之后。1976年，当选为朝鲜国家副主席，1984年3月9日去世。

（4）崔贤[300]（1907-1982）

1907年生于吉林省珲春县，原名崔得权。少年时期，深受民族主义思想影响，随其父亲参加洪范图领导的独立军。1925年，他被军阀当局抓捕，关入延吉监狱，被判处无期徒刑，入狱长达七年。在狱中，加入地下组织反帝同盟和赤卫队，从一个民族主义者转化成为共产主义者。1932年加入延吉县赤卫队。1933年9月，第一次与金日成相见。1936年，任东北抗联第二军第一师第一团团长。1938年7月，任东北抗联第一路军第三方面军第十三团团长。他曾参加了数百余次战斗，被日军称为"凶悍的男子汉"。

1945年，以朝鲜工作团成员身份同金日成等抗联指战员跟随苏军返回祖国。崔贤回到朝鲜后，任内务省直属三八线警备旅长、朝鲜人民军第二师团长。1956年，在朝鲜劳动党第三次大会上当选中央委员，同年6月任民族保卫省副相。1958年4月任递信相，1966年，在朝鲜劳动党第二次代表大会上当选政治委员。此后，历任民族保卫相、中央委员、党政治委员、军事

---

300) 朝鲜《劳动新闻》1982年4月10日，《崔贤同志简历》，朝鲜中央电视台专题节目《永生的革命战友：抗日斗士-崔贤》，2017年2月14日。

委员、人民武力部部长。1980年，在朝鲜劳动党第六次大会上当选中央政治局委员、军委委员，于1982年4月10日逝世。其子崔龙海现任朝鲜劳动党中央委员会政治局常委、朝鲜国务委员会副委员长、党中央副委员长。

（5）姜健[301](1918-1950)

姜健，原名姜信泰，1918年生于朝鲜(韩国)庆尚北道尚州贫农家庭，1928年随父母迁入北满宁安县。1933年参加宁安县八道河子抗日游击队，1937年任东北抗联第五军第三师第九团政委。1941年进入苏联远东后，历任抗日联军教导旅第二营政治委员、第四营营长。1945年9月，担任中共延边地区委员会书记，东北民主联军吉东军区司令员。1946年夏，回到朝鲜平壤后，任人民军第二师团长。1948年2月，任命为朝鲜人民军总参谋长。3月，当选北朝鲜劳动党中央委员。1950年9月，在朝鲜战争一次空袭中牺牲，年仅32岁。

（6）林春秋[302](1912-1988)

林春秋，1912年生于吉林省延吉县贫农家庭，1930年代初参加抗日游击队。在东北抗联第一路军第二军第六师第七团第八连任书记，游击队军医。1942年8月，任抗联教导旅排长。"八·一五"光复后来到延边地区工作。1948年10月，林春秋以延边行政专员公署专员、延边地委副书记身份主持延边民族工作座谈会，提交在延边地区设立朝鲜民族大学的意见。

1949年6月，林春秋任朝鲜劳动党江原道委员会委员长。1954年任朝鲜劳动党联络部副部长。1957年至1962年任朝鲜驻阿尔巴尼亚、保加利亚大

---

301) 朝鲜中央电视台抗日英雄专题节目《姜健篇》，2016年10月20日

302) 朝鲜中央电视台抗日英雄专题节目《林春秋篇》，2016年8月19日，10月5日。

使，1960年出版《回想抗日武装斗争时期》。1962年10月，当选为最高人民会议常任委员会书记。1974年当选为政治委员会委员。1983年当选为朝鲜国家副主席，1988年4月27日逝世。

（7）吴振宇303)(1917-1995)

吴振宇，1917年生于朝鲜咸镜南道北青郡，幼年随父母移居至中国东北地区。1933年在吉林省汪清县参加抗日游击队。1935年6月参加了东北人民革命军第二军第五团"北满远征"。1942年7月，担任东北抗联教导旅副排长。1948年2月，参加建军工作，并任第三混编旅团参谋长。朝鲜战争爆发后，担任第766部队队长。1954年，任人民军第四师团长。此后，历任人民军总政治局局长(1967)、人民军总参谋长(1969)、中央人民委员会委员兼国防委员(1972)、人民武力部部长(1976)、朝鲜劳动党政治局常委(1980)，于1995年去世。

（8）吴白龙304)(1914-1984)

吴白龙，1914年生于朝鲜咸镜北道会宁的贫农家庭，幼年时期随父母移居至中国东北地区，未受过正规教育。1933年，在延吉县参加了抗日游击队。1937年6月，以警卫连连长身份，参加了东北抗联第一路军第二军第六师金日成指挥的普天堡战役，1939年11月，任东北抗联第一路军第二方面军第七团团长。1942年以后，从苏联野营率领多支小部队进入东北、朝鲜北部地区进行侦查活动。1945年8月9日同苏军参加了雄基作战。回到朝鲜

---

303) 朝鲜中央通讯社2015年2月25日报道。《抗日烈士吴振宇同志逝世二十周年中央追悼大会》。

304) 朝鲜中央电视台抗日英雄专题节目《吴白龙篇》，2015年8月22日，12月20日，2016年4月8日，8月21日。

后，1946年10月任铁道旅团副团长，1949年12月，任内务省所属三十八警备第一旅团旅团长。朝鲜战争爆发后，担任朝鲜人民军第八师团师团长。1956年任朝鲜中央政府护卫局长，1963年成为民族保卫省副相，1972年当选国防委员会副委员长，1977年当选朝鲜劳动党政治局委员，1984年去世。

（9）安吉[305)](1907-1947)

安吉，1907年生于朝鲜咸镜北道庆源贫农家庭，又名安相吉、安常吉，幼时随父母移居吉林省珲春县敬信，曾在龙井大成中学学习期间参加反日斗争。1927年加入朝鲜共产党满洲总局组织。1931年参加秋收、春荒斗争，1932年加入中国共产党，翌年任金沟区委书记，同年加入珲春县抗日游击队。1939年，任东北抗联第一路军第三方面军第十四团政委。1942年任抗联教导旅第一营副营长，金日成之副手。光复后，任朝共北朝鲜分局咸镜北道书记、平安南道书记、平壤政治学院代院长。1946年当选北朝鲜劳动党中央委员，保安干部训练队参谋长。1947年12月31日逝世。新朝鲜建国后追授其"共和国英雄"称号和"一级国旗勋章"。

（10）金光侠[306)](1915-?)

金光侠，生于朝鲜咸镜北道会宁，1940年任抗联第二路军总指挥部警卫部队政委。1940年11月入苏后开展了小部队活动。1944年任教导旅第四营第七连长。1945年7月，任中共东北委员会委员。光复后，任牡丹江警备司令部副司令员。1946年7月，任吉东军分区及延边军分区司令员。1947

---

305) 周保中著：《东北抗日游击日记》，北京，人民出版社，1991；《东北地区革命历史文件汇集》61-65，,1990-1992年；(韩)李钟奭著：《朝鲜劳动党研究》，首尔，历史批评社，1995年。

306) (韩)《北朝鲜人物录》，国会图书馆，1979；(日)和田春树著，李钟奭译：《金日成与东北抗日战争》，首尔，创作与批评社，1992年。

年5月回到朝鲜，任第三师团师团长，1948年当选北朝鲜劳动党中央委员。此后，历任前线司令官(1951)、人民军总参谋长(1953)、内阁副首相兼民族保卫相(1960)、朝鲜劳动党副委员长(1964)、劳动党书记局书记、副首相(1966)等职。

小　结

自20世纪初，朝鲜半岛沦为日本殖民地以来，在殖民当局的残酷镇压下，朝鲜独立运动家、爱国志士将光复的希望寄托于中国东北及前苏联远东地区，纷纷跨过鸭绿江、图们江来到东北。1920年代末朝鲜共产党被共产国际取消其支部资格。1930年后，根据共产国际"一国一党"的组织原则，大部分东北的朝共党员加入中国共产党，他们在极其艰苦的条件下，心怀解放祖国的理想信念及对日帝的民族仇恨，与各族人民紧密团结在一起，以"一身兼双重使命"，为朝鲜民族抗日解放运动和中国人民的革命事业作出了重要贡献。

在东北地区抗日战争初期，领导创建抗日游击队的地方党组织负责人大部分是朝鲜民族，抗日游击队的领导和队员大部分也是朝鲜民族。他们在斗争中发挥重要作用，在抗日游击队的初创时期，游击队人员少、装备简陋，缺乏战斗经验，有的甚至遭到严重挫折，但在中国共产党的领导下，抗日游击队不断粉碎日伪军的残酷"围剿"，为抗日游击战争积蓄骨干力量。

作为新朝鲜建国领导核心集体的东北抗联集体是朝鲜民族抗日武装力量中最优秀的一支，其拥有得天独厚的地缘、人缘优势，这是其它政治力量无法比较的。通过普天堡战斗等一系列武装斗争，使金日成在朝鲜国内树立了民族抗日英雄的光辉形象。在长白山区形成抗日游击区后，金日成把小分队和政治工作人员派到朝鲜国内各地，在有利于开展军事政治活动的山区建立并扩大了密营和联络站等各种形式的秘密据点，在其统一领导下，卓有成效地进行抗日地下革命组织建设等工作。

东北抗联集体在中国共产党和苏联共产党的领导帮助下，分别在中国东北地区和前苏联远东地区开展了抗日武装斗争。他们在革命活动中，受到中、苏两国、两党思想、组织等方面的影响。东北抗联不仅长期接受中共东北党的影响，1941年进入苏联境内整训后，开始受到苏联共产党的影响。毋庸置疑，在苏联整训的经历是东北抗联集体最终成为新朝鲜核心领导集体的重要原因之一。在东北抗日游击战争中，金日成、崔庸健、金策等历任东北党和军队的主要领导职务，这与朝鲜民族革命队伍在抗日武装游击战争中的特殊地位、突出作用、巨大牺牲和重大贡献是不可分的。中朝两国共产主义者在长期的并肩战斗中用生命和鲜血凝成的、不可分割的共同历史，是两国人民共有的宝贵财富。

第四章

"延安派"、"苏联派"、"国内派"的形成及其历史渊源

光复后，国内外朝鲜民族抗日解放力量汇集朝鲜。其中，除第三章论述的东北抗联集体外还有以朝鲜独立同盟、朝鲜义勇军成员，武亭、金科奉、崔昌益、金昌满为代表的"延安派"，即光复后从中国解放区回到朝鲜的共产主义者；"苏联派"，即苏军入朝后从苏联返回朝鲜的苏联境内共产主义者；"国内派"，即原在朝鲜从事革命活动、以朴宪永为首的朝鲜共产党成员，上述三个集体对新朝鲜建立人民政权发挥了重要作用。

4.1 "延安派"

20世纪30年代，苏联主导的共产国际影响力削弱，中国共产党领导了中国境内左翼朝鲜民族解放斗争。朝鲜义勇军与东北抗日联军、韩国光复军并称为朝鲜民族解放斗争三支武装力量，在中朝联合抗战中立下赫赫战功。"延安派"对新朝鲜建国前后的政治、军事、对外关系等诸多方面发挥了重要影响力，并成为新朝鲜政权初期，不可忽视的重要集体。在朝鲜学研究领域，已广泛使用"延安派"之称，故本文也将使用这一称。

4.1.1 "延安派"的形成

4.1.1.1 朝鲜义勇队抗日活动

1937年"七·七"事变爆发，日本发动了全面侵华战争。翌日，中共中央向全国发出《抗战时局宣言》，号召全国党员和各族同胞团结一致"驱逐日寇出中国"。朝鲜革命者认为这将是实现朝鲜民族独立解放的机会，便积极开展各项活动。朝鲜民族革命党总书记金元凤(金若山)致函朝鲜国内革命同志，他在信中主张："中国的抗日战争不仅仅局限于中国国内的民族解放、国家独立层面，其通过消灭日本侵略者，还可保障和推动'朝鲜之独立'进程，若中国取得胜利，朝鲜也可实现独立。"[307] 当时，关内朝鲜民族独立运动家对中国取得抗日战争胜利持乐观态度。为夯实民族抗日力量，朝鲜民族革命党、朝鲜民族解放同盟、朝鲜革命者联盟于11月12日在南京成立了朝鲜民族战线联盟，开始着手筹建抗日武装部队。并在国民政府的支持下，于1938年10月10日，在武汉(汉口)成立了朝鲜义勇队，中共代表周恩来参加

---

307) 杨昭全、金春善等著：《中国朝鲜族革命斗争史》，延吉，延边人民出版社，2009年，第551-553页。

大会并发表演说。朝鲜民族革命党总书记金元凤(金若山)担任义勇队队长。义勇队成立后，立即投入到武汉保卫战，配合国民党战区司令部，负责对敌宣传任务和敌情材料搜集、翻译工作。同时，义勇队组织流动慰问团，慰问将士和群众，鼓舞士气。武汉保卫战失败后，朝鲜义勇队离开武汉奔赴各抗日战区，而队部人员、总务组及其家属分别转至广西桂林和重庆。由于各分队远离队部，金元凤辗转各战区巡视部队。朝鲜义勇队隶属于国民党政府军事委员会政治部，同时还与中国共产党领导的八路军、新四军保持了联系。

第二次国共合作后，中国共产党先后在武汉、重庆设立八路军办事处，由周恩来、董必武、邓颖超等领导工作，并开办了《新华日报》。八路军办事处非常重视和支持朝鲜义勇队的发展，朝鲜义勇队也与他们保持密切联系。1939年10月10日，朝鲜义勇队在武汉举行了建队一周年纪念大会，八路军重庆办事处派代表出席，并发表了热情洋溢的讲话。308) 义勇队总部在八路军的协助下，经常在重庆组织周会、座谈会、展览会等活动，还积极参加当地的抗日爱国活动。朝鲜义勇队成员大都精通朝、日、汉三种语言，经常走上街头以宣传画、墙报、标语、传单等多种多样的方式向广大人民群众宣传抗日救国思想。他们还组织流动宣传队，309) 举办歌舞表演活动和话剧，其中"阿里郎"、"反攻击"、"朝鲜之女"在群众中反响热烈。另外，总部还利用无线电广播向国内外发表了广播演讲，创办了汉文版《朝鲜义勇队通讯》和朝鲜文版《战鼓》，并出版了不少丛书。310)

朝鲜义勇队积极参加对战俘的教育工作。他们派人到国民党军政部第二日本战俘收容所，对日军朝鲜籍战俘进行教育。同时，经常奔赴敌后争取

308) 杨昭全、金春善等著：《中国朝鲜族革命斗争史》，延吉，延边人民出版社，2009年，第552页。
309) (韩)廉仁镐著：《朝鲜义勇军的独立运动》，首尔，罗南出版社，2001年，第78页。
310) 杨昭全、金春善等著：《中国朝鲜族革命斗争史》，延吉，延边人民出版社，2009年，第552页。

更多的朝鲜民族参加斗争，并积极开展瓦解敌军工作，其所属各区队也积极开展了抗日活动。第一区队在朴孝三的领导下，于1938年10月23日离开汉口后，12月到达长沙，并在长沙进行了灾后救灾、重建工作。此后，第一区队又奔赴平江战线，并在平江、通城、幕阜山、新墙河等地屡建战功。1939年2月，又分为阵地宣传队和游击宣传队，分别进军战线和游击区。宣传队于同年2月在桂南昆仑关会战中积极开展了对敌宣传工作。接着，又在湖北锡山、赛公桥、通城战斗中开展对敌喊话，加强了政治攻势。宣传队用日语向日军喊话，揭露日本帝国主义侵略中国的暴行，日本发动的侵华战争不仅给中国人民带来了沉重灾难，而且也给其本国人民带来了无可挽回的灾难，日本侵略者必败等内容，感化了一部分日本军人。在宣传队有理有据的宣传下，有200名日军放下武器，投降。3月到5月期间，宣传队先后参加了翔凤、锡山、铁桂苍、红山、何家屋、岭家、汪家、万家伴等十四次战斗。与此同时，又在下东港、大沙坪、十里市、北港等地进行十余次埋伏袭击战，破坏了敌军的通讯设施，爆破了坦克，沉重打击了日本侵略者，也扩大了朝鲜义勇队的政治影响力。当时，驻北港日军宣抚班向汉奸组织下达命令，"活捉"一名朝鲜义勇队成员将"悬赏"1000元，"杀死"一名则"悬赏"500元。[311]

在第五战区，义勇队战士们以标语、墙报、绘画等形式积极进行抗日宣传活动。1939年10月10日，朝鲜义勇军建队一周年纪念大会后，将朝鲜义勇队总部改为总队部，将原来的区队改为支队，新设了三个支队。金世日率领的第三支队离开衡阳辗转八百多里到达江西战线。他们参加了国民党军队的奉新、乾州街战斗和西山游击战，并同国民党军队深入敌后散发了四万余张传单，张贴数百张宣传标语。第三支队于1940年初，奔赴高邮和

---

311) 杨昭全、金春善等著：《中国朝鲜族革命斗争史》，延吉，延边人民出版社，2009年，第553页。

锦河战线，参加了万山战役，并潜入杭州市街，破坏了日本侵略军的军事设施。

　抗日战争进入相持阶段，日本帝国主义大幅调整了侵华政策。抗战初期，主要采取"速战速决"战略，重点进攻国民党军队，而这一阶段调整为政治上的诱降政策为主，以军事打击为辅的战略，将进攻重点转向共产党领导的八路军和新四军。这样，国民党统治集团出现严重分裂，以汪精卫为首的亲日投降派公开投敌。与此同时，蒋介石集团也在日本的诱降下，表现出很大动摇性，掀起三次反共高潮。1940年3月，在第一次反共高潮中被打退的国民党军队，推行消极抗日政策。在这一背景下，国民党当局对主张积极抗日的朝鲜义勇队也表现出十分冷淡的态度，朝鲜义勇队正视这种局势，开始寻求新的道路。312)

　1940年10月10日，朝鲜义勇队举行了建队2周年纪念大会，并在11月4日召开了第一次干部扩大会议，金元凤等总队负责干部及各支队负责人与会。会上，总结了朝鲜义勇队建队以来的工作，宣布结束过去在国民党正面战场抗战的方针，决定开赴中国共产党领导的华北解放区继续抗战。根据会议精神，整编朝鲜义勇队队伍，分批开赴华北地区。1941年6月，大部分队员进入八路军太行山根据地，八路军机关也为义勇队举行了欢迎大会，八路军副总司令彭德怀发表了欢迎词。从此，与八路军并肩战斗，用鲜血结下了深厚的革命情义。奔赴华北地区的朝鲜义勇队主力部队在中国共产党的领导下发展壮大，改编为朝鲜义勇队华北支队，在抗日战场上发挥了重要作用，并作出了不可磨灭的贡献。当时，八路军的武亭、崔昌益、李维民、陈光华等人为进一步团结华北地区的朝鲜民族青年在山西桐峪结成华北朝鲜青年联合会，武亭任会长。其总部设在桶峪镇上武村，朴孝三任队长，金

---

312) (韩)廉仁镐等著:《朝鲜义勇军的独立运动》，首尔，罗南出版社，2001年，第97页。

学武任政治指导员，李益星任副支队长。该支队共有100余人，其中也包括在北京、河北石门、彰德、湖北汉口、钟祥、上海等敌占区开展工作的人员。[313]

朝鲜义勇队华北支队成立后，与八路军紧密配合，分为大小武装宣传队，在太行山、山西晋中、晋察冀边区、山东等地积极进行抗日活动。1941年7月到1942年8月，在一年多时间里，以汉、朝、日等文字印制和散发了3万余张传单，4万余张宣传漫画，并配合八路军参与40余次战斗。[314] 其中，邢台胡家庄战斗事迹迅速在全国流传，延安的《解放日报》、重庆的《新华日报》、《大公报》均刊发了战斗事迹。另外，在华北地区进行的抗日斗争中胡维伯、金学武等朝鲜义勇队官兵因病或在战斗中牺牲，献出了宝贵的生命。1942年7月，华北朝鲜青年联合会在太行山漳河畔召开代表大会正式将华北朝鲜青年联合会改称为华北朝鲜独立同盟，还将朝鲜义勇队华北支队改编为朝鲜义勇军华北支队。至此，与义勇队队部脱离了关系，开始独立活动。

4.1.1.2 华北朝鲜独立同盟和朝鲜义勇军的抗日斗争

1936年10月，中国工农红军取得长征胜利，徐辉、[315] 郑律成[316]等朝鲜人奔赴陕北，进入抗日军政大学工作和学习。到1940年，毕业于抗日军政大学的朝鲜民族青年达到40余人。"七·七"事变后，原红军大学特科营营

---

313) 杨昭全、金春善等著：《中国朝鲜族革命斗争史》，长春，吉林人民出版社，2007年，第427页。

314) 杨昭全、金春善等著：《中国朝鲜族革命斗争史》，长春，吉林人民出版社，2007年，第408页。

315) 徐辉：(1916-1993)朝鲜咸镜北道人，1936年加入中国共产党，参加过"西安事变"。曾任延安抗日军政大学敌后训练班主任，华北朝鲜独立同盟延安支部成员，1945年末回到朝鲜。新朝鲜建国后曾任朝鲜劳动党中央委员会副部长、朝鲜人民军总政治局副局长、朝鲜职业总同盟委员长、国家检阅副相、劳动党"三大"中央委员。

316) 郑律成：(1914-1976)出生于朝鲜(韩国)全罗南道光州，我国近现代三大作曲家之一，无产阶级革命音乐事业开拓者、《中国人民解放军军歌(《八路军进行曲》)》作曲者。2009年被中宣部、中组部等11个部门评为"100位为新中国成立作出突出贡献的英雄模范人物"。

长武亭调任八路军总部作战科科长，直接受彭德怀和罗瑞卿的领导。八路军总部决定，在1937年末成立炮兵团，这是我军历史上第一个炮兵团。1938年1月28日，在山西省西南临汾附近举行了炮兵团成立大会，任命武亭为炮兵团团长。全团共1000余人，下设6个连。"百团大战"结束后，根据中共中央指示精神，武亭开始负责统一和联合关内朝鲜民族抗日团体的工作任务。[317]

华北朝鲜独立同盟总部设在山西省桶峪，下设晋西北、晋察冀、延安等若干分部。1944年又在太行、山西省东南地区、太岳、山东、晋鲁豫边区、河北省冀西地区、淮南等地成立了分部。晋察冀分部创办了刊物《活路》，积极宣传抗日思想。独立同盟派李相朝等人赴东北工作，他们在东北地区成立华北朝鲜独立同盟北满地区特别委员会，并在延寿、巴彦建立地下工作据点，积极进行抗日革命活动。陕北和太行山根据地的朝鲜独立同盟各组织积极响应党的大生产运动号召，开垦荒地种菜、炼铁、炼油。1942年12月1日，在太行山根据地创办了华北朝鲜青年革命学校，由武亭任校长，金学武任教务主任。该校有组织、有计划地向学员讲授马列主义军事知识，培养了众多朝鲜民族政治、军事领域的人才。同盟各分部在敌占区主要面向朝鲜民族积极开展工作。太行、晋鲁豫、晋察冀等分部把工作人员派往主要城市，建立了活动点。

宣传工作方面，一般采取口头为主的方式，并利用报刊和传单进行抗日宣传。同盟主办的《朝鲜独立新闻》经常刊发我军在各战场上取得的捷报、朝鲜义勇军同八路军并肩英勇作战的消息、边区政府如何帮助朝鲜民族的事迹和敌军惨绝人寰地罪行、阴谋诡计。通过上述各种形式的宣传，不少朝鲜民族青年从敌占区和日军中逃出来，参加了朝鲜义勇军。教育方面，同

---

317) (韩)廉仁镐著：《朝鲜义勇军的独立运动》，首尔，罗南出版社，2001年，第140页。

盟为培养军事人才，将位于太行山的华北朝鲜青年革命学校改为华北朝鲜革命军事学校。该学校设置了军事、政治两门课程，根据学员不同的文化程度采取因材施教。[318] 1943年，在革命圣地延安建立了朝鲜革命军政学校，延安海外研究班的朱德海、全宇、张福等独立同盟成员参与了筹备工作。该校于1943年12月5日举行了开学典礼。金科奉任校长，学校设组织教育处和总务处。副校长朴一禹任组织教育处长、朱德海任总务处长。经济工作方面，在解放区的朝鲜独立同盟开荒种地，积极参加大生产运动外，还开办和经营商店、理发店、运输队、杂货店、纺纱厂、医院等。[319] 通过上述经营活动，解决了同盟和义勇军经费，所属医院为贫困患者免费治疗，救死扶伤，获得了群众的拥护。

朝鲜义勇军华北支队整编后，朴孝三继续任支队长，配合八路军深入敌后开展各项宣传任务和政治攻势。在平汉铁路、同蒲铁路沿线开展了敌后宣传活动，并发挥了重要作用。他们用并不流畅的汉语向沿线群众宣传抗日救国思想，群众深受感动，并纷纷伸出支援之手。对敌人的宣传也十分成功，他们以流畅的日语向日军反战宣传和揭示出路，许多日军朝鲜籍士兵深受感动，纷纷向义勇军致函。在朝鲜独立同盟和朝鲜义勇军的不懈努力下，日军中的不少朝鲜籍士兵不断地加入八路军和朝鲜独立同盟。这样，1943年冀热辽的朝鲜独立同盟发展到200余人，他们组织抗日游击队，配合当地八路军开展游击战，俘虏日军朝鲜籍士兵150余人，敌军对抗日游击队十分恐慌，重金悬赏"活捉"同盟干部。[320] 1944年初，太行山根据地的朝鲜独立同盟总部和义勇军华北支队总部转移到延安。自此，华北朝鲜独立同盟改为朝鲜独立同盟，朝鲜义勇军华北支队也改为朝鲜义勇军。金科奉任

318) (韩)廉仁镐著：《朝鲜义勇军的独立运动》，首尔，罗南出版社，2001年，第561页。

319) 金春善主编：《中国朝鲜族通史》，中卷，延吉，延边人民出版社，2009年，第376页。

320) (韩)廉仁镐著：《朝鲜义勇军的独立运动》，首尔，罗南出版社，2001年，第561页。

朝鲜独立同盟主席, 崔昌益、韩斌任副主席, 武亭任朝鲜义勇军司令, 朴孝三和朴一禹任副司令。[321)

中国共产党第七次全国代表大会于1945年4月23日在延安召开。 朝鲜独立同盟致函表示祝贺。5月21日, 朴一禹在大会发言, 介绍了朝鲜独立同盟和朝鲜义勇军的工作、斗争情况及今后工作计划等。 会后, 同盟、革命军政学校、义勇军认真学习了毛泽东同志的报告《论联合政府》和朱德同志的报告《论解放区战场》等文件精神。 通过学习和讨论, 延安和各根据地的同盟和义勇军部队成员们在政治思想觉悟方面得到进一步提高, 纷纷表示将在中国共产党的领导下, 为早日推翻日本侵略者而奋战, 争取全国各民族人民早日迎来解放。

1945年8月11日, 八路军总司令朱德发布第六号命令: "现在华北对日作战之朝鲜义勇军司令武亭, 副司令朴孝三、朴一禹立即统率所部, 随同八路军及原东北军各部向东北进兵, 消灭敌伪, 并组织在东北之朝鲜人民, 以便达成解放朝鲜之任务。"[322) 12日, 在冀热辽边区活动的朝鲜义勇军部队随八路军进兵东北。 15日, 日本帝国主义无条件投降, 朝鲜义勇军各部队积极配合八路军和新四军参与受降, 消灭日军和伪军残部, 积极投身保卫各民族生命安全的斗争中。同年, 9月初, 在延安的朝鲜独立同盟总部和朝鲜义勇军司令部及所属部队从延安启程挺进东北。[323)

在那抗日战火硝烟的年代, 在关内活动的朝鲜义勇军在中国共产党的领导下, 在各族人民的支持下, 不断发展壮大, 他们与八路军并肩联合作战, 结下了伟大的革命友谊, 为抗日战争暨世界反法西斯战争的胜利作出了重大贡献。朝鲜义勇队(军)的抗日斗争主要由以下几点历史意义;

---

321) 金春善主编:《中国朝鲜族通史》, 中卷, 延吉, 延边人民出版社, 2009年, 第376页。

322) (韩)廉仁镐著:《朝鲜义勇军的独立运动》, 首尔, 罗南出版社, 2001年, 第347页。

323) 杨昭全、金春善等著:《中国朝鲜族革命斗争史》, 长春, 吉林人民出版社, 第432页。

首先，朝鲜义勇队(军)的抗日斗争在朝鲜民族解放运动史上具有重大意义。其活动是在特定的历史环境下开展的，是中朝联合抗日精神的重要产物。同时，也是朝鲜民族抗日统一战线共同努力的结晶。义勇队成立之初，肩负对日、对华军民的政治宣传任务，直到1945年8月，进兵东北后从宣传部队转变为革命战斗武装，为后来解放战争、朝鲜战争作出了不可磨灭的历史功勋。

其次，朝鲜义勇队(军)在华北活动时期，朝鲜国内的民族解放运动处在低谷，东北抗联也由于《日苏中立条约》(1941年4月)，为了保存有生力量被迫转移到苏联境内，只能在东北地区进行小部队游击活动。而义勇队(军)在八路军的领导下深入敌占区积极开展宣传工作，并在华北、华中、东北和朝鲜国内进行地下工作，建立了组织体系。

最后，朝鲜义勇队(军)是中朝联合抗日武装斗争的典范。众所周知，20世纪10年代到40年代，中朝两国都处在帝国主义列强侵略下，都是国家和民族危亡时期，锦绣山河和人民被残暴的侵略者蹂躏。在这种国际、国内大背景下，中朝两国开展了联合抗日，并肩战斗。朝鲜义勇队成立之初，国民政府给予了一些支持，但蒋介石反动集团掀起第二次反共高潮后，朝鲜义勇队不得不寻求新的道路，即在中国共产党的领导下开展抗日运动。八路军方面，给予朝鲜民族共产主义者莫大的关心和支持，朝鲜民族为中国的抗日浴血奋战，献出了宝贵的生命。在联合抗日的岁月，朝鲜义勇队(军)、东北抗日联军、韩国光复军都与中国军民建立了亲密的纽带关系。但是，其中朝鲜义勇队(军)与中共中央及领导人的关系最为密切，其联合抗日精神将永载史册。

4.1.2 朝鲜义勇军挺进东北

1945年9月18日中共东北局成立。10月20日，中共东北党委周保中、崔庸健向东北局移交了组织关系，教导旅东北党委完成了历史使命被撤销。[324] 根据党中央指示精神，东北局开展了建立地方建党、建军、建政三大任务。11月，朝鲜义勇军集结在沈阳市吴家荒朝鲜人小学校[325]召开了全军指战员大会。会上，武亭宣布："根据中共中央的指示，决定派少数领导干部回国，大部分指战员留在东北地区，参加根据地的人民政权建设。"[326] 并号召朝鲜义勇军全体指战员，深入东北各地，广泛宣传动员朝鲜民族，扩编军队，为中国革命和朝鲜革命积蓄力量。随后，朴一禹宣布朝鲜义勇军总部的命令："全军暂分三个支队，第一支队留在南满；第三支队赴北满；第五支队赴东满。"[327]

第一、第二批回朝的朝鲜独立同盟和朝鲜义勇军成员外，其余成员留在东北。他们在东北地区朝鲜民族群众居住地开展人民政权建设、政治宣传、扩军等工作，并肩负保护人民群众生命和财产安全的重要任务。

光复后，朝鲜国内局势混乱，群众对社会主义和资本主义的理解较为模糊，社会主义运动家积极向人民群众宣传和介绍共产主义思想。当时，接受过高等教育的知识分子较少，而大多数知识分子曾在日本帝国主义殖民统治时期有亲日或是附日行为，故他们选择隐身。而共产主义革命家则堂堂正正地登上了国内政治舞台，开展了许多公开活动。日本殖民统治时期，革命家们不顾自身安危，为国家独立而鞠躬尽瘁、浴血奋战，成为无数民

---

324) 11月3日，中共中央决定，将东北抗联与八路军、新四军合并，改编为东北人民自治军，周保中任副总司令。1946年1月，又改称为东北民主联军。

325) 现为辽宁省沈阳市于洪区吴家荒朝鲜族小学。

326) 崔刚著：《朝鲜义勇军史》，延吉，延边人民出版社，2006年，第285-303页。

327) 金春善主编：《中国朝鲜族通史》，中卷，延吉，延边人民出版社，2009年，第385页。

众心中的英雄。在民众的支持下，他们的活动范围和影响力迅速扩大。

"延安派"从人数上最多、且均为中共党员身份， 参加过大生产运动与整风运动，其活动经验丰富、政治思想理论水平很高。但是，上述人员大多被分配到人民保安部门、政府机关、行政机关，其地位弱于东北抗联集体。"延安派"以"朝鲜独立同盟"名义相继发表了《关于当前时局的态度》和《告朝鲜同胞书》，强调朝鲜的完全独立、社会正义、政治上的民主主义，并号召全民族各界人士，一致团结，共同建设民主共和国。"延安派"连续发表的《时局纲领》得到各界人士的响应，尤其在小市民阶层中反响热烈。

朝鲜独立同盟的部分领导干部回国后，武亭、金昌满、朴一禹、李相朝、许贞淑、尹公钦、徐辉、杨界、高凤基(高峰起)等人加入了北朝鲜共产党。1946年初，韩斌被派到南朝鲜进行组织工作，并组建了京城特别委员会，白南云任委员长、沈云任组织部长、高赞辅任宣传部长。同年2月16日，以建设统一的民主主义国家为宗旨正式成立朝鲜新民党， 金枓奉任主席、崔昌益和韩斌任副主席，共9万余名党员，其党员大多是农民、知识分子和中产阶级。崔昌益将朝鲜新民党的性质总结为："朝鲜新民党是根据当前朝鲜所处的资产阶级民主革命阶段的历史性创建的政党， 不论各阶级， 凡是持进步的民主主义思想者均可参加， 我党是民族统一战线政党， 以建立民族自主独立和民主主义政权为目标"。328) 1946年8月，新民党与北朝鲜共产党合并，成立北朝鲜劳动党。329)

"延安派"领导干部回到北半部后在新朝鲜社会主义政权建设、建党、建军、文化宣传等诸多领域作出了贡献，笔者将在第五章论述"延安派"的历史特点及对新朝鲜建国发挥的作用。

---

328) (韩)金学俊著：《北朝鲜历史(第二卷)》，首尔，首尔大学出版文化院，2008年，第407页。

329) (韩)金光云著：《北朝鲜政治史1》，首尔，先人出版社，2003年，第367页。

4.1.3 "延安派"主要代表人物

(1) 八路军炮兵团第一任团长-武亭330)(1905-1951)

武亭, 原名金炳禧, 1905年阴历5月16日生于咸镜北道清津市松坪区域芹洞里。少年时期曾在镜城农业学校、汉城徽信中学学习。1923年3月, 武亭渡过鸭绿江经东北到北京后, 首先来到文化大学学习汉语, 毕业于河北保定军官学校炮兵专业。1925年, 武亭对军阀混战深感失望, 离开了国民党部队, 辗转多地, 在张家口经文昌彬、明德件介绍光荣地加入了中国共产党。此后, 他在武汉投身党的地下工作。1929年, 武亭与张世杰、金元植、崔政武等人共同组织了朝鲜青年同盟上海支部, 并当选执行委员。张世杰、崔政武均为黄埔军官学校毕业生。

1930年6月, 中国共产党在上海召开了苏维埃区域代表大会。会后, 根据中共中央指示, 武亭同滕代远奔赴湖北大冶、阳新一带的红军第五军驻地。接着, 随部队参加了湖北鄂东南地区鄂城、咸宁、通城、蒲根、嘉鱼、通山等六县的攻打地主武装战斗。7月, 红军第三军团攻打洞庭湖附近的岳州(今湖南岳阳市)。首任炮兵排排长武亭率部炮击美、英、日等帝国主义军舰, 用20余发炮弹狠狠地收拾了10余艘军舰, 红军第三军团打响了历史上第一炮。7月31日, 在湖南平江组建了红军第三军团直属山炮连, 武亭任命为第三任连长。7月末-8月初, 参加第一次进攻长沙战役, 并在湖南浏阳、永和与红军第一军团胜利会师, 红军第一军团和红军第三军团组建第一方面军, 在浏阳永和停留期间, 第一次见到中国工农红军领袖毛泽东同志和朱德同志。8月, 武亭率部打响了炮兵连在江西的第一次战斗-"清江城"战役, 并炮击三艘敌军巡逻艇, 为后续部队开道。9月, 率部参加第二次进攻

---

330) 参见李光仁著:《武亭将军》, 北京, 民族出版社, 2016年, 第2-5页及附录部分。

长沙战役。

1930年12月到1931年5月，武亭率领炮兵连参加了保卫中央革命根据地的第一次、第二次"反围剿"。同年5月，在江西吉安以红军第三军团炮兵连为基础，建立了中央军委直属炮兵团，6月出任直属炮兵团第二任团长。7月，军委直属炮兵团重编为红军第三军团炮兵营，武亭任营长。

1931年11月，中华苏维埃第一次全国代表大会在首都瑞金召开，毛泽东同志当选为中华苏维埃共和国临时中央政府主席。11月25日，中华苏维埃共和国中央革命军事委员会成立，红军第三军团总指挥彭德怀当选为副主席。黄埔军校出身的朝鲜人崔政武[331]作为唯一的朝鲜民族代表当选第一次大会主席团成员，武亭与崔政武是革命同志，二人关系甚好。1932年1月10日，中央革命军事委员会下达进攻江西赣州的命令。同年6月，在中央革命根据地瑞金召开了反帝总同盟第一次代表大会，武亭当选25人组成的大会主席团成员。

1933年1月-3月，武亭率领炮兵营投身保卫中央革命根据地的第四次"反围剿"战役。10月，在中央革命根据地武阳建立了红军特科学校，武亭任炮兵科主任，不久任命为第二任校长。[332] 1933年9月开始的第五次"反围剿"，因"左"倾冒险主义和保守主义错误路线，导致最终失败。

1934年10月，中央红军离开中央苏区踏上长征路，武亭身兼军委第一野战纵队第三梯队司令员兼政治委员职务踏上长征路。他所在的第3梯队由军委工兵营、炮兵营、运输一大队、附属医院等技术兵种组成。12月18日，中央政治局在黎平召开历史性的黎平会议。中央军委决定，精简机关、夯实

---

331) 崔政武：1910年生于苏联远东双城子。1926年16岁时，经朝鲜共产主义者朴禹介绍，与5名苏联共青团员一同来到上海，并在上海朝鲜人支部吕运亨的推荐下，进入黄埔军校第四期接受军事训练，后经中共江苏省委委员杨林介绍加入中国共产党，曾参加1927年12月的广州起义，1928年后在瑞金红军机械修理厂活动。

332) 李光仁著：《武亭将军》，北京，民族出版社，2016年，附录：武亭将军年谱。

战斗部队，并将第一野战纵队和第二野战纵队合并，改称为军委纵队，武亭所属炮兵部队归属红军第3军团，由他负责指挥炮兵委员会和炮兵营。[333]

1935年1月15日到17日，中央红军在贵州省遵义召开了历史性的遵义会议，武亭负责遵义城安保和警卫工作，还参加了中央军委召集的团级以上干部会议。10月23日，中央红军在吴起镇召开全军干部会议，毛泽东同志总结了两万五千里长征，武亭和杨林作为朝鲜民族代表与会。

1936年6月1日，中华苏维埃共和国西北抗日红军大学在瓦窑堡旧庙举行第一期开学典礼，第一期学员共38名，其中武亭是唯一的朝鲜人。同年年末，武亭被任命为红军前敌总指挥部作战科长。1937年8月，红军前敌总指挥部改编为国民革命军第八路军总指挥部，朱德任总指挥，彭德怀任副总指挥，武亭任八路军总部作战科长兼炮兵处主任。9月，平型关战役后，中央军委下达关于组建八路军总部炮兵团的命令，总部将重任交给武亭。10月，八路军总部炮兵团从8门山炮和总部山炮连为基础宣告成立。武亭任团长，八路军总部特务团政治委员邱创成任政治委员，该团下设第一连、第九连和观测队。[334]

1938年2月25日，根据毛泽东同志和八路军总部命令，炮兵团1000余名将士在武亭和政治处主任袁光的率领下离开临汾一带向陕北延安挺进。该团离开临汾三天后，临汾沦陷。3月4日，毛泽东同志在延安亲切会见武亭和袁光。3月，炮兵团已在洛川县京兆乡安善村安营，武亭带领将士进行整编训练，周恩来、朱德、彭德怀等军委领导人视察该团，董必武、贺龙也前来鼓舞士气。

1939年年初，炮兵团根据中央指示，在距延安170公里的绥德宋家川构筑

---

333) 《延边日报》，延吉，2016年3月26日，第二版。

334) 李光仁著：《武亭将军》，北京，民族出版社，2016年，附录：武亭将军年谱。

y

166　朝鲜建国时期领导集体研究

阵地。1月28日，炮兵团成立一周年之际，军委参谋长滕代远代表毛泽东同志、中央军委和陕甘宁边区政府向炮兵团赠送了锦旗，并宣读了毛泽东同志的亲笔贺信。同年2月中旬，根据总部指示，武亭率炮兵团主力部队–第三连和第四连渡黄河与日军战斗。

1940年8月中旬，根据总部命令，炮兵团受刘伯承和邓小平指挥的八路军第129师领导，9月中旬到12月，武亭率领全员投入到百团大战。12月10日，总部政治部公布了历时3个多月的百团大战战果报告，总结报告中对武亭率领的炮兵团给予高度评价，称该团在大战中立下赫赫战功。

1941年2月，毛泽东、朱德、王稼祥联名向太行山根据地活动的八路军总部彭德怀和左权发去电报，并指示他们将炮兵团集中到延安一带。6月初，炮兵团经过20多天的强行军到达120师活动的晋西北抗日根据地，途径绥德于7月到达延安。7月，根据中央军委令，与120师和359旅奔赴南泥湾开荒。同时，朱德也前往南泥湾，并住在炮兵团团部。在此期间，朱德向炮兵团指战员发表了关于开垦重要性的演讲。同时，这一年武亭十分繁忙，他不仅投入到南泥湾开荒，还参与了组织朝鲜义勇队华北支队、华北支队武装宣传队第一队、第二队的具体工作。

1942年1月10日，在武亭的发起和领导下，于山西辽县桐峪镇华北朝鲜青年联合会正式成立，武亭当选会长，2月至4月，朱德又前往南泥湾慰问炮兵团和第359旅指战员。6月，朝鲜义勇队大部分战士分为四批脱离国民党统治区进入太行山根据地。根据八路军总部的统一部署，他们驻扎在八路军总部所在地桐峪镇一带。7月8日，在延安文化俱乐部举行了华北朝鲜青年联合会陕甘宁边区分会成立大会，武亭发表讲话。7月11日到14日，华北朝鲜青年联合会改称为朝鲜独立同盟，朝鲜义勇队华北支队改称为朝鲜义勇军华北支队，武亭当选朝鲜义勇军司令员。8月，党中央命朝鲜义勇军司令员武亭派往太行山根据地，郑律成和武亭离开延安到达太行山。9月21日，东方民族代表座谈会在延安的军人俱乐部召开，武亭作为50名民族代表中朝鲜代表与会。10月26日，"东方各民族反法西斯大会"在延安开幕，大会推选毛泽东、朱德、斯大林等33人为大会名誉主席团，选举朱德、武亭等37人为大会主席团成员。11月1日，华北朝鲜青年革命学校建校，武亭任校长，郑律成任首任教育长。第一期学员约30人，学制为5个月。11月6日到21日，召开陕甘宁边区参议会第二届第一次会议，武亭作为219名参议员中的一员与会。335)

1943年春，朝鲜义勇军驻地开展了轰轰烈烈地大生产运动，在五指山一带开荒种地。336) 同年12月末，太行山根据地的朝鲜义勇军指战员陆续转移至延安。1944年初，武亭和其领导的朝鲜独立同盟、朝鲜义勇军活动范围扩大至华北、华中、北满。1月11日，在华北新四军第四师驻地召开朝鲜独立同盟华中分部和朝鲜义勇军华中支队成立大会。

1945年春，原新四军第一、二、三、四、六师的朝鲜同志相继进入抗日军政大学第5分校学习。3月1日，华北朝鲜青年革命学校举行了开学典礼，学制一年，每天授课6小时，讨论2-3小时，采取因材施教的方式，分为高级班、中级班、初级班。4月23日，中共七大在延安中央礼堂召开，朴一禹作为正式代表与会，并以朝鲜独立同盟全体成员名义向大会致贺信。8月11日，根据八路军总司令朱德在延安总部发布第六号命令，武亭向朝鲜独立同盟和各分部发去电报，将所有学校编制改为朝鲜义勇军编制，军政学校干部队和4个区队改编为2个中队。8月15日，日本帝国主义无条件投降，延安的朝鲜同志们彻夜欢庆。9月，日帝正式在投降书上签字，武亭指挥的朝

---

335) 李光仁著：《武亭将军》，延吉，延边人民出版社，2016年，第569页。

336) (韩)廉仁镐著：《朝鲜义勇军的独立运动》，首尔，罗南出版社，2001年，第347页。

鲜义勇军离开延安挺进东北。10月28日武亭当选新组建的"北朝鲜五道行政局"行政局副委员长。当时，武亭本人也不知道当选行政局副局长一事，反映其在朝鲜国内的影响力。11月初，从延安和太行山等地出发的700余名指战员到达沈阳，在沈阳和先遣队会师，这样队伍扩大至2000余人。11月7日，为纪念苏联十月革命革命胜利纪念日，苏联红军和朝鲜义勇军在沈阳站前广场举行了苏联红军纪念塔落成典礼，并进行了盛大的阅兵式。11月16日，武亭等根据中共东北局指示，在沈阳于洪区吴家荒朝鲜人小学校召开全体大会，将朝鲜义勇军分为3个支队。11月20日，武亭为前导的朝鲜义勇军回国干部团到达安东，但苏军阻止一行入境，经过漫长交涉，他们只能以"非武装地、个人身份"回到阔别多年的祖国。12月初，武亭等回国干部团一行到达平壤站，在平壤太平洋旅馆等待苏军方面的安排。

1946年4月，在选举中被排挤出领导层，任人民保安干部学校炮兵教务长[337]职务。1948年2月，朝鲜人民军建军，武亭任炮兵司令，被授予中将军衔。9月9日，朝鲜民主主义人民共和国成立，武亭被任命为民族保卫省副相兼朝鲜人民军炮兵司令官。1950年 12月21日到23日召开的朝鲜劳动党第二届第三次会上，武亭以"战争中的严重错误"受到处分。1951年，武亭在长征时期的旧疾胃溃疡剧烈发作，彭德怀与金日成商议后立即把他送到长春一家由罗马尼亚人开设的医院，但是已经无力回天了。他最后的愿望就是能够死在自己的祖国故土-朝鲜。这样，武亭被接回朝鲜。不久以后，在一家普通的军医院里与世长辞，朝鲜政府为他举行了隆重的遗体告别仪式，葬在平安南道平城市郊外偏僻的山谷附近。

---

337) 实际上，人民保安干部学校炮兵教务长相当于朝鲜人民军炮兵司令官。

（2）金科奉(1889-1961)

金科奉，1889年生于釜山，儿时在私塾学习汉文，之后分别进入机张郡普明学校、汉城畿湖学校、培材学堂学习。 在培材学堂期间师从著名朝鲜语言学家周时经学习朝鲜语语法，加入了朝鲜光文会，负责编辑少年杂志《青春》， 1913年加入大同青年团， 1914年到1918年在汉城中央学校、普成学校、徽文学校讲授朝鲜语文。

1919年参加"三·一"运动，同年4月流亡中国。在上海参与了由申采浩主编的《新大韩新闻》编辑工作，加入了新韩青年党，并担任大韩民国临时政府议员。在此期间，在《独立新闻》等报刊发表抗日评论。1922年，在上海刊行《精解朝鲜语文典》， 1924年当选上海侨民团学务委员长，在侨民子弟学校-仁成学校讲授朝鲜语文和历史课程，1928年11月至1932年9月任该校校长。

1928年参加大韩独立党促成会，1930年在上海参加韩国独立党建党工作，当选理事。 1935年7月参加组建朝鲜民族革命党工作，并就任中央执行委员兼组织部长。 1937年末，日军攻占南京，与临时政府人士转移至重庆开展民革党活动。 1940年当选民革党中央委员兼《朝鲜义勇队通讯》编辑委员。1941年夏，同朝鲜义勇队主力部队转移至华北八路军根据地。 1942年4月到达太行山八路军根据地，5月参加太行山反"扫荡"战。 7月召开的华北朝鲜独立同盟成立大会上，当选中央执行委员兼主席。1944年4月，担任延安朝鲜革命青年学校校长，1945年2月改称为朝鲜革命军政学校，任校长。

1945年12月回到朝鲜， 1946年2月就任北朝鲜人民临时委员会副委员长，3月当选朝鲜新民党委员长， 8月朝鲜新民党和北朝鲜共产党合并新成立北朝鲜劳动党，就任委员长。之后，历任金日成综合大学总长(校长)、最高人民会议代议员兼常任委员长，祖国战线议长等职。

（3）崔昌益(1896-1957)

崔昌益，1896年生于咸镜北道稳城郡，毕业于日本早稻田大学政治经济系。在校期间，崔昌益因组织学友会在各地进行巡回演讲，宣传朝鲜独立，曾被日帝警察逮捕入狱。1923年6月，回到朝鲜后参加了朝鲜劳动共济会。7月，参加高丽共产青年同盟，成为委员。9月，因发起并主导朝鲜劳动大会，被日帝警察逮捕。1924年4月，参与组建朝鲜青年总同盟工作，当选为中央执行委员；10月，参与组建高丽共产同盟并当选为中央委员。

1926年春，向共产国际转达有关"承认朝共支部问题"的汉城派意见。4月，在苏联远东参与组建民族统一战线团体-民族党筹委会。1927年回到朝鲜后，加入朝鲜共产党，成为干部。1928年2月，被日帝警察逮捕，1935年出狱。

1936年流亡中国，参与朝鲜民族革命党活动，1937年与革命家许贞淑结婚。1938年6月，因对金元凤的领导路线不满，与48名社会主义青年脱离民革党，结成战时服务团。7月，战时服务团改称朝鲜青年前卫同盟，加盟由民革党、朝鲜民族解放同盟、朝鲜革命者联盟组成的统一战线组织-朝鲜民族战线联盟。10月，成为朝鲜义勇队指导委员。同年年末，武汉沦陷后转移至中国共产党革命根据地-延安。到达延安后，他担任了抗日军政大学教官，并在八路军129师教导团活动。1939年与武亭组织了朝鲜青年党，该党以抗日、中朝联合、朝鲜独立解放为主要宗旨和目标。此后，参与朝鲜义勇队北上工作。1941年1月，成为华北朝鲜青年联合会干部，并在华北朝鲜青年革命学校任教。1942年7月，扩编华北朝鲜青年联合会，组建华北朝鲜独立同盟，任中央常务委员和书记部长，1945年担任独立同盟副主席。

1945年12月，回国。1946年2月，独立同盟扩编为朝鲜新民党，担任副委员长。8月任北朝鲜劳动党常务委员兼政治委员。1947年2月任北朝鲜人民委员会人民纪检局长，1948年8月当选第一届最高人民会议代议员，9月担

任新朝鲜内阁财政相，1949年6月任祖国统一民主主义战线中央委员，1952年11月当选副首相

（4）朴一禹(1904-?)

朴一禹，1904年生于平安南道，少年时期举家迁到东北，在关内加入中国共产党。抗日战争爆发后，在晋察冀边区任县长。1940年毕业于延安中共中央党校。1945年初，在延安建立朝鲜革命军政学校，他任副校长兼党委书记。5月，在延安召开的中共七大上，代表华北朝鲜独立同盟发言。此后，历任朝鲜义勇军副司令员兼政治委员，朝鲜独立同盟中央委员。日本投降后，同朝鲜义勇军挺进东北，担任朝鲜义勇军第五支队政治委员，并率部到延边地区扩大队伍，保护当地朝鲜民族安全。1946年6月，回到朝鲜参加北朝鲜劳动党成立大会，当选中央常委。1947年2月，当选北朝鲜人民委员会内务局长。1948年8月当选第一届最高人民会议代议员，9月就任新朝鲜内阁内务相。 1949年6月， 当选朝鲜劳动党中央常委、祖国统一民主主义战线中央委员。朝鲜战争爆发后，参与"七人军事委员会"，担任中朝联合司令部副司令员，1953年任递信相(邮电部长)，后被肃清。

（5）朴孝三(1903-?)

朴孝三，1903年出生于朝鲜咸镜南道，1925年流亡中国。1926年进入黄埔军官学校第四期步兵科。毕业后，在西北军冯玉祥部队任大队长。抗日战争爆发后，加入朝鲜民族革命党。1938年5月，在湖北省荆州市江陵县召开的民革党第三次全党大会上当选为中央纪律委员。同年10月，参与创建朝鲜义勇队，并任第一区队长，深入河南最前线进行抗日宣传活动。 1941年夏， 作为朝鲜义勇队第一、第三混编支队支队长率部转移至华北八路军

根据地。 同年7月任命为朝鲜义勇队华北支队长， 参加1942年5月的反"扫荡"战。

1942年7月，华北朝鲜独立同盟成立后，担任中央执行委员兼军事部长、朝鲜义勇军华北支队支队长。1944年初，率朝鲜义勇军主力部队向延安进军。1945年初，在延安朝鲜军政学校任队长。光复前夕，被任命为朝鲜义勇军副司令员兼参谋长。"八·一五"后，率部挺进东北沈阳，于1946年回到朝鲜。同年6月，任中央保安干部训练学校校长。1948年3月，当选北朝鲜劳动党中央委员、朝鲜人民军第一军团司令员。1955年11月，任商业省收买粮收局长，1956年4月任朝鲜劳动党中央纪律委员，1957年至1958年任收买粮政副相，1969年11月任朝鲜劳动党咸兴市委书记，后被肃清。

（6）金昌满(1907-?)

金昌满，1907年生于朝鲜咸镜南道永兴，曾在汉城中东学校学习，后就读于广东中山大学，在校期间组织了韩国国民青年团。抗日战争爆发后，脱离金九阵营，加入朝鲜民族革命党地下组织-朝鲜青年前卫同盟。1938年5月毕业于中央陆军军官学校星子江陵分校。同年10月加入朝鲜义勇队，主要从事抗日宣传活动。1939年末，任朝鲜义勇队流动宣传队长，在湖北省第五战区和西安一带开展了宣传活动。1940年2月任义勇队政治组宣传主任，1942年7月当选华北朝鲜独立同盟中央执委兼经济部长、义勇军华北支队政委。1944年初，担任敌占区工作班宣传负责人。1946年，任北朝鲜劳动党宣传部长，1949年当选中央委员，1953年任朝鲜劳动党黄海道委员长，1956年1月任教育相，1957年8月和1962年10月，当选最高人民会议代议员，内阁副首相。

4.2 苏联朝鲜人群体—"苏联派"

4.2.1 前苏联形成朝鲜民族社会概况

19世纪末，帝国主义国家更加疯狂地对外进行殖民侵略、划分势力范围。在此争夺中，通过明治维新走上资本主义道路的日本表现得最为贪婪和野蛮。明治维新的不彻底性，又使日本社会保留了大量封建残余因素，使日本的资本主义具有浓厚的封建性，成为一个封建军事帝国主义国家。日本制定了占领中国台湾、征服朝鲜、占领中国满蒙、控制全中国、称霸亚洲的对外扩张侵略政策，即"大陆政策"，将朝鲜作为其对外侵略的首要目标和侵华的跳板。此时，朝鲜封建王朝社会矛盾愈演愈烈，在外部诸列强及国内封建统治阶级的双重压迫和剥削下，贫穷的朝鲜农民不得不为了养家糊口背井离乡，一路北上来到了远东地区。史学界一般将朝鲜王朝哲宗十四年(1863年)视为朝鲜人移居远东的起始年份。[338] 咸镜北道13户农民，首次渡过冰封的图们江到达了俄罗斯远东地区，到了高宗二年(1865年)达到60户，翌年增加到100户，1869年则增至4500余人。[339] 根据1897年俄国官方统计资料显示，全俄境内朝鲜人为男16 225名、女9 780人，共计26 005人，五年后的调查结果为32 000人。[340] 这相当于当时远东地区总人口的20%。图们江入海口附近的波谢特地区人口的90%为朝鲜民族。

1910年日本强制吞并朝鲜后，由于实施了残暴的"武断统治"及"文化统治"，反日民族独立解放斗争无法在朝鲜国内持久开展和扩大，只能在中国东北地区、俄罗斯远东地区等境外展开。由于日帝的殖民统治，参加过朝鲜义

---

338) (韩)李松浩等著：《沿海州与高丽人》，首尔，白山书堂，2004年，第29页。

339) (韩)李松浩等著：《沿海州与高丽人》，首尔，白山书堂，2004年，第27页。

340) (韩)金局厚著：《平壤的高丽人精英们》，首尔，韩蓝学苑出版社，2013年，第61页

174　朝鲜建国时期领导集体研究

兵斗争、救国启蒙运动的反日爱国志士纷纷流亡至远东地区。俄国十月革命的胜利后，远东逐渐成为朝鲜民族海外抗日根据地。

早在1918年6月，旅居中国、俄罗斯远东地区从事反日独立运动的李东辉等人在共产国际的帮助下，于伯力(今哈巴罗夫斯克)建立了韩人社会党，这是朝鲜第一个共产主义团体，它的成立进一步推动了共产主义运动和抗日武装斗争。远东地区数十个朝鲜民族聚居村组织了规模不等的抗日武装，抗日烈火熊熊燃起，成为东北亚对日抗战的主要基地之一。此外，苏俄朝鲜人组织了数十个苏俄红军游击部队，与当地游击部队并肩战斗，共同对抗日军，积极守卫苏维埃政权。

朝鲜民族作为农耕民族迁移至俄罗斯后，开垦了远东地区稻田，在农业方面作出了突出贡献。特别是在苏联时代，朝鲜人集体农场成为全苏农业战线典范，众多苏联朝鲜人被苏联政府表彰为"劳动模范""劳动英雄"。1930年代，苏联政府以朝鲜人在农业方面具有丰富经验为由，将生活在远东地区的几百户朝鲜人迁移到哈萨克斯坦普及水稻种植。20世纪30年代中期，苏联境内朝鲜人达到20.4万人。换言之，从1917年开始每年从朝鲜半岛移民的人数为5000~6000人。1937年，苏联以防止"日本间谍"渗透为由，将朝鲜人从远东强制移民至哈萨克斯坦、乌兹别克斯坦等中亚地区。1937年8月末，远东地区的朝鲜人接到强制迁移的命令后不得不将家畜低价卖给俄罗斯人，望着即将成熟的稻子、玉米、土豆等农作物匆忙准备行李，有很多人死在了迁移途中，他们踏上了一条不归路。学界认为"1937年远东朝鲜人强制迁移中亚"有三个主要原因：首先，这一时期有日本情报人员在远东及中苏朝边界地区活动，从外貌上很难区分朝鲜人与日本人，苏联为了防止日本在远东地区渗透采取了迁移政策。其次，居住在远东地区的朝鲜人规模比苏联预估的还要大，尤其是与朝鲜接壤的波谢特地区以朝鲜人为主，与朝鲜半岛来往密切。最后，哈萨克斯坦、乌兹别克斯坦等中亚地区人口较少，而想要实现农业增产必须提供充足的劳动力资源，为了满足以上需求也有必要调整人口政策。实际上，早在1928年就有来远东的农业专家被邀请到哈萨克斯坦进行农业生产指导，并成功培育出水稻，而朝鲜人擅长水稻种植，吃苦耐劳的民族精神适合农业开发，苏联政府为进一步开发中亚地区广袤的荒地，进而提高农业生产力实施了强制迁移。

1937年12月5日报告显示："向哈萨克共和国迁移了20 141户，95 427人；乌兹别克共和国16 079户，73 990人；塔吉克共和国13户，89人；吉尔吉斯共和国215户，421人；合计36 448户，169 927人。"[341]

1938年起，苏联将朝鲜语排除在少数民族语言范畴外，实行了禁止朝鲜人举办民族教育、禁止境内朝鲜人赴境外旅行、限制朝鲜人在国家机关就业等一系列民族歧视政策。在这种及其恶劣的生存环境下，苏联朝鲜人发扬了艰苦开拓的精神，将中亚地区的荒地变成沃土良田，成功培育出水稻、蔬菜、棉花等农作物，成为中亚模范少数民族。

4.2.2 入朝苏联朝鲜人群体的人员构成

1945年8月8日，苏联正式对日宣战，进驻朝鲜半岛北半部的苏军第25军主力部队于8月17日至18日途径中国东北地区后迅速南下，并通过陆海两种方式，于8月24日、26日分别到达朝鲜北半部咸镜南道咸兴与平安南道平壤，直到8月末，占领了朝鲜半岛北半部全境。

入朝苏联朝鲜民族群体，即学界所称"苏联派"大致可以分为四种类型。第一类以情报人员为主，主要是朝鲜半岛光复前由苏联派到朝鲜半岛的。第二类是苏联籍朝鲜民族军人，即光复后随苏军一同入朝的旅苏朝鲜民族，这

---

341) (韩)韩国学中央研究院：《韩国民族文化大百科辞典电子检索》，https://encykorea.aks.ac.kr/。

类人员从数量上是最多的。第三类是1947年以后以技术专家或是政府机关内各领域顾问资格入朝的人员。最后一类是朝鲜民族出身的苏联公民，呈现出人数少，政治地位及影响力较小的特点。

第一类人员，即光复前入朝的苏联朝鲜人，从人数上是较少的。1920年代末至中期，苏联情报部门及共产国际开始积极向朝鲜派遣执行地下活动的苏联朝鲜人。众所周知，众多苏联的朝鲜人支持了1917年的十月革命，其中大部分人生活在远东地区，尤其是年轻人中以共产主义为理想者众多，还有很多人希望参与抗日斗争，投身朝鲜民族独立事业。[342] 1920年，不少旅俄朝鲜人为了开展反日革命斗争越过戒备森严的中苏及朝苏边境，奔赴朝鲜半岛。其中，有一些人受命于共产国际，但出于保密需要，大多以个人资格前往朝鲜。例如"无政府工团主义"组织也以这种方式将联络员派往朝鲜，以社会主义运动家韩斌、朴允世等为代表。于1923年至1925年间途径中国东北地区再赴朝鲜国内开展了地下活动，朝鲜半岛光复后韩斌等人在南半部开展了共产主义运动，后在朝鲜担任公职。

1937年，苏联政府将居住在远东的朝鲜人强制迁移到中亚地区。与此同时，斯大林加强了对朝鲜人出身的知识分子、党员、公务员及军官的排挤和打击。直到1937年末共产国际朝鲜分科完全瓦解。几乎所有曾在朝鲜分科工作过的人员均被扣上了"日本间谍"的罪名，被苏联政府逮捕或处刑。1940年，在莫斯科附近创办了一所专门培养朝鲜人的特殊学校，教育课程为一年。1941-1942年共培养了两届毕业生。第一届毕业生人数无从考证，第二届为6人。这所学校毕业生被派往朝鲜和伪满洲国。后来，这批人加入88旅，与金日成一同回国。其中，最著名的人士是曾任朝鲜人民军总参谋部作战局长的柳成哲。

---

342) (韩)金学俊著：《北朝鲜历史(第一卷)》，首尔，首尔大学出版文化院，2008年，第155页。

1945年，苏联红军进入朝鲜半岛北半部时只有几名苏联朝鲜人。不久后，在南半部执行地下任务的一些朝鲜人也来到北半部。但他们中以苏联情报部门、共产国际工作人员身份立足于朝鲜国家机关的人数较少。朝鲜半岛光复前，由苏联被派到朝鲜半岛的朝鲜人人数本身较少，对朝鲜政权的形成并未起到太大作用。

在朝鲜半岛北半部活动的第二类人员是光复后以苏联军士兵或军官身份入朝的人员。众所周知，1937年被强制移民到中亚地区的苏联境内朝鲜人未获得兵役权力，只有极少数可以从军，在苏联军队服役。但上述规定只限从远东强制移民到中亚的朝鲜人，其它地区的朝鲜人不受限制，故不少朝鲜人加入了苏军，以士兵及军官身份参加了对德战争。除此之外，一部分军官曾在远东战线政治部第七局活动过。苏联军第七局主要负责向敌国居民、士兵及苏军占领地区的宣传工作。另外，1937年被镇压的军官中有一些人于二战爆发前后从狱中释放，后参加了战争。他们中很多人都在战争中牺牲。总体上来说，在苏联军内活动过的朝鲜人军官寥寥无几。在朝鲜北半部歼灭日军的第25军指挥部翻译人员中几乎无人通晓朝鲜语。多位参战军人曾回忆道，战役初期因无翻译员，很难与当地居民沟通，当时居民中有懂日语的，可以进行简单交流，但遇到不懂日语的居民，只能用手比划。[343] 苏联军政初期，因语言障碍重重，急需朝鲜语翻译。因此，1945年8月末，由12人组成的第一批苏联朝鲜人抵达平壤，隶属第25军。他们被安排到苏军政治部第七局工作，这批人早在1945年8月之前就开始在苏军服役，隶属于战线参谋部。这一类人员的主要任务是为苏联军政人员提供翻译，与当地居民沟通，即所有领域和形式的口译工作及在苏军占领地区开展宣传活动。1945年9月抵达的苏联朝鲜人主要受苏联军政之命，负责用朝鲜文为当

---

343) (俄)安德烈·兰科夫著，金光麟译《北朝鲜现代政治史》，首尔，昇出版社，1995年，第139页。

地居民编辑发行《朝鲜新闻》。但是，这批人员的活动领域并未局限于宣传领域。因苏军将军及军官不了解朝鲜民众风俗及传统文化，苏联朝鲜人也担当起文化顾问的角色，这一时期翻译人员对政策的制定过程及贯彻落实起到了非常重要的作用。

到了1945年9月，苏军对朝鲜语翻译及顾问的需求剧增，他们决定征集生活在中亚的朝鲜民族，将其派往朝鲜，1945年入秋后中亚的苏军、党政机关开始招募派往朝鲜的苏联朝鲜人。军事动员部从1945年9至10月开始选拔上述人员，由莫斯科特别派来的军官与25军代表共同参与选拔工作。主要征集对象是：受过一定教育的人员、政治方面较成熟、可靠、道德方面健全的人员即教师、党和国家机关内少数中层、基层干部等。这些人员均为经历过强制移民却奇迹般生存下来的朝鲜人。因此招募来的大部分是士兵或是士官，只有极少数有军官身份，如许嘉谊、姜尚昊等。苏军从中亚征集的第一批朝鲜人共有12人，于1945年11月初抵达朝鲜。1945-1946年间还有数十名苏联军人身份的朝鲜人陆续被派往朝鲜。1945年至1946年间除少部分人在第25军第七局工作外，其余朝鲜人均在苏军民政部及守卫司令部担任翻译工作。

1946年春，朝鲜半岛北半部开始借鉴苏联模式，创建政府机关，局势发生了变化。缺少干部问题较为突出，被提上议事日程。这时，苏联军政急需具有一定教育背景，组织经验、"思想可靠"、对苏联忠诚的人员，只有这类人员才能成为政府的骨干和支柱。由于朝鲜本地共产主义者从人数上不能满足政权建设需要，自1946年起隶属于苏军的朝鲜人开始在朝鲜当地政府机关工作。一些苏联朝鲜民族积极分子开始奔赴朝鲜北半部。与此同时，上述苏联籍朝鲜公民继续持有苏联国籍，享有相应的权利。1947年春夏开始苏联军政当局与北半部党和国家机构的苏联朝鲜人不仅担任翻译任务，苏军还重点培养了一些干部。这一时期，苏联朝鲜人是为补充和夯实朝鲜政府机构人员而派往朝鲜的。

第三类人员主要是以教师及技术专家组成。他们从1946年末开始陆续进入朝鲜。[344] 1946年末以前，大部分以军人身份派往朝鲜，他们通过军事动员部被征集到部队之后进入平壤。但到了1947年初，选拔对象发生了一些变化。即主要以教师等民间人士赴朝为主。苏共中央负责选拔赴朝教师的工作。被招募的教师先在中亚接受为期半年的"特别教师培训所"教育，培训合格后再被派到朝鲜。苏共中央及国防部工作人员负责对教师的培训工作。这所培训所毕业生全部被派到朝鲜。其中，最具代表性的就是"37小组"即1947年37人被派到朝鲜。[345] 起初，苏联朝鲜民族教师从特别教师培训所结业后，均被分配到大学或是教育机关担任教师，但由于当时朝鲜急需受过高等教育且有能力的专家，从教师中抽调了很多人参与政权建设。南日[346]曾任师范大学物理、数学系主任，也是"37小组"的组成人员之一。他到朝鲜后担任了北朝鲜临时委员会教育局副局长。后来，又调到军事部门，朝鲜战争初期担任了朝鲜人民军总参谋部长。1947以教师身份回国的朴炳律担任了负责对南游击及地下活动教育的中心机关–江东政治学校校长。

1948年12月末，苏军从朝鲜撤军。这时，朝鲜政府制定了一份继续留在朝鲜国家、党、军队部门工作的苏联籍朝鲜人名单。苏军准备撤军之际，军方召集苏联朝鲜人让其自由选择去留问题。即继续留在朝鲜党政军部门工作或是回苏联。一部分苏联军人出身的朝鲜人随苏军回到了苏联，而大部

---

344) (俄)安德烈·兰科夫著，金光麟译：《北朝鲜现代政治史》，首尔，昇出版社，1995年，第144页。

345) (韩)全元根著：《权力的历史与派系》，京畿道坡州市，韩国学术情报，2015年，第149页。

346) 南日(1914-1976)朝鲜咸镜北道庆源人，苏联籍朝鲜人，1939年9月毕业于塔什干师范大学，1942年以苏军参加二战，1946年8月入朝，历任北朝鲜人民委员会教育局副局长、朝鲜教育省副相、朝鲜战争停战谈判首席代表、外相、政务院副总理、轻工业委员会委员长。1976年2月，因交通事故去世。

分选择继续留在朝鲜。

1949年，苏联政府几乎停止了向朝鲜派遣苏联朝鲜人，已不再像之前那样大规模组织动员朝鲜人。苏联政府认为，朝鲜政权已经成立，权力得到了巩固，故没有必要大规模派遣人员。直到1940年代末在朝鲜活动的"苏联派"达到了300-500名规模。[347] 其中1945-1946年间在平壤活动过的人员达到200余人，[348] 虽然人数并不是很多，但这批人均在朝鲜最高权力机构工作过，对这一时期朝鲜政治发挥了重要的作用。

在朝鲜活动过的第四类人员是朝鲜战争后入朝的，因1949年以后苏联政府几乎停止了向朝鲜派遣苏联朝鲜人，其主要是专业技术干部，故这一时期赴朝人数较少。1953年，朝鲜如火如荼的进行了战后恢复建设，这一时期苏联技术专家起到了积极作用，其中就有一些苏联朝鲜人，这些人在朝鲜停留几年后，未能发挥政治作用便回到了苏联。

4.2.3 苏联朝鲜人群体代表人物—许嘉谊

"苏联派"中最具影响力的领导人是许嘉谊(1904-1953)，又译为许哥而。他在远东地区活动时已经被公认为是朝鲜民族社会中最著名的领导人之一。他于1937年担任了苏联波谢特地区党委第二书记。1937年因斯大林的民族压迫政策被党组织开除，但奇迹般的躲过了逮捕，移民到中亚地区后恢复了党员资格。并于1945年11月，第一批奔赴朝鲜，后在朝鲜共产党机关工作。许嘉谊在苏联政府的支持下充分发挥了其博识、慎重且能力出众的优点，开始步入仕途。到了1940年代末政治排名紧随金日成、金枓奉之后，成为朝鲜政权重要人士。许嘉谊被苏联政府派往北半部之前身兼重要

---

347) (俄)安德烈·兰科夫著，金光麟译《北朝鲜现代政治史》，首尔，昇出版社，1995年，第144页。

348) (韩)李相一著：《参与北朝鲜政治的苏联派朝鲜人》，东国历史教育，第五辑，1997年，第84页。

行政职务，对党务方面经验丰富。与抗联集体、"延安派"、"国内派"相比较，"苏联派"在政权组织等诸多方面有着得天独厚的优势。 这一经验使许嘉谊成为奠定朝鲜劳动党组织基础的共产主义者之一，被称为"朝鲜劳动党之助产婆"。

许嘉谊1904年[349]生于俄罗斯远东的伯力。 当时，大部分苏联籍朝鲜人拥有俄罗斯东正教名和朝鲜文名，但他却没有朝鲜文名。 直到1945年赴朝后"许嘉谊"才广为人知。其父亲是伯力一所朝鲜人学校的教员。1911年母亲去世，几个月后父亲自杀，未满三周岁的许氏兄弟二人就成了孤儿，由其叔叔负责养育。 由于叔叔家境贫寒，他不得不从小开始参加劳动，曾送过报纸，也在理发店及工地干最苦最累的体力劳动。 他的童年是在苏联远东地区内战的艰苦环境中度过的。 在战乱纷飞的年代，接受了学校教育。[350]他自小喜欢读书，藏书很多，博学多识使众多人赞不绝口。 他与大部分苏联籍朝鲜人相同，对新生的布尔什维克政府十分向往。 内战时，朝鲜人组织了游击队，与苏俄红军并肩战斗，苏联籍朝鲜人以各种形式表达了对共产主义的向往和热爱，以实际行动支援了革命活动。 共产主义宣扬各民族平等，排斥各种形式的民族歧视，具有国际主义性质，在远东这一革命路线还表现出反日倾向，提高人民生活水平等特点，共产主义思潮得到了身处社会最底层朝鲜民族的热烈响应。

与众多朝鲜民族青年相同，他也积极参加了社会活动，于1924年加入了列宁共产主义青年同盟总联盟。[351]从1926年开始，年轻的许嘉谊逐渐受到青年同盟方面的关注，几乎参加了所有会议、全体大会及讨论会。不久，又

---

349) 安德烈·兰科夫在其著作《北朝鲜现代政治史》，第168页中，将许嘉谊的出生年份记述为1908年。本文将采用韩国学中央研究院编撰的《韩国民族文化大百科》中的1904年。

350) (俄)安德烈·兰科夫著，金光麟译：《北朝鲜现代政治史》，首尔，昇出版社，1995年，第168-169页。

351) (俄)安德烈·兰科夫著，金光麟译：《北朝鲜现代政治史》，首尔，昇出版社，1995年，第169页。

光荣加入了共产党成为一名职业青年盟员，在此过程中苏联著名的政治家波斯蒂舍夫352)发挥了重要的引荐作用。有一次，波斯蒂舍夫参加了青年联盟会议，那次会议的决议文正是由他起草的，波斯蒂舍夫对此非常满意，一直想见撰写者，事后开始步步高升。353)

许嘉谊步入社会后十分成功，虽然他身为非斯拉夫民族，但是其朝鲜人的民族身份并未阻碍其仕途，反而在政治上添翼。1920年代，苏联政府从国际主义的角度出发，对非俄罗斯裔实行了开放的民族政策，无论哪一民族出身，凡是为苏俄革命及社会主义运动作出突出贡献者均可出人头地。这一政策与1930年代开始实行的民族主义、排斥异民族的政策天壤之别。苏联看重许嘉谊身上特有的毅力、刚强、睿智及超强的组织领导能力，他于1930年代初已经荣升远东地区青年联盟书记。

1933年5月至1934年9月，许嘉谊被任命为莫斯科东北伊凡诺沃州地方城市的青年联盟地委第二书记。1934年9月到莫斯科共产主义农业综合大学深造。根据现存资料记载，他的成绩优异，但遗憾的是未能读完大学课程，1935年7月，其以经济困难放弃了学业。354) 实际上，他的经济条件十分拮据。他于1927年在远东地区与李顺伊(音)结婚，膝下有1男3女，1935年当时有两个女儿。以微薄的奖学金维持家庭生活是非常艰难的，因此许嘉谊放弃了学业，重新回到远东担任青年联盟的主要干部。回到家乡后，从1936年2月起担任了列宁共产主义青年同盟总联盟阿穆尔州委员会组织部长，此外还身兼一系列重要职务。1936年末至1937年初，他又在波谢特地区担任地区共产主义青年同盟第一书记。当时，生活在国境线附近的众多朝鲜人背负"日本间谍"的罪名，蒙受冤枉。苏联政府采取了一系列镇压朝

---

352) 波斯蒂舍夫：乌共中央书记、中央政治局委员。

353) (俄)安德烈·兰科夫著，金光麟译：《北朝鲜现代政治史》，首尔，异出版社，1995年，第160页。

354) (俄)安德烈·兰科夫著，金光麟译：《北朝鲜现代政治史》，首尔，异出版社，1995年，第172页。

鲜人的民族压迫政策，拘捕了一大批波谢特地区的朝鲜民族党政部门干部，受此影响这一地区的朝鲜人社会及其不稳定。许嘉谊负责这一地区党政正常化工作，半年后他又被任命为苏共波谢特地委第二书记，而这一职务肩负着十分艰巨而沉重的责任。从此，许嘉谊成为苏联境内最主要的朝鲜人聚居地和民族文化及社会中心-波谢特地区的领导人之一。正是这一地区，到了1940年代出现了姜尚昊、方学世等人，他们在朝鲜北半部地区发挥了重要作用。

1937年是苏联历史上对国家、党员领导干部大清洗及思想整肃最为严重的时期，正是在这种特殊时期许嘉谊担任了远东波谢特地区第二书记。当时，清洗对象主要是1920年代任用的中上层领导干部。斯大林认为中上层干部日益独立，威胁自身执政，视他们为潜在的危险分子。清洗的另一对象是跨界少数民族代表人士—如华人、朝鲜人、波兰人、匈牙利人等。进而，许嘉谊身陷双重危险之中，他属于1920年代提拔的中层干部，又属于跨界少数民族，但他还是奇迹般的生存了下来。这一时期，他的三名入党介绍人均被当局拘捕，被定为"人民公敌"，许嘉谊自己也被党组织除名。据其女儿回忆：许嘉谊在家等待当局拘捕，时常准备狱中的衣物及生活必需品，将这些装在一个行李箱里，还与妻子商量日后照料孩子等问题，大清洗运动时经常出现先拘捕丈夫后再拘捕妻子的事例。但是，许嘉谊躲过了这场政治浩劫，可是未能躲过苏联籍朝鲜人强制迁移的民族压迫政策。换言之，后一悲剧使他逃过一劫。当时，很多干部为了躲避拘捕，不时迁往别处藏身，一般情况下苏联当局也不会再去追捕。辗转到了中亚后，许嘉谊在乌兹别克斯坦塔什干附近与家人一同生活，在农贸采购站当了一名出纳员。到了1939年镇压力度减弱，被清洗的一部分人员被平反，回到原岗位，许嘉谊就是其中之一。1939年乌兹别克斯坦纪检部门公布决定，宣布恢复许嘉谊的党籍。平反后先是在地区任党委书记秘书，后任党委指导员及组织部长。1941年夏天，任党委第二书记。1943年赴塔什干附近大型水电站建设现场任党委副书记，1944年至1945年冬天又赴塔什干附近朝鲜人村落负责领导中小型水电站建设工作。

1945年秋，苏联政府开始从苏联朝鲜民族中征集和选拔赴朝人员。派往朝鲜半岛北半部的第一批人员由负责征兵工作的特殊机关—军事动员部具体操作，这一部门于1945年9月至10月开展了征集工作，征集方式与征兵相同，隶属于苏联红军第25军。被选人员中只有一少部分人拥有军官身份，大部分为普通士兵。主要选拔对象是接受过教育且比较可靠阶层，即教师和少数国家党政中层、基层干部。许嘉谊于1945年秋，被征集入伍，10月12日他与11名苏联籍朝鲜人从塔什干出发到远东地区苏军第25军驻地，负责翻译工作。这批人员乘坐火车到达克拉斯基诺后换乘汽车于11月初到达平壤。[355] 到平壤的大部分苏联朝鲜民族初期在苏联官方及卫戍司令部任翻译。但随着朝鲜政权雏形逐步形成之后，又在朝鲜的政府机关工作，他们可谓是一身兼两任。另外，不少知识分子担任了顾问官，为苏联和朝鲜党政军相关部门人员的沟通架起了桥梁。

苏联朝鲜民族大规模调到朝鲜党政部门工作始于1946年夏季，许嘉谊一入朝就便担任了要职，在北朝鲜共产党发挥了重要作用。1945年12月17-18日朝鲜共产党北朝鲜分局执行委员会第三次全体扩大会议上，他被任命为全会委员、干部会议文员，以此身份起草了全会决议，并在全会上任命为组织部副部长。就在这一时期，他将自己的俄文名"АлексейИванович Хегай"改成朝鲜文"허가이"。这一朝鲜文名最早见于1937年2月17日他参加的波谢特地区第一届朝鲜民族妇女大会上。[356]

---

355) (俄) 安德烈·兰科夫著，金光麟译：《北朝鲜现代政治史》，首尔，昇出版社，1995年，第174页。

许嘉谊到平壤后最大的政治任务就是协助创建北朝鲜共产党，与东欧社会主义国家共产党相同，朝鲜共产党也借鉴苏联模式建党，而他丰富的党务工作经验发挥了作用。朝鲜建国初期的四个主要派系，即东北抗联集体、"延安派"、"苏联派"、"国内派"中"苏联派"在党政工作方面的经验最为丰富。许嘉谊参与了《劳动党党章》的制定工作。1946年8月北朝鲜共产党与新民党合并后创建了北朝鲜劳动党，他在"一大"和"二大"当选中央常委。357) 在家庭方面，到达平壤后发生了变故，妻子疾病缠身，1947年因患肺结核去世。1949年1月1日，许嘉谊在家中与军事顾问崔表德的女儿崔妮娜结婚。崔表德遭遇了1937-1939年极其残酷的大浩劫，是为数不多的"苏联派"军官。他于1938年遭到逮捕，在狱中关押时间长达11个月之久，在各种刑讯逼供及拷问下也不屈不挠，坚持了自己不是日本间谍的主张。他到朝鲜时是苏军大佐军衔，装甲部队顾问官。

他的政治任务除领导朝鲜劳动党组织活动，还负责领导南朝鲜共产主义地下运动，主要负责部门是党建领域，他是北半部党的活动和大部分文件的决策者，当时被高级干部们尊称为"党建工作领域的教授"，在其担任党副委员长、纪检委员长时完善了众多党和国家权力机构，发挥了重要影响。随着朝鲜战争的爆发，朝鲜国内形势发生了本质性变化。众所周知，中国人民志愿军高举"抗美援朝、保家卫国"旗帜入朝支援朝鲜战场，从另一侧面削弱了苏联对朝鲜的影响力。当时的朝鲜执政者欲通过战争巩固和强化执政能力，着手清洗各政治派系。其中，就包括许嘉谊为首的由苏联朝鲜民族组成的"苏联派"。1950年12月朝鲜劳动党中央委员会第三次全体会议上金日成指示清查朝鲜人民军后退时，留在美军占领地区的党员，此事具体交给

---

356) (俄)安德烈·兰科夫著，金光麟译：《北朝鲜现代政治史》，首尔，昇出版社，1995年，第176页。

357) (日)和田春树著，李钟奭译：《金日成与东北抗日战争》，第305-306页。

他落实。许嘉谊接到指示后立即开展了清查行动，对留在美军占领地区的党员进行了党员证的查验，凡是遗失党员证或是未直接参加游击部队及地下组织的所有党员被开除党籍。此后，他更加严格制定和执行入党条件审查。

1951年11月召开的朝鲜劳动党第二届中央委员会第四次全体会议上，许嘉谊受到金日成的严厉批评，金日成指出"清查战争时期(朝鲜人民军后退时)未能撤退的党员过程中，开除党籍人员过多，这是一些纪检领导干部犯下的错误"，并接着批判其"犯下妨碍人民委员会发展、危害人民委员会存在的"思想态度，金日成强调"在入党及干部任用问题上一部分党的领导干部将工作重点放在产业工人，这使我们劳动党未能成为人民大众的党"。358) 在此次会议中，被批判为"清算主义者"，并被剥夺了党职。但这一事件并不意味着许嘉谊退出政治舞台，他又被任命为内阁副首相，这与之前职务相比降了很多级别。他任副首相时主抓农业，这一时期，美军几乎每天都对顺安水库进行狂轰乱炸，政治局全会将水库的恢复建设任务交其负责，决定立即派他赴顺安水库，但许没有贯彻全会决定，留在家中，最终顺安水库被美军完全炸毁，附近民宅损失惨重。1953年6月30日召开的政治委员会会议上，许嘉谊因此被问责，并决定7月2日召开政治委员会讨论问题，而召开会议的前一天，他在家中死亡，结束了其45年短暂而波澜曲折的人生。

4.3 "国内派"

朝鲜共产党历史可追溯至1918年4月，李东辉等人在远东伯力成立了朝鲜民族第一个社会主义团体-韩人社会党。1919年"三·一"运动爆发后，韩人

---

358) (朝)《金日成著作集》，第六卷，平壤，朝鲜劳动党出版社，1980年。朝鲜劳动党中央委员会第四次全体会议结论：《关于改善党组织工作若干方法》，1951年11月2日。

社会党的李东辉就任上海韩国临时政府国务总理，于1921年5月成立了高丽共产党("上海派")。同时，1920年1月，俄共伊尔库茨克委员会成立了韩人共产党，该党也于1921年5月成立了高丽共产党("伊尔库茨克派")。1922年10月，共产国际解散了两党。1923年共产国际高丽部在汉城成立国内部，他们与"火曜派"社会主义力量联合创建了朝鲜共产党，金在凤、金洛俊(金灿)、金若水、朱钟建、尹德炳、陈秉基、赵东祜、曹奉岩、宋奉瑀、金尚珠、俞镇熙、独孤佺、郑云海、崔元泽、李凤洙、金基洙、申东浩、朴宪永、洪熹裕等19人参与了建党工作。

1925年4月，在汉城成立朝鲜共产党后，朝鲜共产主义者在其国内开展了地下革命活动，在北半部以平安道玄俊爀、吴琪燮、朱宁河、金镕范；咸镜道金采龙；黄海道宋凤郁、崔璟德为主要代表，而在南半部则以朴宪永的南朝鲜劳动党势力并称为"国内派"。

4.3.1 "国内派"形成过程及主要活动

1917年，在俄国十月社会主义革命成功之时，朝鲜正处在日本的殖民地统治下，日本强制吞并朝鲜后的短短七年时间里，朝鲜社会发生了重大变化。日帝采取了镇压士兵、严格控制舆论、禁止集会等残暴措施，实行了臭名昭著的"武断统治"。这一时期，朝鲜共产主义者对马克思主义理论了解甚少，他们最为关心的首要问题是朝鲜的独立，大部分人政治观念淡薄，对共产主义的概念极其模糊。而俄罗斯远东地区及中国东北成为朝鲜民族了解共产主义的窗口及众多民族主义者的"政治避风港"。

1918年，第一次世界大战结束后，海参崴、伯力、伊尔库茨克等地成为朝鲜人主要居住地，西伯利亚大陆到处都是朝鲜人经营的农场。远东地区早期的朝鲜民族共产主义者主要有李东辉、金立、朴爱等人。 1922年末，共产国际试图将朝鲜共产主义运动及民族运动中心舞台从国外转移至朝鲜国内，希望朝鲜共产主义运动扎根于国内。共产主义思潮传播到朝鲜本土是在1921年，以1919年爆发的"三·一"运动为契机，日本对朝统治政策从"武断统治"转向"文化统治"，1920年至1925年间成立了众多自由主义、民族主义倾向的团体，大致可以分为新闻出版团体、工人农民社会运动团体、知识界"研究会"等。1920年《东亚日报》、《朝鲜日报》、《谚文新闻》相继创刊，1923年前后《新天地》、《朝鲜之光》、《开辟》等杂志创刊。知识界中新闻人士占多数，他们对政治局势非常敏感，其中也不乏民族主义倾向浓厚的人士，不少人参与共产主义运动。朝鲜最早的工人团体是1920年4月车今奉组织的朝鲜劳动共济会，1922年内部分裂，激进派结成了工农总同盟。1923年9月开始试图整合各工会，1924年4月成立朝鲜工农总同盟。1925年4月17日，于汉城成立朝鲜共产党，也称其为"第一次朝鲜共产党"，主要以火曜会成员组成，也被称为"火曜会共产党"。

　　日帝对朝鲜国内共产主义运动进行了多次检举，其结果导致共产党组织瓦解。此后，国内共产主义者在共产国际的领导下开展了重新筹备党组织的地下运动。"国内派"共产主义者在日本殖民统治下以自身活动的地区为中心构建地下党组织。上述三个派系以劳动组合(工会)、农民组合、妇女会、各级学校、读书会、工厂车间、反帝同盟等形式在包括首尔在内的各级城市与农村开展了数十次的重建活动，但最终被殖民当局检举，组织遭受了重创，仅剩下朴宪永、金三龙、权五稷、李承烨、李铉相、李观述等共产主义者于1939年结成并隐身在"京城卡姆社团"，光复后重新登上政治舞台。共产主义者又分为"长安派"与"重建派"两个派系，他们于1945年8月15日，即光复当晚分别召开会议。一是，以吕运亨为首结成的建国筹备委员会，简称"建准"，另外一个则是由朝鲜共产党组织的重建党组织会议。前者主要参会者有吕运亨、洪南杓、安基成、郑柏及火曜派的洪增植、洪悳裕等人，而后者由汉城青年会成员金光洙、河弼源、崔益翰等人组成。在南半部"建准"逐步发展为政府形态，共产主义者为结成统一战线而倾注一切力量。日本投降后，在汉城派及火曜派的主导下开始着手处理重建党的问题。

"长安派"由原ML派与汉城派成员崔益翰，火曜派成员李英、赵东祜(祐)等12人组成了中央委员会。其正式重建日为8月16日，8月18日正式对外公布。由于朝鲜共产党汉城支部办公室位于汉城市中心的长安大楼，故将这一政治集团称为"长安派"。8月19日隐身在全罗南道光州的朴宪永上京(首尔)，表示自己带来了莫斯科方面的指令，他强调："朝鲜的革命不应是陈旧的资产阶级革命，应走向新民主主义革命道路。"359) 翌日，他拒绝了在中央任重要职务的提议并要求解散"长安派"，重新组织建立朝鲜共产党重建筹备委员会，崔元泽、郑在达、赵东祜(祐)、洪南杓从"长安派"中脱离并支持朴宪永。就这样，汉城就出现了朴宪永为首的"重建派"与"长安派"之间的矛盾。8月22日，两派以和解为目的召开了会谈，然而以失败告终。

9月6日下午16时，在京畿女子高中讲堂召开全国人民代表者大会，朴宪永并未亲自参会，但事实上他主导了会议。通过大会选举55名中央人民委员、20名候补委员及顾问。随后，中央人民委员会选举主席、副主席、国务总理、各部部长，正式宣布成立朝鲜人民共和国。360) 从朝鲜人民共和国的组织结构来看，表面上接纳和吸收了中间派及右翼。如长久以来作为朝鲜民族主义象征人物的李承晚当选为主席，吕运亨为副主席。另外，流亡海外的金九、金奎植、申翼熙等人士及曹晚植、金性洙、安在鸿等国内稳健民族主义人士当选为内阁部长或中央人民委员会委员。从政治面貌来看，

---

359) (韩)林京锡著：《而丁朴宪永一代记》，首尔，历史与批评社，2004年，第208-209页。

360) (韩)吴泳镇著：《又一个证词》，首尔，首尔大学图书馆藏，1952年，第60页。

55名中央人民委员中39人为共产党员，20名候补委员中16人为共产党员。[361] 9月8日召开了朝鲜共产主义运动积极分子大会，朴宪永对朝鲜人民共和国做出了如下评价：

"(人民共和国的成立)发挥了最大限度的包容，依靠各团体、各派别、各阶级，超越宗教与性别，是为结成最广泛的统一民族战线而不懈努力的结果，同时通过选举公布了中央人民委员会。"[362]

事实上，人民共和国宣布成立后，朴宪永大力主张重建党组织的问题，然而李英、崔益翰等人依据"一国一党"原则批判朴宪永的组织行为，但重建派人数较反对派多3倍，最终重建派取得胜利。会上，朴宪永提出"长安派"成员中，有很多人经常转变政治态度，故该派系出身的领导人不得在中央工作，另外应向其委任主要干部任免权。

9月9日，美军进驻汉城，9月11日"朴宪永派"以"建准"为基础重建了朝鲜共产党，原"建准"解散。选举28名中央委员，4名纪律委员，名单如下：

中 央 委 员

朴宪永、金日成、李舟河、朴昌斌、李承烨、姜进、崔庸健、洪南杓、金三龙、李铉相、李胄相、李顺今、武亭、徐重锡、李仁同、赵福礼、权五稷、朴光熙、金点权、许成泽、金镕范、洪悳裕、朱子北(音)、文甲松、姜文锡、崔昌益、金槿、吴琪燮。

中 央 纪 律 委 员

李观述、徐完锡、金炯善、崔元泽。

---

361) 朴驲远著：《南劳党总批判》，首尔，1948年，第34页。
362) 《积极分子大会经过》，《解放日报》，1945年9月25日。

1945年9月19日出版的《解放日报》刊发了《朝鲜共产党纲领》如下：

1. 朝鲜共产党拥护朝鲜工人、农民、城市贫民、士兵、知识分子等普通劳动人民政治、经济、社会方面的利益，为快速改善他们的生活而斗争。
2. 为争取朝鲜民族完全解放、消除所有封建残余、开辟自由发展之路而斗争到底。
3. 为确立尊重朝鲜人民利益的革命民主主义性质的人民政府而斗争。
4. 通过无产阶级专政使朝鲜工人阶级得到彻底解放，以建设没有剥削、压迫与阶级的共产主义社会作为人类历史任务。

朴宪永担任了总书记、政治局及组织局委员，是朝鲜共产党领导核心。上述名单中，不难发现以金日成、武亭、崔昌益、崔庸健等朝鲜境外的共产主义者均在中央委员之列，尤其是金日成列朴宪永之后，当时金日成等"海外派"共产主义者还未回到朝鲜国内，从此可以推测，朴宪永对当时朝鲜国内外共产主义者的个人信息还是比较了解的，也反映了金日成在朝鲜国内的影响力。

随着，光复几乎北半部所有的地区均以村落为单位开展了组织活动，这类活动主要由从日帝监狱出狱的"政治犯"或是从事过地下运动的共产主义者主导。他们与相邻地区的联系较少，但很早便与汉城形成连带。因此，朴宪永及朝鲜共产党获得了北半部许多地方领导人的支持，打下了坚实的群众基础。

按照地区划分，咸镜南道尤其是咸兴、兴南等城市的共产主义活动开展的最为活跃。早在光复前，兴南就成为持续开展共产主义运动的城市之一。1945年8月16日，出狱的100余名共产主义者就组织了咸镜南道共产主义者协议会，在城乡分别设立了工会、农民委员会等群众组织，并成立了兴南化学劳动组合(工会)，共产主义者都容浩负责该地区"建准"支部工作。咸镜南道共产主义者中最具领导力及影响力的人物是吴琪燮，其影响力甚至扩展到邻近的咸镜北道地区。他自殖民地时期就持续开展共产主义运动，是一名土生土长的革命人士，其与郑达宪、李凤洙、朱宁河等人一直追随朴宪永。同年9月末，咸镜南道的共产主义者与身在汉城的朴宪永为首的党中央取得了联系。他们全力支持和声援朴宪永，拒绝在本地区实施单独的政策，一直等待汉城方面下达正式指示，并认同朴宪永派关于朝鲜人民共和国及党的纲领方面提出的相关立场。

江原道党组织建设方面，李舟河以元山地区为中心创建了党的地方组织。他作为土著共产主义者朴宪永的追随者，将活动舞台转移到汉城后对朝鲜共产党的建设发挥了重要作用。咸镜北道的党组织活动集中在清津地区，其领导人是国内派共产主义者金采龙。位于鸭绿江畔的平安北道以新义州为中心开展了党的活动，但这一地区存在两大组织，即朴宪永向新义州派遣的朴均领导的党组织和以土著共产主义者白溶龟、金在甲成立的民友会，两大组织并存。但是，苏军进驻后两大组织于1945年10月中旬合并。黄海道地区以海州为中心开展了组织活动，主要代表人物是土著共产主义者金德泳、宋凤郁，他们均为朴宪永的追随者，在初期起到了中心作用。

如上所述，光复后的数周内朴宪永及其汉城的党中央就统合全国的共产主义运动，朴宪永广泛接触南北各地区的支持者，其主张国内必须只能存在一个共产党组织。在此原则下号召其追随者在三八线以北及以南地区创建党的地方组织。北半部主要城市中除平壤外咸兴、清津、元山、新义州、海州等地的土著共产主义者响应朴的指示相继掌握权力。

平壤作为北半部的中心，共产主义者将该地视为组织活动的重地，玄俊爀是平安南道价川郡人，毕业于京城帝国大学，作为平壤地区组织活动的领导人具有丰富的阅历，是一名有能力的社会活动人士。他在平壤的知识分子中具有很强的号召力，有很多知识分子聚集在其周围。玄俊爀于1945年9月15日，组织成立了朝鲜共产党平安南道地区委员会，担任书记，并负责政治部工作，组织部由原北星会、北风会成员金镕范负责。朴正爱负责平壤领导人与苏军司令部之间的翻译工作，国内派李周渊在政治部活动。1945年9月，朴宪永通过努力，逐步确立其全国共产党领导人的地位，而平壤的党组织与民族主义者曹晚植保持了密切的联系，与全国不同北半部以玄俊爀、吴琪燮为中心开展了各项活动。但是，位于平壤的苏军司令部并不接受玄俊爀的构想。9月15日召开的朝鲜共产党平南地区扩大委员会上对其政策予以强烈的批评。会上，公布了《关于政治路线》为题的决议，批评"平南地区党组织，不了解国际局势变化，在部分政治路线上犯错……团结海内外各党、各派、各团体、各阶层结成单一的民族统一战线，承认私有财产"。363) 玄俊爀因在党的初期决策过程中犯下"左"倾错误，成为批评对象。

李舟河在元山领导了重建共产主义组织的运动。在此过程中，他积极排斥异己，成为朴宪永的第二秘书，成为组织局、政治局、书记局的实权者。金日成为首的抗联集体为打破朴宪永"独大"的局面，摸索建立新党。他们通过与南北所有左翼政党合党，成立了劳动党。在北半部，1946年8月28日至30日，北朝鲜共产党与新民党合并，改称北朝鲜劳动党。而在南半部，1946年8月初起朝鲜共产党、新民党、人民党试图合作，而朝鲜共产党方面宣称，若要合党，应理所当然的召开党代会，以此为由反对合作。但到了1946年9月初，南半部的大多数共产主义者被美军政厅逮捕，其余的人转入地下活动。9月29日，从各地聚集的朝共内部反朴宪永派代表约250人在尹一的主持下召开会议，通过"不信任案"，重新选举产生以金锸洙为委员长的

---

363)《解放日报》，1945.10.30。

27名中央委员。但是，会议进行中一部分干部遭到美军政厅逮捕，故很多共产主义者又躲到地下。在内部矛盾及分裂愈演愈烈的情况下南半部的共产党活动遭受了重创，被美军政厅扣上"非法活动"的帽子，朴宪永不顾所有左翼政党内部的反对，坚定不移地推进左翼统合计划，1946年11月13日，南朝鲜劳动党正式成立。

1946年秋，工人示威等一系列事件席卷南半部，朴宪永被迫越过三八线，到达海州躲避，从此朴宪永与权五稷、朴致佑、李泰俊等人一同在海州的临时党部与苏军司令部保持紧密沟通，持续向南半部的党组织下达命令。

4.3.2 主要代表人物

4.3.2.1 北半部地区主要人物364)

（1）玄俊爀(1904-1945)

玄俊爀，1904年365)生于朝鲜平安南道价川的贫农家庭。1919年3月，毕业于价川普通学校后务农。1922年9月进入协成学校二年级学习。1923年4月插入中东学校3年级学习，并于1924年3月毕业。同年4月进入延禧专门学校本科，1925年2月取得专门学校入学资格。1926年5月考入京城帝国大学法文学部哲学系，于1929年3月毕业。同年5月，被安排到大邱师范学校任教，负责心理学、英语、汉文、教育史等课程教学。1930年秋起领导大邱师范学校秘密组织-社会科学研究小组。1931年在平南价川组织农友会，建立消费组合，并开办夜校进行扫盲活动。1932年2月，因"社会科学小组"事件停职，同年12月，他被大邱地方法院判处有期徒刑2年，缓期执行5年的

---

364) 姜万吉、成大庆编：《韩国社会主义运动人名辞典》，首尔，创作与批评社，1996年；韩国学中央研究院《韩国民族文化大百科辞典》电子检索系统 https://encykorea.aks.ac.kr/。

365) 韩国学中央研究院《韩国民族文化大百科》中，其出生年份是1906年。

判决。1933年在价川和宁边一带筹备和领导了红色农民组合活动。1934年9月，在釜山参加了重建朝鲜共产党活动。1935年，把平南价川协同组合转为左翼消费组合。同年，又被日帝警察逮捕，于1936年2月被京城地方法院判处3年6个月有期徒刑，被关押在汉城西大门刑务所(监狱)。 1945年8月，参加朝鲜共产党组织活动，并当选为朝鲜共产党平安南道负责人，同年9月去世。

（2）吴琪燮[366)](1903-?)

吴琪燮，1903年生于朝鲜咸镜南道洪原郡。1916年毕业于当地普通学校，1918年入平壤崇实中学。1919年在平壤参加了"三·一"运动，1920年转学至咸兴永生高等普通学校，在学期间因参加同盟罢课活动，被开除。 1923年10月在洪原参加了农民运动。1924年12月，结成社会主义思想团体，并任执行委员。 同月， 因领导了洪原货物搬运工罢工而被日本警察逮捕。1925年4月，筹备全朝鲜民众运动者大会，参加了抗议日警的示威活动。7月，加入了高丽共产青年会，组织了洪原支部读书会、研究班。同月，参加由《东亚日报》洪原分社主办的演讲比赛， 他以《关于现代资本主义国家的不良政策和中国同盟罢工》为题进行了演讲， 后被咸兴地方法院处以罚款。 同年8月，当选洪原青年会执行委员、高丽共青会咸镜南道委员，10月参加了建立洪原青年联盟的活动，当选执行委员和高丽共青会咸镜南道委员。1926年3月加入朝鲜共产党，同年5月参与了友进会，当选执行委员。 同年还加入了正友会，历任咸镜南道社会运动者同盟执行委员。 同年8月，因"第二次朝共事件"被日警逮捕，1928年2月京城地方法院判处其1年有期徒刑，于9月从西大门刑务所出狱。 此后，参加了洪原劳动组合运动。1929年初，元

---

366) (韩)安文锡著:《吴琪燮评传》，全罗北道全州市，全北大学出版文化院，2013年。

山大罢工爆发后，结成大罢工后援会，并任委员长。同年4月，为逃避日警追捕流亡到苏联境内。9月，经海参崴、伯力到达莫斯科。同年10月，进入莫斯科东方劳动者共产主义大学预科学习。 毕业后， 于1932年3月回到朝鲜，与郑泰玉、姜穆求共同组织了高丽共青会。同年9月，以釜山丸大橡胶厂职工为中心，开展重建共青会活动，再次被庆尚南道警察部逮捕，1935年10月被咸兴地方法院判处有期徒刑6年。服刑期间，参加了5次狱中斗争。

光复后，在咸镜南道朝共、人民委员会领导了组织活动，1946年2月，担任北朝鲜临时人民委员会宣传部长。 同年发行《土地改革法令的正当性》。1947年2月， 当选北朝鲜人民委员会劳动局长。 同年， 在《人民》中发表了《现阶段朝鲜阶级分析》、《北朝鲜的医疗休业工作》等文章。在劳动党"二大"和"三大"当选中央委员。 1957年9月， 当选第2届最高人民会议黄海北道代议员。

（3）朱宁河(1908-?)

朱宁河，1908年生于朝鲜咸镜南道。毕业于京城帝国大学，1925年加入朝鲜共产党。1929年光州学生抗日运动时，在汉城普成高等普通学校领导了"万岁运动"，参加了第一次太平洋劳动组合。 他在朝鲜氮化肥料株式会社兴南厂工作期间，以该厂工人为中心组织了研究会，担任总务。1931年1月，建立了左翼劳动组合结成筹委会，任调查部负责人。同年2月，参加咸兴委员会组建工作，并成为化学部产业部门负责人。1932年起同莫斯科东方共产大学毕业生进行重建朝鲜共产党的活动， 因组织红色劳动组合逮捕，1936年5月被判处6年有期徒刑。

光复后，担任朝共咸南道洪原郡委负责人，9月担任元山市人民委员长。1946年8月，当选北朝鲜劳动党中央副委员长兼政治委员。1947年2月，担任北朝鲜中央选举委员长，1948年4月，当选南北联席会议筹委会委员长。同年8月，当选第一届最高人民会议代议员，9月任命为新朝鲜内阁交通相，10月任苏联大使。 1951年任外务省副相， 以代表身份参加板门店停战会谈。1953年8月，以"宗派分子"为由下放到地方，担任企业负责人。

（4）金镕范(1902-1947)

金镕范，1902年生于朝鲜平安南道安州，1921年以前在乡务农。1921年插班到平壤大成学院普通科4年级，于1922年3月毕业。1923年迁至中国东北地区，1925年加入中国共产党，以佃农为生。1927年，加入朝鲜共产党满洲总局，1929年进入龙井东兴中学学习。1930年7月，在海参崴工人俱乐部工作。同年11月，经共产国际东方部推荐进入莫斯科东方共产大学速成班学习，并于1932年5月毕业。同年11月，受太平洋劳动组合秘书处指示，与朴正爱前往平壤开展红色工人组合工作。 1935年3月，同朱宁河筹备平壤地区左翼工人组合过程中，9月被日帝警察逮捕，1936年在咸兴刑务所(监狱)服刑。1938年出狱后在平壤、镜城、兴南等地以木工、铁工、电工为生，在工人中继续开展活动，1943年逃亡至东北。在东北活动过程中又被逮捕，直到光复前一直被关押在汉城西大门刑务所(监狱)。

光复后，他担任朝共平南道组织部长、平南道责任书记，1945年参加朝鲜共产党以北5道党的积极分子大会，当选朝鲜共产党北朝鲜分局责任书记。1946年9月，担任北劳党中央检阅委员长、平安南道人民委员会委员。金镕范为新朝鲜建国做出了积极贡献，1947年9月7日因病去世。新朝鲜建国后，为纪念他的功绩在平壤建立了金镕范革命遗孤初等学院。

4.3.2.2 南半部地区主要人物

（1）朴宪永[367]（1900-1956）

朴宪永，1900年生于朝鲜忠清南道礼山郡。1915年毕业于大兴普通学校。1919年3月毕业于京城高等普通学校。 1919年参加了"三·一"运动，担任杂志《女子时论》主编。1920年9月，参与创立朝鲜世界语协会，任社交部成员。同年偷渡到日本东京，11月流亡中国上海。1921年3月，参与组建在沪高丽共产青年会工作，并任责任书记。同年5月，加入高丽共产党(伊尔库茨克派)，担任机关报编辑，这时期与朱世竹结婚。同年8月，在京参与组建高丽共产青年会中央总局，担任责任书记。 9月进入上海商业大学，但翌年2月退学。4月，为在朝鲜国内开展社会主义运动，启程回国，但在新义州被日警逮捕，5月，新义州地方法院以违反制令为由判处其有期徒刑1年6个月，被关押在平壤刑务所(监狱)，于1924年1月出狱。2月，在汉城加入新兴青年同盟。3月，又成为高丽共青中央总局责任书记。1925年2月，成为全朝鲜民众运动者大会筹备委员。4月，出席高丽共青会第一次全国大会，当选执委会责任书记。 1927年9月他在审判过程中，假装精神错乱，11月获得保释。 1928年8月，同夫人朱世竹流亡苏联远东海参崴。 11月到达莫斯科，1929年入国际列宁学校，1930年毕业后成为共产国际执委会东方秘书处下设的朝鲜问题委员。 1933年1月，被派往上海开展联系朝鲜国内朝共组织和编辑机关报工作。7月，他被上海日本总领馆警察逮捕，押送到京畿道警察部。1934年12月，他被京城地方法院判处有期徒刑6年，分别在汉城西大门刑务所和大田刑务所服刑。1939年9月刑满释放后，于12月加入了"京城卡姆社团"。

---

367) (韩)林京锡著:《而丁朴宪永一代记》，首尔，历史批评社，2004年。

朝鲜光复后，在汉城发表了《8月纲领》。1945年，重建了朝共，任总书记。10月，批准成立了朝共北朝鲜分局。11月，为建立民族统一战线，与李承晚进行了协商，但在清洗亲日派问题上存在分歧，双方决裂。1946年1月，表示支持莫斯科三国外长会议决定。2月，出席民主主义民族战线成立大会，当选议长团成员。7月，同金日成、许嘉谊访问了莫斯科。9月，美军政发布逮捕令，他被迫于10月到达北半部。11月，在汉城召开的南朝鲜劳动党成立大会上，当选副委员长兼政治委员。1948年8月，参加在海州举行的南朝鲜人民代表者大会。新朝鲜建国后当选副首相兼外务相。1949年3月，以朝鲜政府代表团成员身份访问了莫斯科。6月，南北劳动党联合中央委员会成立，当选第二书记。1950年5月，被朝鲜民主主义人民共和国政府授予一级国旗勋章。10月，担任朝鲜人民军总政治局局长。1952年末，因涉嫌"美国间谍"，被开除党籍，1955年12月由最高裁判所判处死刑，于1956年7月19日，被执行死刑。

（2）李承烨[368]（1905-1953）

李承烨，1905年生于朝鲜京畿道富川，幼年随父母迁至仁川。在仁川公立商业学校学习期间参加了"三·一"运动，被校方开除。1921年4月，入日本东京正则英语学校，但在该校学习三个月后回国。回到朝鲜后，进入汉城普成法律学校，于1923年2月退学。这时，他加入了高丽共青会。1924年8月，担任济物浦青年会执委，翌年3月当选执委会委员长。6月，成为朝鲜日报仁川分社记者，同年9月，加入朝鲜共产党，10月当选朝鲜工农总同盟中央执委。11月起在朝鲜日报总部工作。

---

368) 金俊烨、金昌顺合著：《韩国共产主义运动史(3)》，首尔，高丽大学亚细亚问题研究所，1973年；韩国学中央研究院《韩国民族文化大百科辞典》(电子版)，"李承烨"条，https://encykorea.aks.ac.kr/Contents/Index。

1930年2月，为纪念"三·一"运动11周年，同权五稷、朴长松印制和散发了3种檄文，还向全国各社会运动团体邮寄。为了躲避追捕，他在庆尚南道一渔场务工。1931年，成为上海的金丹冶、朴宪永领导的朝鲜共产主义秘密小组成员，在仁川和庆尚道一带从事地下活动。1932年8月被釜山地方法院判处4年有期徒刑，1936年出狱后便开展了重建共青组织的秘密活动，1937年再次被捕，被关押到咸兴刑务所，1939年出狱。

1940年，李承烨又一次被逮捕，宣布改变思想意识后被释放。这一年，他加入了"京城卡姆社团"。1941年5月，成为米谷商组合办事员，后来又成为仁川粮食配给组合理事。1943年，他与赵东祜(祐)、郑在达建立了火曜派共产主义小组，并同领导咸镜南道工人运动的"自由和独立"小组和建国同盟建立了交流关系。1945年春，他以"火曜小组"代表身份，与建国同盟共同组建了军事委员会。朝鲜光复后，加入朝共(长安派)，担任第二书记，同年9月，参加了朴宪永领导的重建朝共活动，历任京畿道负责人和中央委员。1946年2月和12月，当选民主主义民族战线中央执委、南劳党中央委员。1948年7月，前往北半部。8月，当选第一届最高人民会议代议员。9月，担任新朝鲜首届内阁司法相，1949年当选朝鲜劳动党中央书记，1950年任汉城市临时人民委员长，1952年任共和国人民纪委委员长。1953年3月，因涉嫌"颠覆政权阴谋和间谍罪"被逮捕，8月被判死刑。

（3）许宪369)(1884-1951)

许宪，1884年生于咸镜北道明川郡，他是汉学家许抽之长子。1908年到日本明治大学法科进修。同年7月，通过朝鲜第一届律师资格考试，任西北

---

369) (韩)沈之渊著：《许宪研究》，首尔，历史批评社，1994年；韩国学中央研究院《韩国民族文化百科大辞典》(电子版)"许宪"条，https://encykorea.aks.ac.kr/Contents/Index。

学会副总务。1920年10月，以京城朝鲜人律师会会长身份赴北京出席国际律师大会。11月以《东亚日报》股东身份成为监查，1921年3月任咸兴永信学校校长。1923年3月，参与组建民立大学期成会，当选中央执委。11月，就任普成专门学校第7任校长，1924年4月成为东亚日报代理社长，1925年当选朝鲜律师会会长。1926年5月，为洞察世界局势，启程环球旅行。1927年2月，以新闻记者身份参加了在比利时布鲁塞尔举行的世界弱小民族大会。同年5月回国后担任"第一次朝鲜共产党事件"辩护人，1928年12月担任"第一次间岛共产党事件"辩护人。1929年6月，参加新干会代表大会，当选中央委员，8月担任"吕运亨事件"辩护人。同年12月，因民众大会被日警逮捕，以涉嫌违反《保安法》、《刑事令》拘留。1931年4月被判处1年6个月有期徒刑，于1932年1月出狱。1943年3月，因收听短波广播而被判处2年有期徒刑。1945年7月，他认为日帝即将灭亡，便开始构思和起草宪法工作。

　　1945年9月，当选"建准"副委员长，并在全国人民代表大会上当选朝鲜人民共和国中央人民委员。11月，在全国人民委员会代表大会上以"清算日帝残余资产、实现民族彻底独立和统一"为主旨发表了开幕词。1946年2月，参与民主主义民族战线成立大会，当选议长团和中央委员。12月，当选南劳党委员长。同月，在民战代表会议上，谴责将朝鲜问题提交联合国，并称这是一场分裂南北的阴谋，主张美苏两军撤出朝鲜。1948年4月、8月分别当选南北联席会议和南朝鲜人民代表者大会主席团成员。9月，当选朝鲜最高人民会议议长兼法制委员长。1949年6月，拥戴为祖国统一民主主义战线议长。8月，以朝鲜政府代表团成员身份出席在莫斯科举行的拥护世界和平大会，并致辞。1951年8月16日去世。

（4）李英370)(1889-1960)

李英，1889年生于朝鲜咸镜南道北青，在汉城读完五星学校后，进入中国江宁第一实业学校学习。在校期间，加入了朝鲜光复会。1913年毕业于奉天省柳河县三源浦(今吉林省柳河县)耕学社所属武官学校新兴讲习所。此后，在通化县东华学校任教。 1917年在大荒沟北一中学讲授英语。 1920年至1926年历任朝鲜青年联合会财务部常委、高丽共产青年会中央总局责任书记、朝鲜青年总同盟常委、高丽共产同盟责任书记等职。1927年4月，加入朝鲜共产党，6月当选青总新执行部资格审查委员。 1928年6月，1933年1月，1945年7月三次被日警逮捕入狱。

"八·一五"后，参与建立朝共(长安派)工作，1945年9月当选朝鲜人民共和国中央委员会顾问，并参加了桂洞积极分子大会。11月加入朝共重建派，12月成为欢迎朝鲜独立同盟筹委会委员。 1946年1月，当选反日运动者救援委员会委员长，2月当选民主主义民族战线常委。8月被美军政逮捕，11月当选社会劳动党临时中央委员。1947年1月，表明自我批评，退出社会劳动党。5月参与建立勤劳人民党工作，成为副委员长。1948年4月，代表勤劳人民党参加在平壤召开的南北联席会议。8月和9月分别当选第一届最高人民会议代议员和由49人组成的最高人民会议宪法委员会委员。1949年6月，当选祖国统一民主主义战线常委兼议长，1953年12月，当选最高人民会议议长。 1956年9月，以最高人民会议代表团团长身份访问了苏联。 1957年12月，再次当选祖国统一民主主义战线中央常委兼议长，1959年被免职。

---

370) 韩国学中央研究院《韩国民族文化大百科辞典》(电子版)"李英"条https://encykorea.aks.ac.kr/Contents/。

小 结

新朝鲜建国时期核心领导集体中，除东北抗联集体外"延安派"、"苏联派"、"国内派"对建立人民政权发挥了重要作用。

"延安派"人员构成比较复杂，他们曾在中国共产党领导的抗日根据地华北地区、陕北延安等地参加革命。"延安派"既参加了朝鲜民族解放运动还积极投身中国国内革命和抗日战争，可谓是"一身兼双重使命"。其主要干部呈现出高学历、革命斗争经验丰富、军事技能和政治理论水平高的特点。他们深受毛泽东思想的影响，经历了土地改革、大生产运动、延安整风运动，并深刻学习和体会了统一战线、新民主主义思想等政治理论。如果说，抗联集体得到苏联占领军的有力支持，那么"延安派"则受到中国共产党的支持。他们在新朝鲜建党、建军、建国过程中主要负责党建、人民武装、宣传、组织、纪检等工作，对建国初期人民政权建设发挥了重要作用。

"苏联派"主要由情报人员、军人、技术专家、教师等组成。光复后，由苏联政府统一征集并派往朝鲜。其主要任务是翻译，并开展宣传活动。"苏联派"、东北抗联集体和"延安派"均"一身兼双重使命"，他们大部分人心中将朝鲜视为祖国，信奉共产主义理想，竭尽全力协助以金日成为首的共产主义者建立人民政权。"苏联派"具备了诚实、埋头苦干的好品德，其平均受教育程度高，但由于生长在苏联，很多人不通晓朝鲜语言文字，比起朝鲜文化他们更加熟悉和热衷于俄罗斯文化。"苏联派"按照苏联模式，对北半部的国防建设、干部培养、文化教育体系、公安特殊机构建设等诸多方面作出了贡献。

光复后，以朴宪永为代表的"国内派"共产主义者，重建了朝鲜共产党，但在美军政的打压下未能持续领导南半部共产主义运动，1946年才进入北半部。 与"延安派"相同，朴宪永为首的南朝鲜劳动党政治力量与随苏军入朝的"苏联派"和金日成为首的东北抗联相比，进入北半部的时间较晚，等"国内派"到达北半部时，抗联集体已经初步确立其政治基础。 与此同时，光复以后急剧变化的政治形势也大大削弱了"国内派"在朝鲜的影响力。

第五章

朝鲜建国时期领导集体的历史特点

以金日成为首的东北抗联集体在长期艰苦的斗争环境中形成思想高度统一、政治纪律严明、强大的凝聚力、战斗力和团结精神，凝练出"白头山革命精神"，并逐步形成了朝鲜革命坚强的领导核心集体，成为新朝鲜的主导力量。1948年9月9日，朝鲜民主主义人民共和国的成立正式确立了以金日成为首的领导核心，新朝鲜继承了抗日革命斗争时期缔造的光荣的革命传统，建立了新朝鲜政权。朝鲜党、军队和人民建设社会主义国家的斗争进入了新的阶段。

5.1 以金日成为首的核心领导集体的形成

5.1.1 成立北朝鲜临时人民委员会、北朝鲜人民委员会

1945年10月8日，五道人民委员会联合会议闭幕后，开始以平安南道人民政治委员会为中心组建新的政权机关体系，人民委员会代表们为清算日帝残余势力、维持和稳定社会秩序，于1945年11月19日，在苏军政厅的帮助下建立了北朝鲜行政十局。[371]

1946年2月初，由各民主政党和社会团体领导人组成北朝鲜中央政权机关成立筹委会。2月7日，召开了各政党、社会团体代表预备会议。与会人员组成方面，北朝鲜共产党、民主党、独立同盟、劳动组合(工会)、农民组合各2人；女性同盟、民主青年同盟和宗教团体各1人；各道、市、郡人民委员会委员长和行政局局长。会上，讨论了北朝鲜临时人民委员会当前任务，有关选举人民委员等若干议题。翌日，在平壤召开了北朝鲜各政党、社会团体、行政局和各道、市、郡人委会代表扩大会议。共有137人参加会议，其中包括政党代表6人，社会团体代表8人，行政局长11人，各级人委会负责人等，北朝鲜临时人民委员会正式成立，金日成当选委员长。

北朝鲜临时人民委员会以履行人民民主专政的职能、在北半部完成反帝反封建的民主革命，建立革命的民主基地，为逐步向社会主义革命阶段过渡创造前提条件作为基本任务和宗旨。金日成把党的政治路线加以具体化，公布了北朝鲜临时人民委员会的《二十条政纲》实行了民主改革。他了解到农民要从封建土地所有制的束缚中摆脱出来的愿望后，根据朝鲜是落后的殖民地农业国的国情，把土地改革作为在反帝反封建民主革命阶段执行的首要任务，确定了土地改革原则和途径。[372] 同时，他把一批优秀的党员和

---

371) (韩)徐东晚著：《北朝鲜社会主义体制成立史1945-1961》，首尔，先人出版社，2005年，第77页。

工作人员派往农村，帮助雇农和贫农组成农委会。1946年3月31日，土改告一段落，通过土改没收日帝、亲日派及朝鲜封建地主等土地共100万325町步，并向72万4522户农民无偿分配了98万1390町步土地。另外，向雇农分配了14477座建筑、4774头牛和马，2692町步果树园、1165处灌溉设施、3432986町步森林则归国家所有。373) 自此，清算了日帝残余势力和封建地主阶级，为农民成为农村真正的主人而奠定了基础。此后，相继颁布了《北朝鲜土地改革法令》、《土地改革临时措施法》，并于1946年6月废除了一切苛捐杂税，实行单一农业实物税法。374)

金日成还实行了重要产业国有化，于1946年8月10日颁布了《工业、交通运输、邮电、银行等国有化法令》在重要产业国有化中，他把日帝、买办资本家、亲日派占有的产业设施规定为国有化对象，并全部无偿没收，归国家所有，民族资本家和中小企业家的产业设施则不实行国有化。在实行国有化经济改革的同时，还颁布了《北朝鲜工人、职员的劳动法令》、《北朝鲜男女平等权法令》，并实行司法、检察机关民主化，在教育部门铲除日帝遗留下来的残余，建立了人民民主教育制度。他把教育工作和干部培养工作视为建设新朝鲜最重要的问题和决定朝鲜革命成败与朝鲜民族未来命运的首要问题。为此金日成广泛吸纳了分散在北半部和南半部的文化教育、科学技术界人士。1946年6月至10月，相继成立中央党校、中央高级领导干部学校和金日成综合大学，并以综合大学为母体创办许多大学，增设专科学校、技术学校、夜校等。同时，为贯彻民主主义教育制度成立了教科书编撰小组，375) 新编撰了国语、朝鲜历史、地理等教科书。

---

372) 金日成提出的土改方针：在无偿没收、无偿分配的原则下进行土改，没收的土地不归国家所有，而归农民私人所有。

373) (朝)《解放后革命和建设经验》：平壤，朝鲜劳动党出版社，1989年，第13页。

374) (朝)《金日成同志革命历史》，平壤，朝鲜外文出版社，2012年，第175-179页。

1946年7月22日，民主主义民族战线中央委员会成立，该战线成为从中央到地方具有完善组织体系的统一战线组织。民战吸收共产党、民主党、朝鲜新民党、天道教青友党等政党和北朝鲜劳动组合(工会)总联盟、农民组合、青年同盟、妇女同盟、艺术总联盟、记者同盟及宗教团体等社会团体参加。[376]

1946年11月，金日成在北朝鲜临委会第三次扩大会议上提出大力开展建国思想总动员运动的方针，并在12月召开的党中央常委会第十四次会议和民战中央委第八次会议上阐明了改造思想意识的具体任务和途径。工业和农业等国民经济部门蓬勃开展了劳动英雄运动、爱国增产运动有力地推动了经济建设，同时以"提高人民文化、要从扫盲入手"为口号，引导人民群众在党的领导下，全民参与这一运动。同年11月3日，举行了第一次道、市、郡人民委员会委员选举。1947年2月，在各级人民委员会选举的基础上，在平壤召开了道、市、郡人民委员会代表大会。大会批准了北朝鲜临时人民委员会颁布的所有民主法令，通过了《1947年度北朝鲜人民经济发展报告》，建立了最高权力机关–北朝鲜人民会议。[377] 2月21日，推举金日成当选北朝鲜人民委员会委员长，他受会议的委托组织了新的中央政权机关–北朝鲜人民委员会。由金策、洪箕畴任副委员长，韩炳玉任秘书长，各局局长、部长名单如下：

---

375) 1947年秋季学期，北朝鲜人委会教育局新编撰了人民学校7科目25种，初级中学20科目41种，高级中学15科目42种，朝鲜文学校2科目2种教材，共计47科目113种教材。

376) (朝)民主主义民族战线编：《朝鲜解放年报》，首尔，文友印书馆，1946年，第455页。

377) (韩)金学俊著：《北朝鲜历史(第二卷)》，首尔，首尔大学出版文化院，2008年，第657页。

〈表 5-1〉北朝鮮人民委员会组成人员名单378)

规划局长: 郑准泽 (京城高等工业学校)	产业局长: 李文焕(南浦工业专校)
内务局长: 朴一禹(吉林师范学校)	外务局长: 李康国(京城大法文系)
财政局长: 李凤洙(明治大学经济系)	交通局长: 许南熙(音)(龙山铁路学校)
农林局长: 李舜根(早稻田大学经济系)	邮电局长: 朱晃燮(大学经济系)
商业局长: 张时雨(平壤崇实中学)	卫生局长: 李东荣(音)(京城医学专校)
教育局长: 韩雪野(日本大学社会系)	劳动局长: 吴琪燮(咸兴高等普校自退)
司法局长: 崔容达(普成专校教授)	人民纪检局长: 崔昌益(早稻田大学政经系)
干部部长: 张宗植(京城中央中自退)	宣传部长: 许贞淑(关西大学)
粮政部长: 宋凤郁	总务部长: 金廷柱

　　北朝鲜人委会下设平壤特别市委员会、6个道级人民委员会、12个市级人民委员会、90个郡级人民委员会。 曾任北朝鲜临时人民委员会局长、部长职务的人员几乎都当选了北朝鲜人委会主要职务， 金日成任用具有丰富的专业知识和技术， 且经验丰富的人员， 维持了政策上的延续性和行政上的稳定性。 另外， 北朝鲜劳动党方面当选人数最多。 由22人组成的委员会中北朝鲜劳动党党员人数是16人， 占到73%。379) 其中， 包括了"国内派"和"延安派"， 但无"苏联派"成员。 "国内派"李康国担任外务局长期间发表了《民主主义与外交》的论文，他主张"朝鲜在伟大的民主先锋苏维埃联邦的领导下打倒了日帝"， 还称金日成是"民族英明的领导人-金日成将军"并号召人民团结在金日成周围， 粉碎反动阵营的阴谋。380) 北人委会成立后， 形成了以金日成为中心， 结合北劳党、各社会团体、统一战线为一体的最高权

---

378) (韩)金光云著: 《北朝鲜政治史研究1: 建党、建国、建军的历史》, 首尔, 先人出版社, 2003年; (韩)金学俊著: 《北朝鲜历史(第二卷)》, 首尔, 首尔大学出版文化院, 2008年。

379) (朝)《北朝鲜人民会议第一次会议会议录》, 平壤, 1947年; (韩)国史编撰委员会编: 《北朝鲜关系史料集》, 第八卷, 京畿道果川市, 第169-170页。

380) 李康国《民主主义与外交》, 国史编撰委员会编: 《北朝鲜关系史料集》, 京畿道果川市, 第13卷, 第385-391页。

力机关，其权力体系逐步发展为金日成核心领导体系。金日成全面负责人事任免权，把包括东北抗联集体在内的许多有经验的干部安排到重要岗位，进一步巩固和强化了组织力量。

5.1.2 两党合并、召开北朝鲜劳动党第一次代表大会

为建立统一的群众性政党，金日成积极推进北朝鲜共产党和朝鲜新民党合并工作，于1946年7月，北朝鲜共产党中央组委会执委会第八次扩大会议上确定了党的名称、合并程序和培养党的核心等有关合并的原则性问题。[381] 从8月初开始，两党各级组织召开扩大会议，对党的纲领和章程草案进行讨论。两党联合支部会议和市、郡、道代表会议依次举行。1946年8月28日至30日，在平壤举行北朝鲜劳动党成立大会。会议宣读了金日成、金枓奉、金镕范、崔昌益、许嘉谊等31人组成的主席团名单，并拥戴"世界被压迫民族的解放者、朝鲜民族的恩人、向朝鲜提供无私援助的斯大林大元帅"为大会名誉议长。[382] 大会选举了代表审查委员5人，会议录编辑委员5人，书记员4人，党纲领修订委员5人，党章修订委员5人。接着北朝鲜职业总同盟代表崔璟德、北朝鲜农民总同盟代表姜镇乾、北朝鲜民主女性总同盟平南道委代表白璟济、北朝鲜民主青年同盟代表金旭镇、朝鲜民主党代表崔庸健代表各政党、社会团体致贺词，他们在贺词中表示坚决支持两党合并，粉碎南朝鲜亲日派和反动势力，并决心为建立朝鲜民主主义人民共和国而斗争到底。

与会人员高呼："朝鲜人民的伟大领导人金日成将军万岁！"、"我们民族

---

381) 合党之前，北朝鲜共产党员总数为13万4000人，而朝鲜新民党约2万人。根据新民党1946年5月21日统计，各道党具体人数是，平安北道1万335人，平安南道3042人，咸镜北道稳城郡清津郡200人，咸镜南道2127人，江原道1726人，黄海道3178人，合计2万608人。

382) (韩)国史编撰委员会编：《北朝鲜关系史料集》，第一卷，京畿道果川市，1982年，第173-176页。

伟大的领导人金日成将军万岁！"等赞扬金日成的口号。 会议通过了《致斯大林大元帅的函》，383) 该信函以"伟大的斯大林大元帅"起头， 以"朝鲜民族的解放者、支持者、恩人和友人–伟大的斯大林大元帅万岁！"结束。384)

根据大会代表资格审查报告， 获得代表资格的人数为818人， 因病或其它原因缺席17人， 来自平安南道、平安北道、咸镜南道、咸镜北道、黄海道、江原道的801名代表到会， 其中89人是女性。 从年龄来看， 20–30岁229人(29%)， 31–40岁417人(52%)， 41–50岁129人(16%)， 50岁以上26人(3%)， 70岁以上1人。从社会成分来看， 工人183人(23%)， 农民157人(20%)， 办事员385人(48%)， 其它76人(9%)。办事员中包括博士、学士、技术员。从受教育程度来看， 小学程度228人(29%)， 中学程度359人(45%)， 大学程度214人(26%)。日帝统治时期， 曾被捕入狱者达到263人， 有海外流亡经验者(或光复后入北者)达到427人， 占到总人数的53%。385)

会上， 金日成以北朝鲜劳动党中央责任书记身份， 作了题为《为了建立劳动群众的统一政党》的报告。 他在报告中阐明了劳动党的性质、基本任务和斗争任务， 大会通过了党的纲领和章程， 并决定出版劳动党的机关报《劳动新闻》和政治理论刊物《劳动者》。 金日成与各道代表团负责人和两党中央委员会讨论后， 43人当选中央委员， 按照各派别东北抗联集体5人， "延安派"15人， "苏联派"8人， "国内派"10人， 派别不明5人。

---

383) 信函主要内容: "感谢苏联红军把朝鲜人民从日帝的桎梏中解放出来, 苏军维护了朝鲜人民的利益, 保障了言论、出版、集会自由, 为建立民主主义政党、社会团体开辟了宽广的道路, 在苏联的支援下曾经惨遭日帝蹂躏的产业、农村经济和民族文化得以恢复, 在斯大林大元帅的深思熟虑和红军的大力帮助下, 北朝鲜人民迎来了解放和发展, 对此朝鲜人民深表谢意, 并向斯大林大元帅致以最高的敬意和感激之情......您为世界和平和自由而日夜操劳, 衷心祝愿您健康。"–全文参见(韩)国史编纂委员会编: 《北朝鲜关系史料集》, 京畿道果川市, 第一卷, 第108–109页。

384) (韩)国史编撰委员会编: 《北朝鲜关系史料集》, 京畿道果川市, 第一卷, 第101–102页。

385) (韩)国史编撰委员会编: 《北朝鲜关系史料集》, 京畿道果川市, 第一卷, 第110页。

中央委员名单中，包括金日成在内的朝鲜共产党党员共有30人，东北抗联集体5人、"延安派"15人、"苏联派"8人、国内派10人、剩余5人的政治派别不明。日帝殖民统治时期，他们均参加了多种形式的民族独立解放运动，其学历较一般党员高，值得注意的是出自咸镜道的人员多达17人，而出自南朝鲜的人员只有6人，东北抗联人员所占比例较少，其主要力量放到军队和安全部门。

1946年8月31日在金日成的主持下召开了北朝鲜劳动党中央委员会第一次会议，会议选举金枓奉为委员长，金日成、朱宁河为副委员长，许嘉谊、崔昌益为政治委员。北劳党中央委员会在核心机关人员构成上，体现了政治联合的性质，开始确立以金日成为核心的单一领导体系。

5.1.3 创建正规人民武装力量、召开北朝鲜劳动党"二大"

（1）创建正规人民武装力量—朝鲜人民军

金日成为首的东北抗联集体曾经参加了艰苦卓绝的抗日游击战争，他们很早便意识到"枪杆子出政权"的真理，在建设新朝鲜的征程中军队作为捍卫人民政权的重要武装力量，其地位举足轻重。光复后，在建党、建国等各方面都急需干部，金日成派金策、崔庸健、安吉、金一、姜健、吴白龙、崔春国等东北抗联集体人员参加正规军建设工作，并使东北抗联集体在正规武装力量建设中起主导作用。他对建立培养正规军建设所需的军事政治干部的军事政治干部培训基地予以很大的关注。为建设民主的新朝鲜，创建自己的民族军队-现代化的正规军，尽快地培养能肩负起新朝鲜前进的军事、政治干部，于1945年11月17日，金日成选定了第一所军事政治干部培训基地-平壤学院校址，由他担任名誉院长，具体领导学院的教育工作。1946年1月初，金日成到学院向师生上了第一堂课，并于2月23日出席了建院及开学典礼。386)

　　同时，在北朝鲜共产党中央第五次扩大执委会上，第一次讨论了创建正规武装力量的问题，并建立了保安部队。当时，保安队直属于临时人委保安局，分别在各道和各郡设保安局、保安署。分析美苏关系及南北关系后，开始具体筹备创建正规武装工作。1946年3月中旬，在平壤学院设置航空班，翌年7月，金日成选定了水上保安干部学校校址，以保证有计划地培养空军和海军的军事干部。同年8月中旬，金日成同金策、崔庸健等东北抗联战友讨论了组建正规武装核心部队的原则、规模和地位等问题，于1946年9月初，以东北抗联基本力量和平壤学院培养出的许多军事政治干部为核心，以光复后在各地组建的保安队、边境警备队、铁路警备队为母体建立了保安干部训练所，其指挥机关名称为保安干部训练营部。在东北抗联集体主导下，"延安派"和"苏联派"也参与了保安干部训练所工作。由临时人民委员会保安局长崔庸健任司令官，金一任副司令官兼文化部司令官，"延安派"武亭任副司令官兼炮兵司令官，安吉任参谋长。接着，分别在平壤、价川、新义州、定州、罗南、清津等地建立了分所，下设大队、中队、小队、分队。

　　1947年5月起，向保安干部训练所、水上保安队、平壤学院飞行队的军人和各级军事学校学生供应新制的正规军军装，并用现代武器和战斗技术装备进行武装。同时，为适应正规军建设的要求改编军事编制，在军政训练和后勤工作中建立正规化体系，制定和实施军事条例和操典、军旗和入伍宣誓。1948年2月初，北朝鲜人民委员会第58次会议上，成立了民族保卫局，使之专门领导对革命武装力量的军事、政治工作，金日成任命金策为局长。以此为基础，于1948年2月8日，把朝鲜人民革命军加强和发展成为正规的革命武装力量-朝鲜人民军。2月中旬，金日成把隶属于保安干部训

---

386) (朝)《金日成同志革命历史》，平壤，朝鲜外文出版社，2012年，第185页。

练所的各部队改称为师和旅，同年9月将内务省保安旅改编为步兵师编入人民军，新建步兵师。另外，把空军骨干部队平壤学院飞行队改编为朝鲜人民军总司令部飞行队，将水上保安干部学校改编成海军军官学校，设立海军技术训练所，还组建了技术兵种和特种兵部队。为由此可见，在创建正规军队的过程中，抗联集体发挥了主导作用，把朝鲜人民军正式创建为新朝鲜成立奠定了强有力的武力基础。

（2）召开北朝鲜劳动党第二次代表大会

1948年3月27日至30日在平壤召开了北朝鲜劳动党第二次代表大会，金日成阐明了关于通过全朝鲜选举建立统一的民主政府的方针，大会还通过了新的决议，修改了《党章》。大会应到代表999人，实际到会代表为990人。

与"一大"社会成分相比较，办事员减少了一半，而工人增加了一倍之多。这说明，北朝鲜劳动党建党后逐步发展成以工人阶级为中心的政党。另外，光复后入党人数迅速增长，光复前入党的人员及其势力被减弱，日帝时期曾被关押的党员数较"一大"其所占比例从30%减少到20.7%，具有地下运动或武装斗争经验的党员数从"一大"的53%减少到25.6%，而劳动模范比例达到18.8%，概言之，北朝鲜政权从此进入了"管理政权"时期，开始注重在工农群众和实务管理人员中发展新党员。

北朝鲜劳动党选举产生了67名中央委员，选举结束后，由金枓奉致闭幕词。他在闭幕词中共7次赞颂了金日成，号召全体党员："我党在组织者、向导者金日成同志的领导下，把北朝鲜引向正确的道路，让我们紧密团结在他周围。"[387] 根据《党章》，选举金枓奉、金日成、许嘉谊、金策、崔昌益、朴一禹、朱宁河等7人为政治委员，除上述7人外选举朴正爱、朴昌玉、金

---

387) (韩)国史编撰委员会编《北朝鲜关系史料集》第一卷，京畿道果川市，第456-458页。

一、金在(宰)旭、陈潘秀、奇石福、郑准泽、郑一龙等15人为中央常务委员。政治委员会选举金枓奉为委员长，金日成和许嘉谊为副委员长。[388] 由于将抗联集体出身干部主要安排在军队和国家安全系统， 故其在中央委员的比例与其它派别相比较少。

日本学者和田春树将67名中央委员和15名常委做出如下分类。

中央委员(67人)
东北抗联集体(6人):
金日成、金策、金一、姜健、金光侠、金京锡;
"甲山派"(2人):
李松云、朴金喆;
"延安派"(17人):
金枓奉、崔昌益、朴一禹、金教英、金民山、陈潘秀、
朴勋一、许贞淑、武亭、朴孝三、赵英(音)、金雄、
朴茂、张哲、李权武、金汉重、李维民;
"苏联派"(14人):
许嘉谊、朴昌玉、金在旭、金烈、韩一武、李熙俊、金承化、
奇石福、太成洙、朴昌植、李东华、方学世、金永洙、金灿;
"国内派"(16人):
朱宁河、朴正爱、郑准泽、金黄一、崔璟德、姜镇乾、韩雪野、张顺明、
金应基、李北鸣、张海宇(音)、张时雨、吴琪燮、李舜根、林海、郑一龙;
不明(12人):
崔肃良(音)、崔在麟(音)、李重根、金高望(音)、金相哲(音)、郑斗显、
宋济俊(音)、金直铉、李宗益、 金泰渊(音)、朴永成(音)、金光彬(音)

中央常委(15人)
东北抗联集体(3人): 金日成、金策、金一;
"延安派"(4人): 金枓奉、崔昌益、朴一禹、陈潘秀;

---

388) (韩)李钟奭著:《朝鲜劳动党研究》, 首尔, 历史与批评社, 1997年, 第203页。

"苏联派"(4人): 许嘉谊、朴昌玉、金在旭、奇石福;

"国内派"(4人): 朱宁河、朴正爱、郑准泽、郑一龙。

从上述名单来看，被分为"不明"的12人中，郑斗显是平壤医科大学校长，金直铉是工人，金高望是农民代表。由此可见，北朝鲜劳动党权力结构仍然维持了各政治联合模式，但从"二大"以后，许贞淑等"延安派"人士和朴正爱、郑准泽、郑一龙、韩雪野等"国内派"人士均成为金日成的支持者，可以说形式上的政治联合体开始出现变化，"国内派"势力影响力逐渐下降，而金日成为首的东北抗联集体政治力量日益巩固和壮大。

在"二大"上，金日成批评了党内某些同志表现出的"宗派主义"、"个人英雄主义"和"地方割据主义"，并未提及实名，但"苏联派"韩一武和金烈批评了"国内派"的吴琪燮、郑达宪、崔容达、李康国等主要人物，"苏联派"朴昌玉、朴勋一还批评了负责宣传工作的"延安派"许贞淑工作不力。金烈指责吴琪燮和郑达宪"未能完全清除半封建小资产阶级日帝残余要素"，并把矛头指向了纪检委员长张顺明，还称咸镜南道道府所在地元山是"宗派之巢穴"。"苏联派"金灿先后对李凤洙、张时雨、李舜根、李文焕进行了批评，指责他们工作不力。除未与会的李康国、李舟河、李泰镇外依次登上演讲台，受批评的人员均向大会主席团及全体与会代表致歉，并决心今后努力工作。吴琪燮在自我批评中称："自己犯下了不可饶恕的重大错误和罪"，向全会作了深刻的道歉，他解释"这是由于自己未能深刻领会马列主义而导致的"并称："'黄海道伟大的父亲'武亭同志也需要自我批评"。389) 接着，崔容达作了自我批评，他承认作为司法局长未能履行好职责，但不能接受以咸镜南道为中心开展宗派活动的批评，无论是咸镜南道还是司法局相关事情，韩一武

---

389) (韩)国史编撰委员会编：《北朝鲜关系史料集》，京畿道果川市，第一卷，第362-363页。

也有部分责任。390) 这时，许嘉谊严厉的指责了吴琪燮、崔容达、李舜根和张时雨，他称：“这些同志还是没有完全清除错误的思想和行动”。另外，同为“国内派”的朱宁河批评吴琪燮“未能摒弃英雄的宗派主义思想”、“未正确理解北朝鲜分局的历史意义”等。

自我批评结束后，金日成围绕“美帝国主义的南朝鲜殖民地阴谋”、“1948年度经济计划实施方案”、“与亲美基督教徒的斗争”、“发展民族文化方案”等议题发表讲话。他再次批评吴琪燮是“阳奉阴违”、“如同吴佩孚、张作霖的军阀”,391) 经过一番严厉批评后他称：“我们对吴琪燮同志的期待是非常大的，这位同志曾与日帝进行了最艰苦的斗争”，对吴表示出宽容和期待。

如上所述，北朝鲜劳动党“二大”通过一系列批评、自我批评，以吴琪燮、郑达宪为代表的“国内派”政治力量被削弱，政治影响力下降，而金日成在劳动党内的核心领导体系得到进一步巩固，“苏联派”共产主义者也积极参与朝鲜政治生活，以其特殊的政治地位发挥了重要的作用，而许贞淑等“延安派”和朴正爱、郑准泽、韩雪野、姜镇乾等“国内派”实际上也开始支持金日成，拥立其成为唯一领导人。

5.1.4 朝鲜最高人民会议，组成以金日成为首相的新朝鲜政府

为了实现全民族团结，金日成于1947年10月初在北朝鲜民战中央议长团

---

390) (韩)国史编撰委员会编：《北朝鲜关系史料集》，京畿道果川市，第一卷，第394-396页。

391) 原文：“当前，在我党不存在任何大宗派，但是有一些宗派分子却阻碍着党的发展……无论今天还是明天，我党不能出现宗派。”，“吴琪燮同志以阳奉阴违的方式反对党的决定，只与亲属、同窗、过去工作单位同事、监狱同志搞小圈子，把这些人请到家里喝酒，这就是传统的手工作坊式的小圈子，我们党校每年培养数千名干部，但通过吴琪燮式的方式一年能搞出多少派系？”，“吴琪燮同志并没有搞大的派系，而是一点小勾当。吴琪燮同志到宣传局工作时，带来了许多自以为可靠地人员，这就如同中国的吴佩孚、张作霖、韩复渠等军阀，就算他们再怎么搞小勾当，我就像是一面照妖镜，使他们原形毕露”-参见(韩)国史编撰委员会编：《北朝鲜关系史料集》，第一卷，京畿道果川市，第416-417页。

会议上提出南北协商方案，提议召开南北朝鲜各政党、社会团体代表的协议会或联席会议，翌年1月在北朝鲜民战中央委议长团会议上，向南北朝鲜各政党、社会团体领导人及个别人士致函，敦促尽早举行协商会议，于4月19日至23日在平壤召开了南北朝鲜各政党、社会团体代表联席会议。

1948年6月末至7月初，召开了南北朝鲜各政党、社会团体领导人协议会，提出了建立全朝鲜政府的方针。决定举行南北朝鲜普选，组织最高人民会议，由南北代表建立民主主义人民共和国的工作。同年7月9日，举行了北朝鲜人民会议第五次会议，审议了《朝鲜民主主义人民共和国宪法》，决定于8月25日举行最高人民会议代议员选举。根据南北所处的不同形势，要求在南朝鲜先以签名投票的方式选举人民代表大会代表，然后在代表会议上再以无记名投票方式选举代议员；而北朝鲜则采取直接选举的原则，以无记名投票的方式举行选举。

1948年8月25日，北朝鲜全体选民的99.97%参加选举，选出了212名最高人民会议代议员，南朝鲜全体选民的77.52%参加选举，先选出了1080名人民代表，这些代表聚集在黄海道海州，召开南朝鲜人民代表大会，选出了360名最高人民会议代议员。其中，从政党方面来看，北朝鲜劳动党获得102个席位，朝鲜民主党和北朝鲜天道教青友党各获35个席位，其余为无党派人士。392)

北朝鲜劳动党方面，金日成、金枓奉、金策、朱宁河、金一、许嘉谊、张时雨、李周渊、朴一禹、崔昌益、朴正爱、吴琪燮、金烈、韩一武、韩雪野、姜健、许贞淑、崔容达、太成洙、南日、金民山、金在旭、郑一龙、金黄一、郑一龙等主要干部当选代议员；朝鲜民主党的崔庸健、康良煜等人也当选。北朝鲜人民委员会直属单位干部宋凤郁、方学世、郑准泽、李

---

392) 全铉秀译：《斯蒂科夫日记》，国史编撰委员会，京畿道果川市，2004年，第167页。

康国；职业同盟崔璟德、全农姜镇乾、朝苏文化协会李箕永、舞蹈家崔承喜等人也当选代议员。除知名人士外，出身贫苦农民的李勇进等人当选了代议员。

朝鲜最高人民会议第一次会议于1948年9月2日召开，572名代议员中，44人因故缺席，实到528人。会上，南劳党具在洙等20人组成了最高人民会议代议员资格审查委员会，具在洙任委员长。并以金枓奉为委员长，由49名代议员组成了朝鲜民主主义人民共和国宪法委员会。572名代议员中，北朝鲜劳动党党员共102人(17.4%)，南朝鲜劳动党党员共55人(9.6%)，北朝鲜民主党和北朝鲜天道教青友党各35人(各占6.1%)，全国农盟共28人(4.9%)，全国劳动组合全国评议会共27人(4.8%)，朝鲜人民共和党、勤劳人民党、民主独立党各20人(各占3.5%)，新进党、社会民主党各11人，民主韩独党10人，勤劳大众党7人；无党派共114人(20.0%)，其余人员均属于小党派和社会团体。393)

职业方面，政党或社会团体工作人员276人(48.2%)，北朝鲜政权机关工作人员47人(8.2%)，农民92人(16.2%)，工人35人(6.1%)，教师和宗教界人士各16人(各占5.6%)，企业家14人(2.4%)，商人10人(1.7%)，文化界人士9人(1.6%)，医务工作者3人(0.5%)，其它44人(7.8%)。394)

受教育程度方面，大学或专门学校227人(39.6%)，中学147人(25.8%)，小学198人(34.6%)。年龄方面，20-30岁73人(12.8%)，31-40岁223人(39.0%)，41-50岁174人(30.4%)，51-60岁77人(13.4%)，61-70岁21人(3.7%)，71岁以上4人(0.7%)。395)

斗争经历方面，日帝殖民统治时期被关押的人员共有248人(43.3%)，被

---

393) (韩)国土统一院调研室编：《北朝鲜最高人民会议资料集》，第一辑，第99-100页。

394) (韩)国土统一院调研室编：《北朝鲜最高人民会议资料集》，第一辑，第100页。

395) (韩)金南植著：《南劳党研究》，第347页。

"美帝及走狗"关押拷问的人员158人，占到南朝鲜代议员总数的43.8%。其中，被美军政法院判处有罪判决的人是147人，占到南朝鲜代议员总数的40.8%。[396] 9月8日，朝鲜最高人民会议第一次会议，通过了《朝鲜民主主义人民共和国宪法》，选举产生了由21人组成的最高人民会议常任委员会，金料奉当选委员长，并推举金日成为朝鲜民主主义人民共和国内阁首相。[397]

1948年9月9日，金日成向世界宣布朝鲜民主主义人民共和国的成立。第一届内阁成员中出身北朝鲜人员为12人，出身南朝鲜为10人。另外，金翊善当选最高裁判所长，许宪当选最高人民会议法制委员长。首届内阁人员名单[398]如下：

〈表 5-2〉朝鲜民主主义人民共和国首届内阁组成人员名单

姓名	内阁职务	原职务
金日成	首相	北劳党副委员长
朴宪永	副首相	南劳党副委员长
洪命熹	副首相	民主独立党党首
金策	副首相	北劳党政治委员
郑准泽	国家计委委员长	北劳党常委
崔庸健	民族保卫相	北朝鲜民主党委员长
金元凤	国家检阅相	朝鲜人民共和党委员长
朴一禹	内务相	北劳党政治委员
朴宪永(兼)	外务相	南劳党副委员长
金策(兼)	产业相	北劳党政治委员
朴文奎	农林相	
张时雨	商业相	北劳党中央委员

---

396) (韩)国土统一院调研室编：《北朝鲜最高人民会议资料集》，第一辑，第100页。

397) (朝)北朝鲜劳动党中央本部宣传部：《朝鲜民主主义人民共和国最高人民会议第一次会议文献集》，平壤，1948年，朝鲜劳动党出版社，第247-262页。

398) (韩)金光云著：《北朝鲜政治史研究1》，首尔，先人出版社，2003年，第671页；徐大肃著、徐柱锡译：《北朝鲜领导人金日成》，首尔，清溪研究所出版局，1989年，第89页。

姓名	内阁职务	原职务
朱宁河	交通相	北劳党政治委员
崔昌益	财政相	北劳党政治委员
白南云	教育相	勤劳人民党副委员长
金廷柱	递信相	北朝鲜天道教青友党副委员长
李承烨	司法相	南劳党政治委员
许贞淑	宣传相	北劳党中央委员
许成泽	劳动相	朝鲜劳动组合全国评议会议长
李炳南	保健相	无党派
李 镛	都市经营相	新进党委员长
李克鲁	无任所相	朝鲜健民会委员长

从第一届内阁组成人员名单中可知，内阁成员多出自北劳党，金日成为首的东北抗联集体成员-金策担任了副首相兼产业相，崔庸健则担任了民族保卫相，"延安派"成员负责内务和财政部门，"国内派"主要负责商业、交通、邮电等部门，南劳党成员分别担任副首相，负责劳动、农林、司法等领域，但朴文奎和许成泽已经脱离了朴宪永的控制范围。

金日成在《朝鲜民主主义人民共和国政纲》中阐明了新朝鲜政府实现国家的完全统一、建设富强的民主主义自主独立国家的施政方针。朝鲜民主主义人民共和国的成立正式确立了以金日成为首的领导核心，新朝鲜继承了抗日革命斗争时期缔造的光荣的革命传统，建立了新朝鲜政权。朝鲜党、军队和人民建设社会主义国家的斗争进入了新的阶段。

新朝鲜建国后，朝鲜最高人民会议第一次会议要求苏美两国军队同时撤出朝鲜半岛，苏军于1948年底以前从北半部撤军。1949年2月，金日成在党中央第五次会议上，提出了加强党的组织工作和思想工作，改进党对经济建设领导的具体任务。同年3月，举行了地方权力机关选举。为了加强新朝鲜的经济实力，动员全国党员、军民贯彻和落实《国民经济2年计划(1949-1950)》，1950年上半年基本完成了2年计划规定的工业生产任务，工业生产超过日帝时期的水平。文化教育建设方面也取得了成就，创办了15所大学及各级培训机关和许多技术专科学校，金日成积极动员群众开展了扫盲运动—"李桂山运动"，到1949年3月，朝鲜成为一个没有文盲的国家。

为广泛地联合南北所有爱国民主力量，金日成在1949年的新年辞《为领土完整和祖国统一而奋斗》中提出了建立祖国统一民主主义战线的方针。1949年5月中旬，南半部的8个政党、社会团体联名向北朝鲜民主主义民族战线中央委员会建议，建立祖国统一民主主义战线。在南北各政党、社会团体的共同努力下，于1949年6月25日，在平壤牡丹峰会议堂正式成立了祖国统一民主主义战线，来自南北71个政党、社会团体的704名代表与会，并选举产生了金日成、金料奉、许宪、朴宪永、金策等41人组成的主席团。在南劳党全面遭到破坏，不可能进行"合法活动"的情况下，1949年6月30日，金日成主持召开了南北劳动党中央委员会联合全会，将北劳党和南劳党合并成为朝鲜劳动党，金日成当选朝鲜劳动党中央委员会委员长。

5.2 东北抗联集体历史特点

朝鲜爱国志士被迫来到中国东北地区继续坚持抗日革命运功。1930年代，在中国共产党的领导下，东北朝鲜民族肩负着直接投入中国革命和积极准备、努力促进朝鲜革命的"双重使命"，与各族人民一道，坚持抗日武装斗争。以金日成为代表的朝鲜共产主义者以其特殊的身份和地位，在白山黑水间，进行了艰苦卓绝的抗日武装斗争，新朝鲜建国领导核心政治力量-东北抗联集体是朝鲜民族抗日武装力量中最优秀的一支。

1940年1月，第一次"伯力会议"前后时期，朝鲜民族干部在中共党组织和抗联中担任了重要职责。金策担任北满省委书记兼抗联第三路军政委，李熙山(许亨植)任北满省委执委兼第三路军总参谋长, 崔庸健任吉东省委执委兼第二路军总参谋长、88旅副参谋长, 全光任南满省委宣传部长兼地方工作部长、第一路军第二军政治部主任。 金日成任第一路军第二方面军指挥兼第一支队长, 姜信泰任第二路军第二支队政委兼北野营临时党委书记, 金润浩任南野营临时党委书记。399) 东北抗联共有三个朝鲜民族集体, 即第一路军、第二路军、第三路军, 分别以金日成、崔庸健、金策为主要代表人物, 在苏联教导旅时期汇集在一起, 逐步形成了完整的东北抗联集体, 并形成以金日成为首的朝鲜革命坚强的领导核心。 东北抗联集体具有以下历史特点:

其一, 东北抗联所处特殊的地理位置、历史背景。 中朝两国一衣带水、山水相连, 自古以来两国人民频繁往来, 关系密切。 自19世纪70年代, 随着清朝与朝鲜政府封禁的松弛, 特别是图们江南岸地区连年发生前所未有的大灾荒、尤其是1910年朝鲜沦为日本殖民地后, 越过图们江、鸭绿江私垦者迅速增多, 大批朝鲜贫民迁入我国东北地区定居。 而图们江以北地区形成了聚居区, 形成了一个新生的跨境民族社会, 具有其历史特殊性。 在朝鲜民族居住区形成了一个日益融合中国社会文化, 但还保留着相对独立性且与故国-朝鲜半岛有着千丝万缕联系的多元文化生活圈, 形成了独特的民族文化, 东北朝鲜民族社会逐渐形成这种文化特征。 绝大多数朝鲜移民因贫穷和遭受日帝殖民侵略所迫而来, 又深受封建军阀和地主阶级的多重压迫剥削, 生活极为贫困, 作为"亡国奴"具有强烈的民族仇恨, 反日情绪和革命要求极高。 迁入东北的朝鲜民族抗日志士以朝鲜民族移民社会为基础, 在得到当地民众的理解、同情和支持的条件下, 为把东北地区建设成"祖国光复之策源地"付出了坚持不懈的努力, 使之成为朝鲜民族的"抗日独立运动根

399) 中共中央组织部、中央党史研究室、中央档案馆编:《中国共产党组织史料》, 第三卷, 北京, 中共党史出版社, 北京, 2000年, 第1293-1296,1306-1308,1311-1315,1317-1318页, 周保中著:《东北抗日游击日记》, 第456-458页。

据地"。400) 早在1920年东北朝鲜民族就打响了"凤梧洞战斗"、"青山里战役"等一系列抗日武装斗争的枪声。

其二, 在东北抗日武装斗争时期形成以金日成为首的领导核心。 1936年5月, "金日成部队"挺进长白山区正式组织了朝鲜民族抗日统一战线-"在满朝鲜人祖国光复会"并深入到朝鲜国内咸镜道甲山郡组织了光复会支会、朝鲜民族解放同盟等反日民族统一战线组织。 另外, 抗联游击战争时期, 金日成等东北抗联集体以长白山地区为中心, 在鸭绿江、图们江一带同中国共产主义者一道, 以东北抗日联军和朝鲜人民革命军双重名义分别在中朝国境线以北和以南地区开展抗日武装斗争。 到朝鲜国内和中国东北朝鲜民族聚居的地方用朝鲜人民革命军的名义, 到中国人聚居的地方活动用抗日联军的名义。401) 其中, 1937年6月的普天堡战斗是抗联第二军第六师进行的一系列中朝联合抗日作战的一部分, 通过朝鲜主流媒体的大量报道, 金日成在朝鲜国内树立了抗日民族英雄的形象和地位, 进一步树立了他在朝鲜民族心中的威信。 同时, 在长期艰苦的斗争环境中抗联集体形成思想高度统一、政治纪律严明、强大的凝聚力、战斗力和团结精神, 凝练出"白头山革命精神", 并逐步形成了朝鲜革命坚强的领导核心集体, 他们成为新朝鲜的主导力量。

其三, 中朝联合抗日, 老一辈革命者以鲜血凝成的革命友谊奠定了当代中朝友好关系的基础。 由于特殊的地缘关系、共同的抗日目标, 中朝两国互相支持, 创造了两国联合武装抗日的光辉历史。 东北朝鲜民族共产主义者以中共党员的身份, 肩负着"双重使命", 在党的统一领导与东北各民族的

---

400) 中共延边州委党史研究室编: 《中共满洲省委给中央的报告》, 《东满地区革命历史文献汇编(下册)》, 2000年。 转引自金成镐、金成杰《论中朝两国联合抗日历史与"一史两用、历史共享"问题》, 延吉, 《东疆学刊》, 2016年第4期, 第53页。

401) 金成镐、金成杰: 《论中朝联合抗日历史与"一史两用、历史共享"问题》, 延吉, 《东疆学刊》, 2016年第4期, 第56页。

共同斗争中突显出武装斗争组织力量的雄厚、革命活动的活跃、对朝鲜国内影响的最大且最直接等优势。中朝联合开展的武装抗日游击战争中，朝鲜民族革命者付出了重大牺牲。据民政部统计，仅延边朝鲜族自治州各民族抗日革命烈士共计3125名，其中朝鲜民族多达3026名，占96.8%。[402] 在长达十四年的东北抗日游击战争中，金日成、崔庸健、金策等历任东北党和军队的主要领导职务，这与朝鲜民族革命队伍在抗日武装游击战争中的特殊地位、突出作用、巨大牺牲和重大贡献是不可分的。中朝两国共产主义者在长期的并肩战斗中用生命和鲜血凝成的、不可分割的共同历史，是两国人民共有的宝贵财富。

对新朝鲜第一代核心领导集体的评价，应该放在其所处时代和社会的历史条件下去分析，不能离开对历史条件、历史过程的全面认识和对历史规律的科学把握，不能忽略历史必然性和历史偶然性的关系。毋庸置疑，金日成拥有丰富的斗争经验、卓越的领导才能。光复后，金日成成为新朝鲜领导人有其历史必然性。

首先，金日成年轻有为、擅于把握机遇。金策、崔庸健、许亨植等干部在东北党和抗联队伍中无论是职务、资历均在金日成之上。然而，金日成因其优秀的能力得到了党组织的认可。早在1935年，中共东满特委在两次报告中赞其"忠诚、积极、勇敢、具有丰富的游击战经验"，"在救国军中相当有威信"，"勇敢、积极、会讲汉语"，"对政治问题了解较少，但擅于表现，是可以信任的同志"。[403]

1939年10月，抗联第一路军为保存战斗力量而分散了游击队，到1940年冬季，第一路军兵力损失惨重。总司令官杨靖宇壮烈牺牲，副司令兼政治

---

402) 崔圣春著：《延边人民抗日斗争史》，延吉，延边人民出版社，1997年，附录部分。

403)《东北地区革命历史文件汇集》甲30，第247页，《东满地区革命历史文献汇编》，第397页。

副主任魏拯民患病，第一方面军指挥曹亚范、第三方面军指挥陈翰章及众多干部先后牺牲，只有第二方面军金日成部队成功转移至长白山密林中。为了摆脱日军"围剿"，金日成率部从安图北上，于1940年10月23日进入苏联境内。[404] 从现有公开的档案资料中不难发现，金日成的地位提升与周保中的引荐有密切的关联。周保中于1941年7月1日在写给苏联主管抗联越境部队的领导人王新林的信函中指出："金日成是最好的军事干部，中国共产党高丽人同志之最优秀分子，他在满洲南部和野(鸭)绿江东、朝鲜北部地带能起很重要的活动作用"，要求苏方"注意""金日成部队"的"行动消息，确保联络"。[405] 当时，作为抗联主要领导人发挥着"统领"作用,[406] 且对抗联三个路军内的朝鲜民族干部最为全面了解、最具发言权的周保中，把金日成评价为"最好的军事干部,中国共产党高丽人同志之最优秀分子"，并介绍给苏联有关部门，可谓具有深远的历史意义。当时在教导旅朝鲜民族干部中，比金日成年龄更大、资历更丰富、职务更高的朝鲜同志有北满省委书记金策、二路军总参谋长崔庸健等，但周保中还是以他特有的慧眼特别看重了金日成。

同年9月15日，周保中关于抗联部队"集中统一指导原则"等问题给苏联有关领导人的信函中又指出："金日成是南满第一路军现在唯一重要的干部。杨靖宇、魏拯民两同志牺牲以后，只有金日成能继续负起南满游击指导之责，而这个问题关乎南满全部问题。"[407] 从此，金日成的地位迅速提升。

1942年8月，教导旅成立伊始，他被任命为第一营营长，其党内职务升至

404)《东北地区革命历史文件汇集》，甲65，第115-137页。

405)《周保中关于派遣小分队问题给王新林的信》，1941年7月1日，《周保中抗日救国文集》(下)，长春，吉林大学出版社，1996年，第429页。

406) 赵素芬著：《周保中将军传》，北京，解放军出版社，2015年，序，第1页。

407)《周保中关于集中统一指导原则等问题给王新林的信》，1941年9月15日，《周保中抗日救国文集》(下)，长春，吉林大学出版社，1996年，第429页。

中共东北特支副书记和中共东北委委员。408)　周保中与金日成共事，根据《周保中日记》可发现当时教导旅干部中提出文化学习"互助法"409)等具有创意性建议最多的就是金日成。而周保中对4个营的营级干部中，对第一营营长金日成的评价也是最好的。如"第一营管理领导较好"、410)"第一营长和副营长对于工作热忱"、411)"第一营劳动组织领导有秩序"、412)"第一营长较好"、413)"营长能执行军官教育者一、二营长，四营长稍次，三营长完全无能"、414)"第一营民族关系友谊互助，全盘状况好，并不曾发生任何重复隔阂问题"415)等。

1944年9月，教导旅成立了"东北抗日救国游击运动史略总编辑委员会"和各分组，以周保中为首的总编辑12名和审查委员会8名成员中均有金日成。第二分组主编是金日成，负责编撰南满和东满游击队、第一军和第二军及第一路军的历史。416)这表明金日成业已成为原东满和南满第一、二军及第

408)中共中央组织部、中央党史研究室、中央档案馆编：《中国共产党组织史资料》，第三卷，北京，中共党史出版社，2000年，第1321-1324页。

409)《周保中简短日记》，1944年9月8日，《东北革命文件》(甲43)，北京，中央档案馆，1991年，第428、429页。

410)《周保中简短日记》，1942年11月16日，《东北革命文件》(甲43)，北京，中央档案馆，1991年，第128页。

411)《周保中简短日记》，1943年5月25日，《东北革命文件》(甲43)，北京，中央档案馆，1991年，第245页。

412)《周保中简短日记》，1943年8月28日，《东北革命文件》(甲43)，北京，中央档案馆，1991年，第304页。

413)《周保中简短日记》，1943年10月9日，《东北革命文件》(甲43)，北京，中央档案馆，1991年，第330页。

414)《周保中简短日记》，1944年2月15日，《东北革命文件》(甲43)，北京，中央档案馆，1991年，第377-382页。

415)《周保中简短日记》，1944年9月8日，《东北革命文件》(甲43)，北京，中央档案馆，1991年，第429页。

416)《东北抗日游击运动史略工作计划(会议提纲)》，1944年9月4日。《周保中抗日救国文集》(下)，第643-645页。

一路军部队的代表人物和负责人。

　　周保中作为金日成的老上级和亲密战友，"早已认定金日成具备驾驭全局的统帅魄力、才华、修养和胆识"，是朝鲜"抗日英雄和统帅"，[417] 特别关爱和尊重金日成。对此，金日成曾回忆道："我带小分队出去活动，如果不按预定时间回来，他就通宵不能入睡，焦灼不按地跑到门外去等我回来。这是超越了国界和国籍的友情"。[418] 在14年之久的东北抗日游击战争中，逐步形成了以金日成为核心，以崔庸健、金策、安吉等为代表的久经考验而坚强的朝鲜革命领导集体，在其过程中对金日成的特别赞赏、信任和重用无疑起了极为重要的历史作用。

　　其次，金日成及其领导集体加强和巩固了与驻朝苏军、苏共中央的关系。通过前文可知，金日成及其领导集体成员发表的一系列演讲、会议报告中均赞颂了苏联及其领导人斯大林是"朝鲜人民翻身得解放的救星、人类和平的守护者、世界人民的太阳"等敬仰措辞。并为纪念苏联红军的功绩，在平壤建立苏联红军纪念碑，这是当时特定历史时代的特殊现象。金日成集体较好地处理了与苏联的关系，使苏联当局向其提供各方面的支持。根据已公开的资料显示，朝鲜在建党、建军、建国等过程中均得到了苏联方面的指导和帮助，金日成及其领导集体利用所处的条件，克服重重困难，最后成为新朝鲜核心领导力量。苏联红军入朝后，金日成与东北抗联集体主要成员分阶段建立了北朝鲜独立的军事组织和警察组织。曾在东北地区长期进行抗日武装斗争的金日成而言，早已认识到"枪杆子里边出政权"的重要性，在各政治力量中率先掌握了武装力量。这为确立高度军事化国家战略，即"先军政治"奠定了基础。这一集体在东北抗战中长期经历了中共党的组

417）赵素芬著：《周保中将军传》，北京，解放军出版社，2015年，第422页。
418）《金日成回忆录：与世纪同行》(8)，第223页。

织生活和军队生活，又在苏联体会了苏联党和军队的生活，积累了丰富的组织生活经验和教训。

华东师大沈志华教授根据解读前苏联档案资料认为"金日成在苏联人中获得了颇高的人气和好感。他在朝鲜游击队员中才能最为出众，具备良好的军事基础，其在学习俄语方面取得了优秀的成绩，多次受到表彰。由他领导的第一大队军事素养高、树立了严格的军事纪律。"苏联远东军情报部还为其配苏军将校协助工作，并派遣苏籍中国人担任联络工作。419) 金日成曾这样回忆这段岁月："朝鲜抗日游击队在战斗中巩固了与苏联、中国人民的国际主义团结，尤其是密切了与苏联的关系。"420) 东北抗联朝鲜共产主义者在88旅野营地形成了以金日成为核心的游击队集团，即本文论述的"东北抗联集体"。

韩国学者金光云指出，第一营朝鲜民族指战员共有60多人，除较早去世的安吉外，大部分都成长为朝鲜劳动党、国家、军队的领导人和高级干部。其中，金一、朴成哲成为国家副主席，崔贤成为国防委员会副委员长，吴振宇成为人民武力部长，徐哲成为劳动党检阅委员会委员长，韩益洙成为人民军总政治局长。

另外，金日成还擅于向人民群众发表演讲，广泛宣传其政治立场。由于日帝时期实行了"愚民政策"及抹杀民族文化政策，朝鲜民族整体文化水平较低。金日成以通俗易懂的语言向人民群众揭露了日帝及封建地主的罪行，并号召人民为实现建立新朝鲜的宏伟蓝图而团结奋斗。就当时而言，南朝鲜的政治领导人中几乎无人向群众描绘未来朝鲜的发展蓝图，而金日成的演讲深得群众的欢迎，也符合人民当家做主的意愿。

---

419) 沈志华教授对钟少清的采访录，2014年7月25日，哈巴罗夫斯克。

420) 金日成著：《朝鲜人民军是抗日武装斗争的后继人》，1958年2月8日，《金日成著作集》，第12卷，平壤，朝鲜外文出版社，1983年，第59页。

最后，从东北抗联时期开始，金日成就十分重视以群众路线为主线的文艺发展。以革命乐观主义思想武装抗联队伍，创作和普及了《朝鲜之歌》、《思乡歌》、《反日战歌》、《人民主权歌》、《总动员歌》、《游击队进行曲》及话剧《血海》、《一自卫团员的命运》、《卖花姑娘》等。朝鲜光复后，在建立新朝鲜政权过程中，金日成经常组织人民群众喜闻乐见的乐队演奏、四物乐表演、话剧、朗诵会等文艺活动，通过各种形式的文艺表演向群众宣传社会主义思想，其动员群众的能力十分出众。

"革命领袖是人不是神。尽管他们拥有很高的理论水平、丰富的斗争经验、卓越的领导才能，但这并不意味着他们的认识和行动可以不受时代条件的限制。"[421] 这是习近平同志对历史虚无主义问题所作的全面系统深刻的论述，也为我们评价以金日成为代表的新朝鲜建国时期核心领导力量提供了基本的方法论。对新朝鲜第一代核心领导集体的评价，应该放在其所处时代和社会的历史条件下去分析，不能离开对历史条件、历史过程的全面认识和对历史规律的科学把握，不能忽略历史必然性和历史偶然性的关系。并且，不能把历史顺境中的成功简单归功于个人，也不能把历史逆境中的挫折简单归咎于个人，不能用今天的时代条件、认识水平去衡量和要求历史人物。

东北抗日游击战争中形成了以金日成为首的领导核心，他早年肩负着光复祖国的理想信念，踏上了"学习的千里路"和"光复的千里路"，提出以人民为主体的革命路线。金日成开创的白头山革命精神全面反映了对革命理想信仰无限忠诚的精神。不仅在艰苦卓绝的抗日游击战争时期，还是当今的朝鲜都将白头山革命精神视为核心价值观、朝鲜党和革命的历史根基、推

---

421) 习近平：《在纪念毛泽东同志诞辰120周年座谈会上的讲话》，北京，新华通讯，2013年12月26日。http://news.xinhuanet.com/politics/2013-12/26/c_118723453.htm。

动朝鲜社会主义强盛国家事业的宝贵财富，甚至提出"白头山大国"的宏伟蓝图，号召人民继承和发扬白头山革命精神，一代接一代胜利推进并光荣地完成主体革命事业。白头山革命精神可以总结为以下几点。

首先，白头山革命精神源于反日民族解放斗争，抗日武装斗争是长期以来在境外，又没有正规军支援的情况下进行的艰难的敌后游击战争，在抗日游击战争的浴血斗争中，确立了白头山革命精神，建树了不朽的革命业绩，积累了丰富的斗争经验，创立了革命的工作方法和具有人民主体性的作风。金日成创立的主体革命思想传统中占最重要地位的是主体的思想体系和白头山革命精神。

其次，白头山革命精神中，必胜的信念和革命乐观主义精神占有重要地位。抗联部队(朝鲜人民革命军)指战员即使是在"苦难的行军"时期，连日战斗和强行军以及饥寒交迫的艰难环境中，晚上燃起篝火，依然乐观地唱歌、跳舞，总是笑着突破难关，战胜考验，高唱革命歌曲，以此激励战士们英勇杀敌。

再次，白头山革命精神中，重要的是自力更生、艰苦奋斗的革命精神和百折不挠的斗争精神及同志友爱和革命情义。抗联部队(朝鲜人民革命军)革命者在充满考验的斗争道路上总是发扬自力更生、艰苦奋斗的精神。抗战时期由于日帝疯狂地封锁和讨伐，导致部队严重缺粮、缺盐、缺衣服，在这种严峻而艰难的形势下，抗联女队员们组成裁缝队、炊事班；少年联队队员们则采集各种野菜、树叶，经过蒸、煮、烤、晒等方式提取盐分，用自己的力量无怨无悔的执行艰巨的革命任务，以坚强的意志和斗志立下"宁死千百次也要打倒日寇"的誓言，以坚强的意志和斗志同敌人英勇奋战，同时，在艰苦的革命斗争过程中形成了崇高的革命同志友爱和情义。

最后，以金日成为首的抗联集体创立的白头山革命精神中占有重要地位的是丰富的革命斗争经验。他们在组织和领导抗日斗争的过程中，在组织建设、革命武装力量建设、群众团体建设、文化建设、统一战线建设等方面积累了丰富的斗争经验。值得注意的是，在中朝联合抗日游击斗争中，长期与中国共产主义革命者并肩战斗，用生命和鲜血凝成了革命友谊，这是两国革命不能分割的历史，是中朝两国人民共有的宝贵财富。在这一过程中，朝鲜共产主义革命骨干力量得到锻炼和成长，并且为社会主义朝鲜的诞生准备了坚强的领导核心。另外，抗日武装斗争时期，金日成就阐明了在革命的枪杆子里有革命事业的胜利、有国家与民族独立和繁荣这一军事革命理念，并将其付诸实现，奠定了新朝鲜先军政治的历史基础。

今日朝鲜党政军号召全体党员和军民，以"白头山革命精神"、"白头山凛冽的寒风精神"去进行生活和斗争，并称"白头山革命精神、白头山凛冽的寒风精神是知难而进、顽强拼搏的进攻精神，是百折不挠、战斗到底的坚定斗争精神，抗日革命先烈为了祖国、民族宁死不屈，排除万难，取得胜利。树立必胜信念和不屈气概，以思想、枪杆子、科技的威力，捍卫朝鲜社会主义的尊严。"[422]

5.3 "延安派"、"苏联派"、"国内派"历史特点

5.3.1 "延安派"历史特点

1937年12月，中国关内的朝鲜民族革命党、朝鲜民族解放同盟、朝鲜革命者联盟、朝鲜青年前卫同盟等4个朝鲜民族抗日革命团体成立了朝鲜民族战线联盟，朝鲜民族抗日独立解放运动也开始从民族主义运动转向社会主义运动。1938年10月10日，他们在武汉(汉口)成立了朝鲜义勇队，1941

---

[422] (朝)金正恩:《2015年新年词》，平壤，朝鲜中央通讯社，2015年1月1日。

年夏天，朝鲜义勇队主力部队转至华北太行山八路军根据地。同年7月初，创建了朝鲜义勇队华北支队，1942年7月朝鲜独立同盟成立。新朝鲜建国时期，朝鲜政坛重要力量之一的"延安派"历史渊源可追溯至朝鲜义勇队和朝鲜独立同盟时期，其演变过程主要分为四个阶段。

第一阶段：朝鲜义勇队主力转至华北太行山八路军根据地时期。武汉沦陷后，朝鲜义勇队队员分为两批奔赴太行山根据地，崔昌益等人先到延安，于1941年1月到达太行山根据地，而金学武率领的主力部队在国民党占领区活动2年后，于1941年夏天转移到太行山根据地。由于国共矛盾加剧，朝鲜义勇队为寻求新的革命道路，把分散在国民党统治区和八路军根据地的朝鲜青年集结起来，在太行山整编队伍。

第二阶段：转移到太行山根据地的民族战线联盟成员和义勇队指战员与朴一禹、武亭、徐辉等曾在苏联学习过的方虎山、朱德海、全宇等共产主义者通过联合的方式，重新组建了朝鲜独立同盟和朝鲜义勇军，在中国共产党抗日根据地参加了武装宣传和战斗，于光复前后同八路军挺进东北。

第三阶段：朝鲜义勇军根据中共中央指示，深入东北各地，广泛宣传和动员朝鲜民族青年，扩编队伍，即第一支队(南满)、第三支队(北满)、第五支队(东满)、第七支队(桦甸)。1946年1月，朝鲜义勇军同东北抗日联军改编为东北民主联军，经整编后投入到解放战争，主要领导干部肩负建立新朝鲜的重任分批回到朝鲜，在党政军等部门担任要职。

第四阶段：中华人民共和国成立后，原朝鲜义勇军指战员根据中朝两国党和政府指示，三个师的兵力武装入朝后改编为朝鲜人民军，参加了朝鲜战争。

"延安派"历史特点可归纳如下：

其一，"延安派"人员构成较复杂，大致可分为三种类型。一为，以武亭、徐辉、朴一禹、郑律成、陈光华等共产主义者为主要代表，他们曾在中国共产党领导的抗日根据地华北地区、陕北延安等地参加革命活动，其特点是"一身兼双重使命"既参加了朝鲜民族解放运动还积极投身中国国内革命和抗日战争，同时他们也是中国共产党党员；二为，由金科奉、李春岩、金世光、朴孝三等民族主义左翼成员组成的朝鲜民族革命党人员，或是毕业于中央军官学校星子分校的人员；三为，朱德海、方虎山、朴勋一等被组织推荐到苏联莫斯科东方劳动者共产主义大学留学人员；四为，以崔昌益、韩斌、金昌满、许贞淑、李维民等人为主要代表，曾在抗日根据地与民族主义者联合活动的原朝鲜共产党人员及支持者。

其二，"延安派"主要干部呈现出高学历、革命斗争经验丰富、军事技能和政治理论水平高的特点。武亭毕业于陆军军官学校炮兵专业，是参加过长征的老革命干部，八路军总部首任炮兵团团长，可谓是"身经百战"的名将。金科奉不仅是抗日运动人士，还是朝鲜著名的朝鲜语言文字学者，先后在汉城畿湖学校和朝鲜近代著名学府-培材学堂学习。崔昌益毕业于日本著名学府-早稻田大学政治经济系，朴一禹毕业于延安中共中央党校，朴孝三毕业于黄埔军校第四期步兵科，金昌满曾在南京金陵大学、广东中山大学学习，许贞淑毕业于汉城培花女子高等普通学校，还先后在日本神户、中国上海、美国留过学，1940年毕业于抗日军政大学政治军事专业。

其三，"延安派"与中国共产党关系密切。日本帝国主义发动全面侵华战争后，在南京成立了朝鲜民族联盟战线，并建立抗日革命武装。第二次国共合作后，与中共八路军办事处保持了密切的联系。抗日战争进入相持阶段，蒋介石反动集团掀起三次反共高潮，推行消极抗日政策，并逐渐对朝鲜义勇队表现出十分冷淡的态度。在这种新形势下，义勇队开始寻求新道路。建队2周年纪念大会结束后便决定开赴中共领导的华北抗日根据地继续抗战。义勇队在中国共产党的领导下发展壮大，改编为朝鲜义勇军华北支队，在抗日战场上发挥了重要作用。他们在八路军的领导下，分为大小武装宣传队，在太行山、晋中、晋察冀边区等地积极进行抗日活动，还配合八路军参与许多战斗。

其四，"延安派"深受毛泽东思想的影响，他们经历了土地改革、大生产运动、整风运动，并深刻学习和体会了统一战线、新民主主义思想等政治思想理论。毛泽东、朱德、周恩来、彭德怀等中共主要领导人对"延安派"给予了充分的信任和关怀，毛泽东同志在中共七大上指出："开罗会议关于朝鲜独立的决定是正确的，中国人民应当帮助朝鲜人民获得解放",423) 朱德高度评价了朝鲜独立同盟和朝鲜义勇军的抗日斗争，并赞扬了他们"崇高的国际主义精神，感谢朝鲜同志给予中国革命的帮助。"朝鲜民族代表朴一禹对此表示："朝鲜独立同盟的主要任务是培养干部，组织朝鲜人民的抗日武装队伍"，"中国共产党的胜利既是朝鲜人民的胜利"。他还指出，要以毛泽东同志的新民主主义思想为蓝本，建设和推进新朝鲜的各项工作。根据朱德总司令命令，朝鲜义勇军挺进东北后，一方面开展扩军工作，肩负地方各项工作任务，另一方面积极投身到解放战争，为新中国成立付出了巨大的民族牺牲，建立了不朽的历史功勋，"延安派"与中国共产党的友好关系是以鲜血凝成的。

其五，在延安经历了大生产运动和整风运动的"延安派"在新朝鲜建党、建军、建国过程中主要负责党建、人民武装、宣传、组织、内务、纪检等工作，对建国初期人民政权、国防军事、宣传等领域发挥了重要作用。1946年8月召开的北朝鲜劳动党"一大"选举产生了43名中央委员和13名常委，其中"延安派"分别占到15人和6人，1948年3月召开的北朝鲜劳动党"二大"选

---

423)《毛泽东选集》，第三卷，北京，人民出版社，1990年版，《中共七大政治报告》。

举产生了67名中央委员和15名常委，"延安派"分别占到17人和4人，而朝鲜民主主义人民共和国首届内阁中朴一禹、崔昌益、许贞淑分别当选内务相、财政相和宣传相。

其六，虽然"延安派"与中共结下深厚的革命友谊。但光复后至新朝鲜建国初期中国正处在解放战争硝烟之中，故很难从中共方面获得帮助和支持。而抗联集体直接得到苏联占领军的有力支持。金枓奉、崔昌益、韩斌、李维民等人回到朝鲜后，由原朝鲜独立同盟为主体，以毛泽东的新民主主义思想为蓝本，团结联合小市民、知识分子、中产阶级，于1946年2月成立了朝鲜新民党，并在汉城设立了支部。朝鲜新民党分散了"延安派"有限的政治力量，甚至在一些问题上产生了分歧，内部出现分裂迹象。如土改时期，朴勋一公开批评武亭"右"倾主义错误，"延安派"内部缺少凝聚力，未能形成强有力的政治核心领导。

5.3.2 "苏联派"历史特点

1948年是"苏联派"活动最为活跃的时期，他们在朝鲜劳动党中央委员会委员中占到了四分之一席位，在政治局委员中占据了三分之一席位。[424] 当时，"苏联派"出身的朝鲜劳动党政治局委员有许嘉谊、朴昌玉、奇石福等。这一时期，"苏联派"中许嘉谊的影响力及个人威望最高，南北朝鲜劳动党合并为单一的朝鲜劳动党后他在党内担任了书记，在朝鲜党序列政治排名中仅次于党委员长一金日成。

"苏联派"朝鲜人可谓是"一身兼双重使命"，大部分人心中将苏联与朝鲜视为祖国，他们信奉共产主义理想，竭尽全力协助金日成为首的共产主义者建立人民政权。朝鲜半岛光复后，很多苏联朝鲜民族知识分子不顾高龄和

---

424) (韩)金学俊著：《北朝鲜历史(第二卷)》，首尔，首尔大学出版文化院，2008年，第1080页。

疾病赴朝。425) 但也应客观评价"苏联派"，他们在朝鲜的活动也带有负面性。高级干部被安排到过去日本官吏及军官居住过的高级住宅生活，在入朝初期他们大部分无家眷，独居。如一部分人常常卷进一些阴谋和事件之中。由于"苏联派"受教育程度较高，具备工作经验，一部分人在与当地居民及工作人员接触时经常发生矛盾，出现轻视当地人员的表现。但从整体上来看，"苏联派"具备了诚实、埋头苦干的好品德。而"苏联派"的子女们与其父母辈在生活、思想等方面存在较大差异。"苏联派二代"因生长在苏联，不通晓朝鲜语言文字，比起朝鲜文化他们更加熟悉和热衷于俄罗斯文化，对于他们来说在朝鲜的生活是很不习惯的，几乎所有二代均在平壤第六中学学习，他们为了考入大学，最终选择离开朝鲜，回到苏联继续完成学业。"苏联派"在朝鲜生活上丰衣足食，比较富足。

"苏联派"开展的活动中最为重要的是与苏联、苏联大使馆的关系。苏联政府选拔和派遣苏联朝鲜民族赴朝，最为重要的目的就是充分利用他们特殊的人缘、血缘优势在朝鲜党、政、军活动，使其能够成为沟通苏联与朝鲜的纽带与桥梁，并希望他们始终坚定不移地贯彻和落实苏联的各项方针和政策，使朝鲜成为苏联式社会主义国家。但经过一定时期的在朝生活和工作，一部分人员开始怠慢苏联大使馆，不再积极与政府方面接触，而苏联大使馆方面也未管理好苏联朝鲜民族这一特殊的集体。1948年末，苏联驻朝鲜大使馆曾召集苏联籍朝鲜人，围绕今后去留问题征求了意见。即同苏军回到苏联或是转业后继续留在朝鲜，并保留现职，但需转出党的关系，从苏联共产党转为朝鲜劳动党。在这一过程中，大多数人选择留在朝鲜，留下来的苏联共产党员也将党的关系转为朝鲜劳动党，但保留了苏联国籍。不过，这一国籍只是形式上的，直到十年之后的1950年代末未见他们出入苏

---

425) (俄)安德烈·兰科夫著，金光麟译:《北朝鲜现代政治史》，首尔，昇出版社，1995年，第150页。

联大使馆，因他们未更新护照，其手中的苏联护照变成了一本无效的身份证件。1950年代初，金日成寻求构建独立自主的外交路线，苏联大使馆在对待苏联籍朝鲜人问题时更加慎重，不再利用他们对朝鲜政府行使影响力。

综上所述，"苏联派"主要历史特点可归纳如下：

其一，1945年8月苏军入朝至1948年为止，以苏联境内朝鲜民族组成的苏维埃朝鲜人集团—"苏联派"成为朝鲜政坛主要的政治派别。"苏联派"出身人员拥有苏联国籍，苏联政府也将其视为苏联公民，这些人员中有很多人使用朝俄双语，能够较好的理解和掌握苏联对朝政策，而金日成为首的抗联集体虽在远东居留了四年有余，但其俄语无法与苏联朝鲜民族相比较，故未能与入朝苏军当局保持畅通的交流。"苏联派"坚定不移地服从苏联式政府体制、党组织关系，积极拥护苏维埃政权权威，始终站在苏联的立场向朝鲜党和政府有关人士解释和宣传苏联的大政方针，成为苏联的"辩护人"。

其二，"苏联派"出身人员平均受教育程度高，大多毕业于高级中学、高等院校，但其在苏联中央党、政、军的政治地位较低，无民族领袖人物。由于"苏联派"中有较多人员是通过征集的形式赴朝，从苏联当局而言，很多人在思想政治素质方面有待继续考察，故未能给予他们全方位的支持与帮助。苏联对朝鲜所发挥的影响力大小，直接决定了"苏联派"在朝鲜的政治地位。建国后，苏联在朝鲜的势力渐弱，"苏联派"势力也逐渐受到削弱，再也无法与金日成为首的抗联集体、"延安派"等政治势力角逐政治地位。

其三、"苏联派"拥有回到苏联的选择权，很多人在朝鲜失势时，便选择重新回到苏联。他们缺乏朝鲜国内政治基础及具体工作经验，由于一部分人员朝鲜语言文字能力较差，不紧密联系群众，很少走访辖区群众，只顾自身在党组织、行政等领域的地位，缺少群众基础。民族传统文化的缺乏使之不能更好的融入朝鲜社会。但毋庸置疑的是以许嘉谊为代表的一批"苏联派"

干部依托自身各种背景和优势在朝鲜建国时期获得了很高的政治地位，并为朝鲜政权建设、组织工作奠定了基础，作出了积极贡献。

综上所述，苏联朝鲜民族的历史波澜曲折，曾遭遇苏联政府的强制迁移等民族大浩劫，但他们积极支援苏联内战，作出了突出贡献，并全力投入到世界反法西斯战争暨朝鲜民族独立战争中作出了贡献。苏联朝鲜民族坚信斯大林式社会主义体制是全世界最优越的，他们以能帮助朝鲜建立社会主义体制而感到自豪。"苏联派"对朝鲜民主主义人民共和国的建国及人民政权的巩固过程发挥了重要作用。若没有苏联朝鲜民族的参与，1940年代至1950年代朝鲜很难取得经济方面的成就。1950年代、1960年代大规模驱逐"苏联派"客观上影响了朝鲜经济可持续发展，为朝苏关系恶化埋下伏笔。"苏联派"为朝鲜半岛北半部形成以金日成为核心的领导体系作出了贡献。他们按照苏联模式，对朝鲜半岛北半部的国防建设、干部培养、文化教育体系、公安特殊机构建设等诸多方面作出了贡献，"苏联派"还肩负起朝苏两国沟通和交流的桥梁作用，对众多战略决策发挥了影响力。

5.3.3 "国内派"历史特点

1925年4月17日，在汉城成立了朝鲜共产党。当时，日本帝国主义在朝鲜实施了残酷而狡诈的殖民统治，先后四次逮捕了该党核心人员，其组织于1928年12月瓦解。朝鲜共产党解体后，朝鲜国内共产主义者在共产国际的领导下开展了重建党组织、社会团体的地下运动。1945年8月，朴宪永等人重建了朝鲜共产党，该党于1946年11月组建为南朝鲜劳动党。朝鲜"国内派"共产主义者具有以下几个历史特点。

其一，朝鲜共产主义运动领导力量、斗争中心、发展主线相对分散且混乱，长期处在派系斗争环境中。日帝强制吞并朝鲜后，先后实施了"武断统治"和"文化统治"。在日帝狡诈的"以韩制韩"、"分而治之"等统治理念下，很难在国内开展抗日运动。"上海派"与"伊尔库茨克派"、"火曜会"与"北风会"、"ML派"与"汉城派"之间相互对峙，各派系之间分分合合，未能形成统一的党和领导集体。日帝警察利用密探深入朝共内部，曾先后四次取缔了党组织，逮捕了主要人物，朝共组织终于被瓦解。朝鲜国内共产主义运动以秘密结社、建立研究会、地下斗争等方式进行，但其组织力量、斗争成果、社会影响力较弱。

其二，朝鲜早期共产主义者社会经济背景方面，以知识分子、新闻工作者、教师、文人等具有资产阶级社会经济背景的人员比例高达42.4%，失业者、农民分别占到29%和13%，工人、办事员等劳动者仅占11.6%。[426] 由于日帝殖民统治时期，严格限制朝鲜知识分子的就业，设置众多门槛，实际上封锁了知识分子就业门路，接受过高等教育的朝鲜人只能前往相对宽松的新闻部门工作，或以新闻记者为掩护，进行地下活动。如朴宪永曾先后担任《女子时论》主编、东亚日报社记者、朝鲜日报社记者等。 1924年4月，许宪成为东亚日报代理社长，1927年，以新闻记者身份参加了在比利时布鲁塞尔举行的"世界弱小民族大会"，崔璟德创办了青年运动机关报《战斗旗》、《共产青年》等，并在兴南地区开展了工人运动。

其三，第一代朝鲜国内共产主义者呈现出年轻化、受教育程度高，但其中一部分党员的思想觉悟不高。因第一、第二次"共产党事件"被日帝起诉的人员共有83人，其中大学及专门学校学历者达到21人，中学以上学历者为28人，普通学校22人。年龄方面，从20岁到35岁之间的人员占到67%。被逮捕的人员中口头革命者或是时髦共产主义者较多，他们与工农运动分

---

426) (美)罗伯特斯卡拉皮诺、李廷植著:《韩国共产主义运动史》，首尔，石枕出版社，2015年，第236页。

离。427) 很多党员入党动机、政治思想觉悟并不高, 对共产主义的理解较浅薄。很多青年人陶醉于共产主义理论, 与同仁组织研究小组, 讨论共产主义理论与朝鲜现实问题, 当他们要将共产主义理论化为实践之时, 就会被日帝警察逮捕。另外, "国内派"主要骨干受教育程度较高, 如朴宪永于1928年8月同夫人朱世竹流亡苏联海参崴, 后到莫斯科国际列宁学校学习, 1933年1月, 被派往上海开展工作。吴琪燮于1929年10月进入莫斯科劳动者共产主义大学学习。"国内派"主要成员中, 玄俊爀和朱宁河毕业于京城帝国大学, 金镕范毕业于莫斯科劳动者共产主义大学, 许宪毕业于普成专门学校法学专业, 并赴日本明治大学法科进修, 赵斗元曾就读于延禧专门学校文科, 李康国曾就读于京城帝国大学法文系。

其四, 由于日帝残暴、高智能的殖民统治, "国内派"主要开展了地下运动, 组织农民组合、工会、罢工及散发传单等活动。以吴琪燮为例, 他多次被日帝逮捕, 在狱中服刑时间长达13年之久。此外, 金镕范、金采龙、宋凤郁、崔璟德、朴宪永、李承烨、许宪、李英、李康国、李舟河均被判处数年有期徒刑。在新朝鲜各政治力量中"国内派"主要成员被日帝"逮捕"、"审判"、"关押"的次数最多, "服刑"时间最长。虽然"国内派"早在1925年就以南半部为主要政治舞台开始了朝鲜共产主义运动, 但其主要劣势是无武装斗争经验, 更无自己的武装力量。他们没有深入到工人、农民、群众之中, 没有进行过有组织、有计划、有纲领的工农运动。朝鲜社会发展之落后性使知识阶层大都是中产阶级出身, 接受外来的马列主义思想没有消化好, 未能与朝鲜社会实际相结合。

其五, 北朝鲜劳动党"二大"后"国内派"政治力量减弱, 其影响力逐渐下

---

427) (美)罗伯特斯卡拉皮诺、李廷植著:《韩国共产主义运动史》, 首尔, 石枕出版社, 2015年, 第242页。

降。 北朝鲜劳动党"一大"选举产生的43名中央委员中"国内派"有10人，而当时东北抗联集体仅有5人，"苏联派"有8人。13名常委中，"国内派"有3人，东北抗联集体和"苏联派"各有2人当选。 到了"二大"67名中央委员中，"国内派"达到16人，东北抗联集体6人，"苏联派"14人。 15名常委，"国内派"4人，东北抗联集体3人。新朝鲜首届内阁中，"国内派"主要负责外交(朴宪永)、司法(李承烨)、商业(张时雨)、交通(朱宁河)、邮电(金廷柱)等部门工作，朴宪永当选副首相兼外务相。其实，就当时的新朝鲜政权而言，外交的主要对象是苏联和中国，而金日成实际掌握了这一领域，外务相一职是虚职，没有实权。 虽然，商业、交通、邮电等部门与人民生产生活息息相关，但都是国政非主要领域。尤其是"二大"期间，金日成和以许嘉谊、金烈为代表的"苏联派"以"宗派主义"、"个人英雄主义"、"地方割据"、"工作不力"等为由向"国内派"主要成员进行了高强度的批评，"国内派"成员也进行了自我批评。

"国内派"被冠以上述名称的主要原因在于，首先，"国内派"共产主义者主要的革命斗争舞台在朝鲜国内社会联系较为广泛，光复后最有可能形成一个政治力量，他们与其它政治集团相比，承受着地缘、血缘、学缘等方面的负担。其次，"国内派"共产主义者在日帝统治下，主要斗争方式以地下运动为主，相对闭塞，所以在具体工作中难免会出现一些"家庭主义"、"地方主义"、"英雄主义"的倾向。因此，金日成将他们视为典型的"宗派主义"势力。 而"苏联派"作为党组织和党建工作方面的资深专家，在批评"国内派"方面充当先锋。 通过这一番批评与自我批评，以吴琪燮、郑达宪为代表的"国内派"政治力量被削弱，其政治影响力逐渐下降，而金日成开始全身心地投入到建立正规武装力量、建国、南北劳动党合并等工作，他在劳动党内的核心领导体系得到进一步巩固。

小 结

东北抗联集体依托东北各地朝鲜民族聚居区开展抗日武装游击斗争，金日成领导的抗联集体在朝鲜国内和东北朝鲜民族社会中树立了光辉形象，享有盛名。与此相反，以朝鲜义勇队(军)组成的"延安派"、苏联籍朝鲜民族组成的"苏联派"远离故国，其组织内部成员人数较少且分散，几乎在朝鲜国内没有群众基础。东北抗联集体拥有得天独厚的地缘、人缘优势，这是其它政治力量无法比较的。东北抗联集体在中国共产党和苏联共产党的领导帮助下，分别在中国东北地区和前苏联远东地区开展了抗日武装斗争。他们在革命活动中，受到中、苏两国、两党思想、组织等方面的影响。

以金日成为代表的朝鲜共产主义者以其特殊的身份和地位，在白山黑水间，进行了艰苦卓绝的抗日武装斗争。周保中作为金日成的老上级和亲密战友，"早已认定金日成具备驾驭全局的统帅魄力、才华、修养和胆识"，是朝鲜"抗日英雄和统帅"，特别关爱和尊重金日成。在14年之久的东北抗日游击战争中，逐步形成了以金日成为核心，以崔庸健、金策、安吉等为代表的久经考验而坚强的朝鲜革命领导集体。

第六章

结　论

1948年9月9日，朝鲜民主主义人民共和国成立。东北抗联集体、"延安派"、"苏联派"、"国内派"组成了朝鲜政府内阁，正式形成了以金日成为核心的领导体系。如果说，"延安派"与"苏联派"分别受中共和苏共影响，那么东北抗联集体则受中共与苏共双方面的影响，以此为基础形成了其鲜明的作风及其历史特点。以金日成为首的东北抗联集体在长期艰苦的斗争环境中形成了思想高度统一、政治纪律严明、强大的凝聚力、战斗力和团结精神，并凝练出"白头山革命精神"。不仅在艰苦卓绝的抗日游击战争时期，还是当今的朝鲜都将白头山革命精神视为核心价值观、朝鲜党和革命的历史根基、推动朝鲜社会主义强盛国家事业的宝贵财富，甚至提出"白头山大国"的宏伟蓝图，号召人民继承和发扬"白头山革命精神"，一代接一代胜利推进并光荣地完成主体革命事业，金日成阐明了在革命的枪杆子里有革命事业的胜利、有国家与民族独立和繁荣这一军事革命理念，并将其付诸实现，奠定了新朝鲜先军政治的历史基础。东北抗联集体与新朝鲜政权其它政治力量相比，无疑有其鲜明的优势与历史特点，金日成成为朝鲜领袖有其历史必然性。

首先，从地理上，东北抗联集体依托东北各地朝鲜民族居住区、聚居区开展抗日武装游击斗争，以朝鲜人民革命军名义深入朝鲜国内开展武装斗争、建立群众组织、结成民族统一战线等。他们与朝鲜国内民众，特别是中朝国境线附近的民众保持了密切关系。在长白山区形成抗日游击区后，金日成把小分队和政治工作人员派到朝鲜国内各地，在有利于开展军事政治活动的山区建立并扩大了密营和联络站等各种形式的秘密据点，在其统一领导下，卓有成效地进行抗日地下革命组织建设等工作。抗联集体把朝鲜甲山、三水一带建设为朝鲜国内革命组织的培训基地，培养了许多组织员，再派到其它郡或道。经过一系列武装斗争和组织工作，金日成领导的抗联集体在朝鲜国内和东北朝鲜民族社会中树立了光辉形象，享有盛名。与此相反，以朝鲜义勇队(军)组成的"延安派"、苏联籍朝鲜民族组成的"苏联派"远离故国，其组织内部成员人数较少且分散，几乎在朝鲜国内没有群众基础。东北抗联集体拥有得天独厚的地缘、人缘优势，这是其它政治力量无法比较的。通过普天堡战斗、茂山战斗等一系列武装斗争，使金日成在朝鲜国内树立了民族抗日英雄的光辉形象。而朴宪永等朝鲜国内共产主义者主要开展了地下运动，故其社会影响力较为薄弱。

其次，东北抗联集体在极其恶劣的生存条件中长期坚持抗日武装斗争，并在敌后抗日游击斗争环境中形成。而朝鲜义勇队(军)主要在国民党战场和华北太行山根据地进行抗日活动，以宣传活动为主，其生活环境较为稳定，朝鲜义勇队(军)的抗日武装宣传也起到了相当重要的作用。东北抗联集体主要在白山黑水间与日寇抗争，日本帝国主义经常组织疯狂地"讨伐"、"围剿"，导致他们生存条件极其艰苦，也正是在这种恶劣的自然条件和日帝惨绝人寰地"讨伐"，培育了其不屈不挠、不畏强敌、顽强的斗争意志，东北抗联集体思想高度统一，政治、组织纪律严明，同时也具备了积极、乐观向上的革命情操，无论付出多大的牺牲也要争取革命胜利的信念。他们进行了长达14年的抗日游击战争，数以千计的抗日志士献出了宝贵的生命，为东北抗日游击战争及世界反法西斯战争的胜利做出了巨大贡献。同时，正是由于四大政治集团不同的人员构成、政治背景、斗争环境为新朝鲜建国后的政治矛盾埋下了伏笔。

再次，东北抗联集体在中国共产党统一领导的组织体系内开展了武装斗争，他们在复杂的政治、组织关系中得到进一步锻炼，也经历了东满"民生团事件"的严峻考验。朝鲜义勇队(军)先后在国民党和中国共产党的直接、间接的统一领导和大力支持下开展了活动。他们一开始就以外国抗日革命家身份活动，始终保持了自己的政治名分和组织体系，并被认定为国际主义战士、抗日同盟军。而东北朝鲜民族武装力量的情况与义勇队有所不同。抗战初期，东北朝鲜民族可在具有一定独立性的组织体系内活动，但"九·一八"事变后，他们开始在中共的统一领导和严明的组织体系内与其它民族共同进行抗日武装斗争。在此过程中，发生了历时3年之久的反"民生团"斗争等重大历史事件，很多朝鲜民族被错误的定性为"日本奸细"、"可疑人员"，在各种不信任、误会甚至排斥中，其思想、组织体系更趋成熟。他们也认识到任何人都无法阻挡朝鲜革命的胜利和解放伟业，这是朝鲜共产主义者和朝鲜人民自主的权利和神圣的义务。由此可见，东北抗联集体所处的思想、组织斗争环境十分复杂和尖锐，他们也从一系列事件中锻炼了坚强的意志力。以金日成为首的东北抗联集体根据东北武装斗争经验，在创建北朝鲜人民武装时采取了在各地组织小部队，待巩固后重新整编为大部队的方法，无论任何情况，均由抗联集体掌握武装。

最后，东北抗联集体在中国共产党和苏联共产党的领导帮助下，分别在中国东北地区和前苏联远东地区开展了抗日武装斗争。他们在革命活动中，受到中、苏两国、两党思想、组织等方面的影响。而朝鲜义勇队(军)主要受到中共中央的直接领导，东北抗联不仅长期接受中共东北党的影响，1941年进入苏联境内整训后，开始受到苏联共产党的影响。毋庸置疑，在苏联整训的经历是东北抗联集体最终成为新朝鲜核心领导集体的重要原因之一。周保中作为金日成的老上级和亲密战友，"早已认定金日成具备驾驭全局的统帅魄力、才华、修养和胆识"，是朝鲜"抗日英雄和统帅"，特别关爱和尊重金日成。在14年之久的东北抗日游击战争中，逐步形成了以金日成为核心，崔庸健、金策、安吉等为代表的久经考验而坚强的朝鲜革命领导集体，在其过程中对金日成的特别赞赏、信任和重用无疑起了极为重要的历史作用。

概而言之，以金日成为首的抗联集体在特殊的地缘、人缘等环境的影响下，开展了中朝联合抗日游击斗争，长期与中国共产主义革命者并肩战斗，用生命和鲜血凝成了革命友谊，这是两国革命不能分割的历史，是中朝两国人民共有的宝贵财富。同时，他们经历了复杂而尖锐的斗争，最终成长为一支坚强的革命武装力量，并形成了"白头山革命精神"。在这一过程中，朝鲜共产主义革命骨干力量得到锻炼和成长，最终成为社会主义新朝鲜坚强的领导核心，奠定了今日朝鲜的政治思想历史基础。

◆ 参考文献 ◆

一、中华人民共和国

(一) 专著:

[1] 张次溪编著:《李大钊先生传》, 北京宣文书店, 1951

[2] 伪满洲国军政部顾问部编:《满洲共产匪研究》, 中华书局, 1982

[3] 中共中央文献研究室编委会编:《朱德选集》, 人民出版社, 1983

[4]《东北抗联史料》编写组编:《东北抗日联军史料》(下), 中共党史资料出版社, 1987

[5] 刘文新、李毓卿著:《周保中传》, 黑龙江人民出版社, 1987

[6] 赵文林、谢淑君著:《中国人口史》, 人民出版社, 1988

[7] 金东和著:《延边青年运动史》, 延边人民出版社, 1989

[8] 韩俊光编:《中国朝鲜民族移民史论文集》, 黑龙江朝鲜民族出版社, 1989

[9] 毛泽东著:《毛泽东选集》, 第三卷, 人民出版社, 1991

[10] 陈雷回忆录:《征途岁月》, 黑龙江人民出版社, 1991

[11]《东北抗日联军斗争史》编写组:《东北抗日联军斗争史》, 人民出版社, 1991

[12] 马汝珩、马大正著:《清代的边疆政策》, 中国社会科学出版社, 1994

[13] 朴昌昱著:《中国朝鲜族历史研究》, 延边大学出版社, 1995

[14] 金光洙、金龟春主编:《朝鲜通史》第四卷, 延边大学出版社, 1997

[15] 崔圣春编:《延边人民抗日斗争史》, 延边人民出版社, 1997

[16] 李红庆主编:《世界现代史》, 高等教育出版社, 1999

[17] 金龟春主编:《中朝日关系史(下)》, 黑龙江朝鲜民族出版社, 2000

[18] 张宪文主编:《中国抗日战争史》, 南京大学出版社, 2001

[19] 金哲洙编著:《延边抗日史迹地研究》, 延边人民出版社, 2002

[20]《156师实战录》编委会编:《156师实战录》, 延边教育出版社, 2002

[21] 陈峰君、王传剑著:《亚太大国与朝鲜半岛》, 北京大学出版社, 2002

[22] 魏宏运主编:《中国现代史》, 高等教育出版社, 2002

[23] 吕明辉著:《金日成与张蔚华: 跨越国界的生死情义》, 世界知识出版社, 2002

[24] 马曼丽等著:《中国西北跨国民族文化变异研究》, 民族出版社, 2003

[25] 金亨植主编：《激情岁月：文正一同志回忆录》，民族出版社，2004

[26] 曹中屏、张琏瑰等编著：《当代韩国史》，南开大学出版社，2005

[27] 共同编写委员会编：《东亚三国的近现代史》，社会科学文献出版社，2005

[28] 萧一平主编：《中国抗日战争全史》，四川人民出版社，2005

[29] 张立华、董宝训著：《八路军史》，青岛出版社，2006

[30] 崔刚著：《朝鲜义勇军史》，延边人民出版社，2006

[31] 金成镐著：《东满抗日革命斗争特殊性研究》，黑龙江朝鲜民族出版社，2006

[32] 朴真奭、姜孟山等共著：《朝鲜简史》，延边大学出版社，2007

[33] 杨昭全、金春善等共著：《中国朝鲜族革命斗争史》(汉文版)，吉林人民出版社，2007

[34] 金泰国著：《东北地区"朝鲜人民会"研究》，黑龙江朝鲜民族出版社，2007

[35] 金虎雄著：《四海之内皆兄弟；朝鲜族教育家林民镐》，民族出版社，2009

[36] 金春善主编：《中国朝鲜族通史(上卷)》，延边人民出版社，2009

[37] 金春善主编：《中国朝鲜族通史(中卷)》，延边人民出版社，2009

[38] 孙春日著：《中国朝鲜族移民史》，中华书局，2009

[39] 《朝鲜族简史》编写组编：《朝鲜族简史》，民族出版社，2009

[40] 柳燃山著：《不朽的英灵-崔采》，民族出版社，2009

[41] 杨昭全、金春善等共著，金春善等译：《中国朝鲜族革命斗争史》，延边人民出版社，2009

[42] 杨昭全著：《金日成传》，亚洲出版社，2010

[43] 金春善主编：《中国朝鲜族通史(下)》，延边人民出版社，2010

[44] 《延边朝鲜族史》编写组：《延边朝鲜族史(上)》，延边人民出版社，2011

[45] 崔国哲著：《朱德海评传》，延边人民出版社、民族出版社，2012

[46] 延边朝鲜族史编写组：《延边朝鲜族史(下)》，延边人民出版社，2012

[47] 杨昭全、孙艳姝著：《当代中朝中韩关系史》吉林出版集团，吉林文史出版社有限责任公司，2013

[48] 金光熙著：《大韩民国史》，社会科学文献出版社，2014

[49] 金扬著：《辽宁省朝鲜民族革命斗争史》，辽宁民族出版社，2015

[50] 《东北抗日联军史》编写组著：《东北抗日联军史》上、下册，中共党史出版社，2015

[51] 沈志华主编：《中苏关系史纲1917-1991》第三版，社会科学文献出版社，2016

[52] 李光仁著：《武亭将军》，民族出版社，2016

(二) 学位论文：

[1] 姜龙范：《近代中朝日三国对间岛朝鲜人的政策研究》，延边大学博士学位论文，1999.

[2] 刘英：《1945-1948年苏联在北朝鲜的政策实践研究》，华东师范大学博士后研究工作报告，2004

[3] 姜圣天：《试论金策的抗日革命活动》，延边大学硕士学位论文，2005

[4] 李倩：《日伪时期吉林人民抗日武装斗争研究》，东北师范大学博士学位论文，2006

[5] 朴今海：《日本对东北朝鲜人的殖民主义教育政策研究》，延边大学博士学位论文，2007

[6] 李洪锡：《日本驻中国东北地区领事馆警察机构研究-以对延边地区朝鲜民族的统治为中心》，延边大学博士学位论文，2007

[7] 刘智文：《东疆民族关系史研究-以朝鲜族为中心》，东北师范大学博士学位论文，2008

[8] 朴哲：《'乙巳五条约'研究》，延边大学博士学位论文，2008

[9] 赵刚：《社会主义制度在延边地区的确立研究》，东北师范大学博士学位论文，2009

[10] 张玉红：《中国国民政府与大韩民国临时政府关系研究》，延边大学博士学位论文，2010

[11] 郑光日：《日伪时期东北朝鲜族'集团部落'研究》，延边大学博士学位论文，2010

[12] 高鹏：《朝鲜半岛分裂的进程研究-以国际政治结构的视角》，复旦大学博士学位论文，2011

[13] 高承龙：《伪满洲国民族政策研究》，东北师范大学博士学位论文，2011

[14] 黄润浩：《东北地区朝鲜共产主义者的"双重使命"研究》，延边大学博士学位论文，2012

[15] 金英兰：《韩国的社会结构与民族主义-从开港时期到殖民时期》，上海大学博士学位论文，2012

[16] 梁志善：《天津地区韩人社会研究(1910-1946)》，复旦大学博士学位论文，2012

[17] 金兴伟：《1940年后的东北抗联研究》，中共中央党校博士学位论文，2013

[18] 辛圣风：《朝鲜人的满洲移民史研究》，延边大学博士学位论文，2013

[19] 周伟东：《建立一个新民主主义的中国-1939-1949年毛泽东建国思想研究》，中共中央党校博士学位论文，2016

(三) 一般论文:

[1] 金成镐:《朝鲜开化思想的产生及其主要内容-兼论甲申政变的思想基础》,朝鲜近代史研究,1992

[2] 文正一、池宽容:《抗日战争中的朝鲜义勇军》,民族团结,1995(07)

[3] 石源华:《论中国共产党与朝鲜义勇军的关系》,军事历史研究,2000(03)

[4] 余伟民、周娜:《1945-1948年朝鲜半岛南部地区的政治变动》,韩国研究论丛年刊,中国社会科学出版社,2004

[5] 黄龙国:《朝鲜义勇军的活动与中国朝鲜族的历史联系》,东疆学刊,2006(02)

[6] 黄龙国:《朝鲜独立同盟及朝鲜义勇军历史的几个问题》,延边大学学报,2006(3)

[7] 金景一:《关于中国军队中朝鲜族官兵返回朝鲜的历史考察》,史学集刊,2007(03)

[8] 金光熙:《朝鲜资本主义萌芽研究大观》,朝鲜韩国历史研究,第十辑,2008

[9] 金景一、金强一:《朝鲜半岛的地缘政治意义及其对我国的影响研究》,延边大学学报,2008(04)

[10] 金成镐、张玉红:《四论朝鲜人民革命军说》,朝鲜韩国历史研究第十辑,延边大学出版社,2009

[11] 崔凤春:《朝鲜义勇队内部党派及组织系统沿革》,韩国研究论丛,2009(01)

[12] 金强一:《边缘文化:一种多元融合的文化资源》,东疆学刊,2009(04)

[13] 李洪锡:《中国在'庚申年讨伐'前对延边地区朝鲜反日独立运动的庇护》,东疆学刊,2011(02)

[14] 孙春日、金松兰:《战后朝鲜建国理念及其实践过程》,延边大学学报,2011(04)

[15] 杨昭全:《中国共产党与朝鲜·韩国反日独立运动(1921—1945)——纪念中国共产党成立90周年》,社会科学战线,2011(06)

[16] 许永吉:《论东北地区朝鲜共产党人加入中共问题》,朝鲜韩国历史研究,第十三辑,2011

[17] 金成镐、夏润国:《中国共产党关于东北朝鲜民族抗日革命运动的方针政策——以中共东北党组织的文献史料为中心》,韩国研究,第十二辑,2012

[18] 崔凤春:论朝鲜共产党派系斗争,朝鲜韩国历史研究,第十二辑,2012

[19] 金成镐:《试论朝鲜民族早期共产主义运动和共产党的建立》,韩国研究论丛,第二十四辑,社会科学文献出版社,2012

[20] 金雄鹤:《抗日战争时期中国共产党与朝鲜反日民族解放运动——以关内地区为中心》,朝鲜韩国历史研究,第十二辑,2012

[21] 许永吉：《论朝鲜共产党满洲总局的反日民族运动》，朝鲜韩国历史研究，第十二辑，2012

[22] 金成镐：《朝鲜民族共产主义者在中国东北抗日斗争中的地位和贡献》，世界历史，2012(02)

[23] 孙春日：《朝鲜义勇军在东北参加民主政权建设与赴朝过程》，延边大学学报(社会科学版)，2012(06)

[24] 余伟民：《苏联的选择与中朝关系的形成(1945-1953)》，朝鲜韩国历史研究第十五辑，延边大学出版社，2013

[25] 权赫秀：《关于朝鲜共产主义者支持中国共产党创建工作的若干史实》，朝鲜韩国历史研究，第十四辑，2013

[26] 金成镐、李岩：《19世纪末朝鲜独立协会运动与"中华观"的嬗变》，朝鲜韩国历史研究，第十五辑，2013

[27] 沈志华：《同命相连：朝鲜共产党人融入中共的历史过程(1919-1936)》，社会科学战线，2015(02)

[28] 沈志华：《苏联与北朝鲜政权的建构(1945-1949)》，俄罗斯东欧中亚研究，2015(03)

[29] 金成镐、姜圣天：《朝鲜共产主义者金策在中国东北的抗日历程》，延边大学学报，2015(03)

[30] 孙春日：《东北战场上朝鲜革命军联中抗日探究》，延边大学学报，2015(05)

[31] 金成镐、金成杰：《论中朝联合抗日历史与"一史两用、历史共享"问题》，东疆学刊，2016(04)

[32] 金成杰：《朝鲜建国时期"苏联派"的构成及其历史特点》，延边大学第一届中韩青年论坛论文集，2016

[33] 金成杰：《试论朝鲜光复后入朝苏联朝鲜人群体的构成及其主要活动》，延边大学学报，2021(04)

(四) 史料集、档案、报刊、回忆录：

史料集：

[1] 吴禄贞：《延吉边务报告》，吉林文史出版社，1986

[2] 杨昭全等编：《关内地区朝鲜人反日独立运动资料汇编》，辽宁民族出版社，1987

[3] 中共延边州委党史研究室编：《东满地区革命历史文献汇集》上、下卷，延边人民出

版社，1999

[4] 金宇钟主编：《东北地区朝鲜人抗日历史史料集第一卷～第十卷》，黑龙江朝鲜民族出版社，2003～2005

[5] 金春善主编：《中国朝鲜族史料全集》(全100卷)延边人民出版社，2010-2016

档案：

[1] 东北地区革命历史文件汇集编辑委员会编：《东北地区革命历史文件汇集》(甲66本，乙2本)，中央档案馆、辽宁省档案馆、吉林省档案馆、黑龙江省档案馆合编，1992

① 《中共东满党团特委工作报告》，《东北地区革命历史文件汇集》，甲(30)

② 《东北人民革命军政委联席会议》，甲(44)

③ 《东北人民革命军第二军之产生及其发展经过(1938)》，甲(53)

④ 《金策履历书(1941年1月11日)》，甲(60)

⑤ 《金日成给周保中的信(1943.12.24)》，甲(65)

[2] 延边档案馆藏《延吉厅同知呈所管各事宜选具清册》、《延边地区历史保存档案史料选编(1)》、《延吉县志》(7)，中华民国3年

报刊：

[1] 《解放日报》

[2] 《新华日报》

[3] 《朝鲜义勇队通讯》

[4] 《东北朝鲜人民报》

[5] 《延边日报》，《抗日将领-武亭将军(连载)》2015年8月8日-2016年12月17日

[6] 《吉林朝鲜文报》，2015年3月3日-7月23日(每周二2版，《抗日英雄传》)，2016年3月22日-12月20日(《朝鲜民族红军传》)

回忆录：

[1] 尚钺：《金日成主席在吉林毓文中学》，新华文摘，1984(8)

[2] 王明贵：《智取克山》，东北抗日联军史料(下)，中共党史资料出版社，1987

[3] 吕英俊：《出入国境线》，东北抗日联军史料(下)

[4] 王效明：《抗联第二支队和抗联教导旅的战斗生活》，东北抗日联军史料(下)

[5] 王一知：《'八一五'前后的东北抗日联军》，东北抗日联军史料(下)

[6] 李敏：《风雪征程–东北抗日联军战士：李敏回忆录》(上，下)，黑龙江人民出版社，2012

二、朝鲜民主主义人民共和国

(一) 期刊、官方会议公报、年鉴、辞典:

[1] 《勤劳者》

[2] 《历史科学》

[3] 《劳动新闻》

[4] 《民主日报》

[5] 《正路》

[6] 《朝鲜中央年鉴》

[7] 《朝鲜中央通讯》

[8] 《民主朝鲜》

[9] 《朝鲜民主主义人民共和国内阁公报》

[10] 《朝鲜民主主义人民共和国法律集》

[11] 《朝鲜劳动党中央委员会决定集》

[12] 《朝鲜劳动党中央政治委员会决定集》

[13] 《朝鲜劳动党中央组织委员会决定集》

[14] 《解放后四年期间国内重要日志1945.8-1949.3》民主朝鲜社，1949

[15] 社科院历史研究所编：《大众政治用语辞典》1-2，社会科学出版社，1964

[16] 社科院历史研究所编：《政治用语辞典》，社会科学出版社，1970

[17] 社科院金日成同志革命历史研究所编：《历史辞典》，科学百科辞典综合出版社，2001

(二) 专著:

[1] 南日著：《解放后三年期间北朝鲜教育文化发展》，文化宣传省，1948

[2] 《1946-1960年人民经济发展统计辑》，国立出版社，1961

[3] 《朝鲜劳动党历史研究》(3)，朝鲜劳动党出版社，1966

[4] 《延吉炸弹》，朝鲜劳动党出版社，1968

[5] 社科院历史研究所编：《朝鲜全史》，科学百科辞典出版社，1991

[6] 社科院历史研究所，中央历史博物馆编：《朝鲜历史由来常识》，金星青年综合出版社，2001

[7] 社科院金日成同志革命历史研究所编：《历史辞典3》，科学百科词典综合出版社，2001

[8] 编辑部：《金日成略传》，朝鲜外文出版社，2001

[9] 编辑部：《金正日传略》，朝鲜外文出版社，2001

[10] 编辑部：《金正淑传》，朝鲜外文出版社，2002

[11] 编写组：《抗日武装斗争史》第1-2卷，朝鲜科学百科辞典出版社，2002

[12] 编写组：《抗日武装斗争史》第3-5卷，朝鲜科学百科辞典出版社，2003

[13] 编写组：《抗日武装斗争史》第6-7卷，朝鲜科学百科辞典出版社，2004

[14] 编写组：《抗日武装斗争史》第8-10卷，朝鲜科学百科辞典出版社，2005

[15] 社科院历史研究所编：《朝鲜社会科学学术集》，社会科学出版社，2009

[16] 社科院历史研究所编：《朝鲜断代史-李朝2》，科学百科辞典出版社，2010

[17] 吴吉辅(音)著：《朝鲜近代反日义兵运动史》，朝鲜社会科学出版社，2010

[18] 吉在俊、李尚典著：《金日成与中国东北解放战争》，朝鲜外文出版社，2011

[19] 朴荣海著(音)：《朝鲜通史(中)修订版》朝鲜社会科学出版社，2011

[20] 编辑部：《中国东北解放战争参加者回忆记1》，朝鲜劳动党出版社，2011

[21] 编辑部：《金日成同志革命历史》，朝鲜外文出版社，2012

[22] 编辑部：《中国解放战争参加者回忆记2》，朝鲜劳动党出版社，2012

[23] 金日成：《朝鲜民主主义人民共和国是我国人民自由独立的旗帜和真正的人民政权》，朝鲜外文出版社，2013

[24] 《朝鲜民主主义人民共和国社会主义宪法》，朝鲜外文出版社，2014

(三)金日成著作集、回忆录：

[1] 金日成将军述：《关于民族大同团结》，朝鲜劳动党咸镜北道清津市委员会，1946年

[2] 金日成：《金日成委员长重要报告》，北朝鲜人民委员会宣传部，1947

[3] 金日成：《金日成选集》，第1-4卷，朝鲜劳动党出版社，1953、1954

[4] 金日成：《金日成选集》，第1-6卷，朝鲜劳动党出版社，1960-1964

[5] 林春秋：《回忆抗日武装斗争时期》，朝鲜劳动党出版社，1960

[6] 金日成：《关于人民政权建设》1-2，朝鲜劳动党出版社，1978

[7] 金日成：《金日成著作集》，第1-35卷，朝鲜劳动党出版社，1979-1987

[8] 金日成回忆录：《与世纪同行》，1-6卷，1992-1996，朝鲜劳动党出版社

[9] 金日成回忆录(续本)：《与世纪同行》，7-8卷，1996-1998，朝鲜劳动党出版社

[10] 朝鲜劳动党出版社：《参加抗日游击战战士回忆录》第1-3卷，2003

[11] 朝鲜劳动党出版社：《参加抗日游击战战士回忆录》第4-9，12卷，2005

[12] 朝鲜劳动党出版社：《参加抗日游击战战士回忆录》第10卷，2006

[13] 朝鲜劳动党出版社：《参加抗日游击战战士回忆录》第13-14卷，2007

[14] 朝鲜劳动党出版社：《参加抗日游击战战士回忆录》第11、15卷，2008

[15] 朝鲜劳动党出版社：《参加抗日游击战战士回忆录》第16卷，2009

[16] 朝鲜劳动党出版社：《参加抗日游击战战士回忆录》第17、18卷，2010

[17] 朝鲜劳动党出版社：《参加抗日游击战战士回忆录》第19、20卷，2013

三、大韩民国

(一) 专著:

[1] 金昌顺著：《朝鲜15年史》，1961，智文阁

[2] 金俊烨、金昌顺著：《韩国共产主义运动史(3)》，高丽大学亚细亚问题研究所，1973

[3] 金南植著：《南劳党研究(1)》，石枕(돌베개)出版社，1984

[4] 边太燮著：《韩国史通论》(四订版)，三英社，1986

[5] 李相禹编：《朝鲜40年："朝鲜民主主义人民共和国"的特点及其演变过程》，乙酉文化社，1988

[6] 金南植著：《南劳党研究(2)》，石枕出版社，1988

[7] 金南植著：《南劳党研究(3)》，石枕出版社，1988

[8] 沈之渊著：《朝鲜新民党研究》，东方(동녘)出版社，1988

[9] 徐仲锡著：《韩国近现代民族问题研究》，知识产业社，1989

[10] 林隐著：《金日成正传》，沃村文化社，1989

[11] 沈之渊著：《许宪研究》，历史批评社，1994

[12] 李钟奭著：《朝鲜劳动党研究：以指导思想与结构变化为中心》，历史批评社，1995

[13] 李钟奭著：《对现代朝鲜的理解：思想体制领导人》，历史批评社，1995

[14] 朴明林著：《朝鲜战争的爆发及其原因》1，2，罗南出版社，1996

[15] 辛珠栢著：《东北地区朝鲜民族运动史(1920-1945)》，亚细亚文化社，1999

[16] (中)金成镐著:《1930年代延边民生团事件研究》,白山资料院,1999

[17] 徐大肃著:《现代北朝鲜的领导人-金日成与金正日》,乙酉文化社,2000

[18] 金光云著:《北朝鲜政治史研究1;建党、建国、建军的历史》,先人,2003

[19] 申孝淑著:《苏联军政时期朝鲜的教育》,教育科学社,2003

[20] 庆南大学朝鲜研究生院编:《北朝鲜现代史1》,韩蔚学苑,2004

[21] 林京锡著:《而丁朴宪永一代记》,历史批评社,2004

[22] 徐东晚著:《北朝鲜社会主义体制成立史1945-1961》,先人,2005

[23] 慎镛夏著:《韩国抗日独立运动史研究》,景仁文化社,2006

[24] 曹汉凡著:《从海外资料分析北朝鲜体制的形成与发展1》,先人,2006

[25] 慎镛夏著:《日帝殖民地政策与殖民地现代化论批判》,文学与知行社,2006

[26] 申福龙著:《韩国分裂史研究1943-1953》(修订版),韩蔚学苑,2006

[27] 沈之渊著:《李康国研究》,白山书堂,2006

[28] 郑贤寿著:《从海外资料分析北朝鲜体制的形成与发展2》,先人,2006

[29] 禹炳国,郭真吾等著:《北朝鲜体制形成与发展文献资料-中国、美国、日本,统一研究院基础研究丛书》,先人,2006

[30] 金九著:《白凡金九自传》,罗南出版社,2006

[31] 朴宪永著:《致朝鲜人民》,汎友社,2008

[32] 金学俊著:《北朝鲜历史(第一卷) 1863-1946.01》,首尔大学出版文化院,2008

[33] 金学俊著:《北朝鲜历史(第二卷) 1946.01-1948.09》,首尔大学出版文化院,2008

[34] 李惠淑著:《美军政时期统治结构与韩国社会》,先人,2008

[35] 韩国史特讲编撰委员会编:《韩国史特讲》(修定版),首尔大学出版文化院,2008

[36] 沈之渊著:《崔昌益研究》,白山书堂,2009

[37] 李哲淳著:《南北朝鲜政府成立过程比较1945-1948》,人间之爱出版社,2010

[38] 朴炳烨著:《金日成与朴宪永及吕运亨》,先人,2010

[39] 白鹤淳著:《朝鲜权力的历史-思想及认同结构》世宗研究所世宗政策丛书,韩蔚,2010

[40] 郑昌铉著:《从人物看朝鲜:金日成到金正恩》,先人,2011

[41] 金圣甫著:《朝鲜的历史:建国与人民民主主义经验1945-1960》,历史批评社,2011

[42] 金棨东著:《朝鲜的外交政策与对外关系-协商与挑战的战略性选择》,MyunginBooks,2012

[43] 郑炳一著:《朝鲜体制成立与延安派的作用》,先人,2012

[44] 朴玄埰, 吕铉德著:《对解放前后历史的认识3: 政治、社会运动的革命性开展与思想路线》, 一路社, 2013

[45] 丁海龟, 柳相荣著:《对解放前后历史的认识4: 民众抗争、武装斗争、文化艺术运动、朝鲜战争》, 一路社, 2013

[46] 金南植, 李钟奭著:《对解放前后史的认识5: 北朝鲜的革命传统, 人民政权的成立与反帝反封建民主主义革命过程》, 一路社, 2013

[47] 朴明林, 李完范著:《对解放前后历史的认识6: 南北朝鲜对解放前后历史研究方面取得的成果与立场》, 2013

[48] 沈之渊著:《韩国政党政治史》, 白山书堂, 2013

[49] 李相禹著:《北朝鲜政治变迁》, 昇出版社, 2014

[50] 高丽大学韩国史研究所编:《韩国史》2014年版, 新文社, 2014

(二) 学位论文:

[1] 허만위. 초기 북한정권의 형성과정에 관한 연구, 경남대학교 박사학위논문, 1991

[2] 이덕일. 동북항일련군연구, 숭실대학교 박사학위논문, 1997

[3] 이미경. 주체사상의 기원과 초기 형성과정에 관한 연구, 이화녀자대학교 박사학위논문, 1997

[4] 정병일. 북한의 초기 국가건설과 연안파 역할: 역사적 재조명, 서강대학교 박사학위논문, 2012

[5] 김성주. "북한군사주의"의 형성과 전개과정 연구, 북한대학원대학교 박사학위논문, 2015

[6] 김선호. 조선인민군연구: 창설과정 및 통일전선, 경희대학교 박사학위논문, 2016

(三) 一般论文:

[1] 金仁鸿:《朝鲜战争与美苏对朝鲜战争政策》, 东大论文集, 第十四辑, 1975

[2] 金学俊:《'三八线'划定争论之分析》, 韩国政治学会刊, 1976(12)

[3] 金荣范:《朝鲜义勇队研究》, 韩国独立运动史研究, 1988(11)

[4] 徐禧洙:《苏联军政与朝鲜政权的成立》, 统一论丛, 第二辑, 1989

[5] 李廷植:《吕运亨与建国筹备委员会》, 历史学报, 1992(9)

[6] 梁好民:《光复后朝鲜政权的政治路线》, 韩国史市民讲座, 1993(12)

[7] 徐仲锡:《现代(1910-)》历史学报，1993(12)

[8] 徐大肃:《光复与南北朝鲜共产主义》，韩国市民讲座，1993(12)

[9] 李完范:《美国划定'三八线'过程及政治目的》，韩国政治学会刊，1995(10)

[10] 白鹤淳:《朝鲜建国时期金日成自律性问题》，韩国政治学会刊，1995(5)

[11] 李熙真:《美国进驻朝鲜半岛与'三八线'的划定》，韩国近现代史研究，1995(2)

[12] 李完范:《苏联参加对日作战与承认'三八线'1942-1945》，韩国政治外交论丛，1996
    (11)

[13] 廉仁镐:《朝鲜义勇队华北支队与八路军联合抗战》，韩国独立运动史研究，1996(12)

[14] 林采完:《朝鲜政权初期政治集体研究》，韩国东北亚论丛，第六辑，1997

[15] 李德一:《远东88旅成立背景及其性质》，韩国近现代史研究，1997(6)

[16] 李相一:《参与朝鲜政治的'苏联派'》，东国历史教育，第五辑，1997

[17] 张世胤:《朝鲜义勇队的组织体系与成员》，韩国近现代史研究，1999(11)

[18] 金光云:《光复后朝鲜统一战线》，韩国史学报，2001(9)

[19] 韩诗俊:《大韩民国临时政府进入国内的构想》，韩国近代史研究，2002(6)

[20] 奇光舒:《光复后金日成政治地位的上升及其执政过程》，历史与现实，2003(6)

[21] 奇光舒:《朝鲜光复后苏联对朝鲜共产党的立场》，历史批评，2003(11)

[22] (中)金成镐:《关于'朝鲜人民革命军'问题的探讨》，韩国独立运动史研究，2003(12)

[23] 郑秉俊:《1945-1948美苏'三八线'政策与南北矛盾之起源》，中苏研究，2003、
    2004合集

[24] (中)孙春日:《光复后中国东北地区朝鲜义勇军改编过程》，精神文化研究，2005(12)

[25] 金光载:《朝鲜义勇军与韩国光复军比较研究》，史学研究，2006(12)

[26] (中)孙科志:《中国战场上的朝鲜义勇队》，韩国近现代史研究，2007(6)

[27] 张世胤:《光复前后时期东北地区朝鲜义勇军与东北抗联活动》，韩国近代史研究，
    2007(9)

[28] 郑炳一:《'延安派'在朝中关系中的地位-以政治、军事为中心》，社会科学研究，
    2010(2)

[29] 郑晋雅(音):《朝鲜接受'社会主义苏联'形象》，统一问题研究，2010(11)

[30] 奇光舒:《光复后朝鲜中央政权机关形成及变化1945-1948》，和平研究，2011(10)

[31] 金周溶:《中国媒体报道的朝鲜义勇队-<救亡日报>、<解放日报>为中心》，史学
    研究，2011(12)

[32] 李在铃:《美苏军政时期中国共产党的朝鲜观-以1945-1946<新华日报>为中心》，

东洋史学研究, 2014(3)

[33] 田铉秀:《1947年朝鲜面、里人民委员会选举》, 史学研究, 2014(9)

[34] 李京在:《韩雪野与中国东北》, 语文研究, 2016(2)

[35] 郑炳一:《朝鲜建国初期'东北抗联派'与'延安派'比较研究-以'延安派'的影响力为中心》, 统一研究, 2016(1)

(四) 史料集、报纸:

[1] 金俊烨等编:《朝鲜研究资料集》第1-11辑, 高丽大学亚细亚问题研究所, 1969-1983

[2] 国史编撰委员会编:《北朝鲜关系史料集》第1-41辑, 1980-2003

[3] 国史编撰委员编:《韩国现代史资料集成》第1-55辑, 1987-

[4] 国土统一院编:《朝鲜劳动党大会资料集》第1-4辑, 1988

[5] 国土统一院编:《朝鲜最高人民会议资料集》第1-4辑, 1988

[6] 《东亚日报》, 1936年8月19日, 1937年6月6日, 1937年7月2日,

[7] 《京乡新闻》, 1985.8.14.第五版

[8] 《中央日报》, 特别采访小组:《秘录: 朝鲜民主主义人民共和国》, 1992

四、其它国家

[1] (在日朝鲜人)姜德相编:《现代史料集》, 三铃书房, 1972-1977

[2] (日)和田春树著, 李钟奭译:《金日成与东北抗日战争》, 创批社, 1992

[3] (俄)安德烈·兰科夫著, 金光麟译:《北朝鲜现代政治史》, 异出版社, 1995年

[4] (日)和田春树著, 徐东晚、南基正译:《北朝鲜-从游击队国家到正规军国家》, 石枕, 2002

[5] (苏)斯蒂科夫著, 田铉秀译:《斯蒂科夫日记》, 韩国国史编撰委员会, 2004

[6] (日)下斗米伸夫著, 李钟国译:《莫斯科与金日成-冷战时期的北朝鲜1945-1961》, 论衡, 2012

[7] (日)和田春树著:《北朝鲜现代史》, 岩波书店, 2012

[8] (日)平岩俊司著, 李钟国译:《中朝关系60年-唇齿关系的结构与变容》, 先人, 2013

[9] (日)和田春树著, 南基正译:《和田春树的北朝鲜现代史》, 创批社, 2014

[10] (俄)安德烈·兰科夫著, 田铉秀译:《苏联共产党与朝鲜问题: 苏共政治局决议(1945-1952)》, 庆北大学出版部, 2014

[11] (美)罗伯特·安东尼·斯卡拉皮诺、李廷植著, 韩洪九译:《韩国共产主义运动史》, 石枕, 2015

[12] "Minutes of a Meeting of the Pacific War Council: Roosevelt Papers", January12, 1944.

[13] "Roosevelt–Stalin Meeting"(February 8, 1945).

[14] W.Averell Harriman and Elie Abel, Special Envoy to Cburcbill and Stalin, 1941–1946, NewYork: Random House, 1975

[15] "Memorandum by the Assistant to the President's Naval Aide(Elsey)", FRUS: 1945: The conference of Berlin: The Potsdam Conference, Vol.I

[16] Terrain Handbook : Korea , Washington, D.C: Military Intelligence Division, War Depart- ment, September 1945

[17] "Tripartite Military Meeting"(July 24, 1945), FRUS: 1945, The Conference of Berlin, Vol.2

[18] Henry L. Stimson and McGeorge Bundy, On Active Service in Peace and War, London: Hutchinson &Co, .1947

[19] William D, Leahy, I Was There, New York: McGraw–Hill Co., 1950,

[20] Memoirs of Harry S.Truman: Volume Two: Years of Trial and Hope(New York: Doubleday and Company, 1956)

[21] Suh Dae–Sook , 1967, "The Korean Communist Movemet, 1918–48"Princeton Univ.Press

[22] Daniel Yergin, Shattered Peace: The Origins of the Cold War and the National Security State(Boston: Houghton Mifflin Company, 1977)

[23] Michael C. Sandusky, America's Parallel, Alexandria: Old Dominion Press, 1983

五、电子图书、检索系统

(一) 朝鲜民主主义人民共和国

[1] 金日成回忆录.《与世纪同行1–8卷》(电子版), 官方网站: http: //www.dprktoday.com/index.php?type=83&p=1

[2] 朝鲜劳动党机关报《劳动新闻》(电子版), 官方网站: http: //www.rodong.rep.kp/ko/

[3] 朝鲜《朝鲜语大辞典》(电子版): http: //www.uriminzokkiri.com/uri_foreign/dic/index.

php

(二) 大韩民国

[1] 韩国学中央研究院《韩国民族文化大百科辞典》(电子检索系统): https: //encykorea. aks.ac.kr/Contents/Index

[2] 韩国学中央研究院《韩国乡土文化电子大典》(电子检索系统): http: //www.grandcu lture.net/

[3] 韩国近现代史辞典(电子版): http: //terms.naver.com/list.nhn?cid=42958&categor yId=42958

[4] 韩国国史编撰委员会《朝鲜王朝实录》(电子版): http: //sillok.history.go.kr/main/ main.do

[5] 韩国主要报纸电子阅览数据库: http: //newslibrary.naver.com/search/(네이버 뉴스 라이브러리)

김성걸(金成杰)

출생년월: 1987년 10월
교육경력: 연변대학 역사학부 학사, 석사, 박사(2006-2017)
　　　　　　한국학중앙연구원 한국현대사 연수(2015-2016)
연구경력: 연변대학 조선-한국연구센터 역사연구실 연구원 역임
소속: 연변대학 맑스주의대학 당의 건설학과 중국근현대사 강좌
연구분야: 중국근현대사, 조선-한국근현대사
연구성과: 논문 "광복후 소련출신 조선인집단의 구성 및 주요활동",
　　　　　　"중국근현대사교수에서 홍색문화자원의 합리한 이용"등
　　　　　　다수 발표

朝鮮建国时期领导集体研究

초판인쇄　2023년 4월 28일
초판발행　2023년 4월 28일

지은이　金成杰
펴낸이　채종준
펴낸곳　한국학술정보㈜
주 소　경기도 파주시 회동길 230(문발동)
전 화　031) 908-3181(대표)
팩 스　031) 908-3189
홈페이지　http://ebook.kstudy.com
E-mail　출판사업부 publish@kstudy.com
등 록　제일산-115호(2000. 6. 19)

ISBN　979-11-6983-324-0　93300